山东省一流学科建设"811"项目（马克思主义理论）经费出版资助

山东师范大学马克思主义理论 学者文库

新时代大学生素质修养论

韩云忠 著

中国社会科学出版社

图书在版编目(CIP)数据

新时代大学生素质修养论 / 韩云忠著. -- 北京：中国社会科学出版社，2024.8. -- (山东师范大学马克思主义理论学者文库). -- ISBN 978-7-5227-3832-1

Ⅰ. G640；G641

中国国家版本馆 CIP 数据核字第 2024PX2884 号

出 版 人	赵剑英
责任编辑	田　文
特约编辑	刘　坤
责任校对	王太行
责任印制	张雪娇

出　　版	中国社会科学出版社
社　　址	北京鼓楼西大街甲 158 号
邮　　编	100720
网　　址	http：//www.csspw.cn
发 行 部	010-84083685
门 市 部	010-84029450
经　　销	新华书店及其他书店

印刷装订	北京君升印刷有限公司
版　　次	2024 年 8 月第 1 版
印　　次	2024 年 8 月第 1 次印刷

开　　本	710×1000　1/16
印　　张	16.5
插　　页	2
字　　数	221 千字
定　　价	98.00 元

凡购买中国社会科学出版社图书，如有质量问题请与本社营销中心联系调换
电话：010-84083683
版权所有　侵权必究

目　录

第一章　绪论　大学何为 …………………………………… （1）
　　一　大学的本质和职责 ………………………………… （1）
　　二　大学生的任务和职责 ……………………………… （3）

第二章　提升人文素质　成为仁爱之人 …………………… （9）
　第一节　人文教育的实质
　　　　　——品质和追求 ……………………………… （9）
　第二节　人文素质的核心
　　　　　——仁爱之心 ………………………………… （13）
　　一　案例分析 …………………………………………… （13）
　　二　理论和事实分析 …………………………………… （16）
　第三节　人文素质的主要内容 ………………………………… （23）
　　一　言语文明，举止有礼，这是人文素质的外在表现 …… （23）
　　二　对自己有自尊、自重、自爱之心，这是人文素质的
　　　　基础 ………………………………………………… （24）
　　三　对长辈、父母富有敬爱之心，这是人文素质的
　　　　根本 ………………………………………………… （25）
　　四　对同仁、朋友富有关爱之心，这是人文素质的
　　　　核心表现 …………………………………………… （26）
　　五　对弱者、贫困者富有同情、怜悯之心，这是人文
　　　　素质的拓展 ………………………………………… （27）

六　对社会有责任之心，这是人文素质的重点 …………… (28)
　　七　对大自然的一花、一草、一木富有热爱之心，
　　　　这是人文素质的延伸 …………………………………… (30)
　　八　对天地宇宙具有敬畏之心，这是人文素质的深化 …… (30)
第四节　人文素质修养的途径 ……………………………………… (31)
　　一　开卷有益：多读书，读好书 ……………………………… (32)
　　二　反思反省：吾日三省吾身 ………………………………… (35)
　　三　学习中华优秀传统文化：求放心 ………………………… (38)

第三章　提高心理素质　成为健康之人 ……………………… (40)
第一节　心理健康对大学生成长成才的意义 …………………… (41)
　　一　心理健康有利于大学生快乐地生活和成长 ……………… (41)
　　二　心理健康有助于大学生快乐地学习和成才 ……………… (44)
　　三　心理健康有助于大学生快乐地做事和取得成功 ………… (48)
第二节　大学生存在的主要心理问题 …………………………… (50)
　　一　理想与现实的落差形成的失落心理 ……………………… (50)
　　二　人际关系难以适应的抑郁心理 …………………………… (52)
　　三　失去奋斗目标的迷茫心理 ………………………………… (53)
　　四　专业学习不适应的困惑心理 ……………………………… (55)
　　五　恋爱和性所造成的彷徨心理 ……………………………… (56)
　　六　就业压力导致的焦虑心理 ………………………………… (57)
第三节　大学生心理素质健全的表现 …………………………… (58)
　　一　自信心和克服自卑感的能力 ……………………………… (59)
　　二　较强的环境适应能力 ……………………………………… (60)
　　三　较强的抗挫折能力 ………………………………………… (61)
　　四　较强的自我心理治愈能力 ………………………………… (63)
　　五　较强的协调与控制情绪的能力 …………………………… (65)
第四节　提高大学生心理素质的途径 …………………………… (66)

一　增强大学生的自知、自控、自励能力 …………………… (66)
　　二　高校要重视心理教育和心理疏导 ……………………… (71)
　　三　家庭要重视心灵关怀和心灵沟通 ……………………… (75)

第四章　提高自身能力　成为智慧之人 ……………………… (79)
第一节　大学生提高能力的必要性 ………………………… (79)
　　一　大学生提高能力是其自身发展的需要 ………………… (80)
　　二　大学生提高能力是社会发展的需要 …………………… (80)
　　三　大学生提高能力是时代发展的需要 …………………… (81)

第二节　大学生应具备的综合能力 ………………………… (83)
　　一　时间管理能力 …………………………………………… (83)
　　二　自主学习的能力 ………………………………………… (86)
　　三　创新创造的能力 ………………………………………… (90)
　　四　独立思考和解决问题的能力 …………………………… (93)
　　五　人际交往能力 …………………………………………… (95)
　　六　自我管理能力 …………………………………………… (98)
　　七　动手实践能力 …………………………………………… (100)

第三节　大学生提高能力的途径 …………………………… (102)
　　一　多听：善于倾听 ………………………………………… (102)
　　二　多看：善于阅读和观察 ………………………………… (109)
　　三　多想：善于思考 ………………………………………… (116)
　　四　多记：善于记录 ………………………………………… (118)
　　五　多练：善于实践练习 …………………………………… (119)

第五章　健全独立人格　成为君子之人 ……………………… (122)
第一节　大学生君子人格养成的重要性 …………………… (123)
　　一　提高大学生的自我认知和自我修养 …………………… (123)
　　二　增强大学生的社会责任感和公民意识 ………………… (124)

三　提高大学生的道德水平和文化素养……………………（125）
　　四　为社会和谐稳定与发展提供支持…………………………（126）
第二节　大学生君子人格的主要内容………………………………（127）
　　一　注重修养：表里如一，身心和谐…………………………（127）
　　二　富有智慧：学思并重，中庸适度…………………………（134）
　　三　价值追求：重义轻利，勇于担当…………………………（140）
　　四　精神追求：自立自强，勇于进取…………………………（144）
　　五　待人真诚：诚信友善，和而不同…………………………（148）
第三节　大学生君子人格养成的路径………………………………（155）
　　一　发挥学生自身的主体能动作用……………………………（155）
　　二　发挥家庭教化的基石作用…………………………………（160）
　　三　发挥学校教育的主导作用…………………………………（164）
　　四　发挥社会的引领示范作用…………………………………（170）

第六章　提高思想觉悟　达到精神成人……………………（176）
第一节　大学生实现精神成人的意义………………………………（177）
　　一　有利于大学生形成健全的人格品质………………………（177）
　　二　有利于大学生更好地实现人生价值………………………（178）
　　三　有助于大学生更好地应对人生挑战………………………（179）
　　四　有助于高校落实立德树人的根本任务……………………（180）
　　五　有助于促进社会更加和谐…………………………………（181）
第二节　大学生精神成人的主要内容………………………………（182）
　　一　心理成熟，意志坚定………………………………………（182）
　　二　崇德向善，勇于担当………………………………………（186）
　　三　志存高远，崇尚价值………………………………………（189）
　　四　独立思考，思想丰富………………………………………（192）
　　五　精神独立，勇于创新………………………………………（194）
第三节　大学生实现精神成人的途径………………………………（197）

一　学以成人：大学生在"学"中达到精神成人 ……… (197)
　二　立德树人：高校应加强精神成人教育 …………… (204)
　三　家教育人：家庭教育应加强精神给养和品德培育…… (210)
　四　成风化人：社会应营造文明健康的精神风尚……… (213)

第七章　树立远大理想　成为有追求之人…………… (217)
　第一节　理想对于大学生的重要作用 ………………… (217)
　　一　案例分析：理想决定高度 ………………………… (218)
　　二　理论分析 …………………………………………… (220)
　第二节　大学生应树立的远大理想 …………………… (228)
　　一　健康文明的生活理想 ……………………………… (228)
　　二　勤奋求实的职业理想 ……………………………… (231)
　　三　富有责任感的道德理想 …………………………… (234)
　　四　科学的社会理想 …………………………………… (235)
　第三节　大学生实现理想的途径 ……………………… (238)
　　一　坚定信念 …………………………………………… (238)
　　二　始于足下 …………………………………………… (240)
　　三　锲而不舍 …………………………………………… (243)
　　四　艰苦奋斗 …………………………………………… (247)

参考文献 ………………………………………………… (250)

后　记 …………………………………………………… (254)

第一章　绪论　大学何为

　　大学应当如何度过呢？在大学里应该做的事情有哪些呢？大学四年应当收获一些什么呢？这些确实是令不少大学生困惑的问题。笔者认为，要回答以上三个问题，首先应当对大学生所在的大学有所了解，弄清楚大学的本质和真谛，懂得大学的职责所在；然后，才能明白大学能够给予大学生什么，在大学能够且应当获取什么。因此，只有对大学有一个明确清晰、深刻透彻的认识，大学生才能够更好地规划他们自己的大学生活。

一　大学的本质和职责

　　何为大学？大学的本质是什么？对于这一问题的理解，可以说是仁者见仁，智者见智。有人说，大学是一座知识的殿堂，是青年学子精神升华的灵地；有人说，大学是青年学子求知识、求能力、求爱情的地方；还有人说，大学是告别了花季的少男少女放牧追求其爱情的青春田园……这些观点都有一定道理，但失之偏颇。大学存在的真正价值和意义是什么呢？首先了解一下一些专家学者的见解。

　　蔡元培先生说："教育者，养成人格之事业也。使仅仅灌注知识、练习技能之作用，而不贯之以理想，则是机械之教育，非所以施于人类也。"[①] 他认为，教育的目的、出发点和归宿，全在于培养大学生作

[①] 高平叔：《蔡元培教育论著选》，人民教育出版社1991年版，第15页。

为人的独立人格、自由意志，开发其自身潜在的创造能力，从而达到人性的全面、健康发展。在此基础上，夏中义先生更加明确地提出："大学所以能让中外学子心向往之，根子在于：大学应比其他世俗机构更关注人的心灵发育与成长，它是呵护青年的至情至性的摇篮，亦是诱导青年反身体认人格奥秘的智慧谷，更是砥砺青年独立践行精神成年礼的祭坛。"① 可见，夏中义先生认为，大学的魅力不仅在于传授知识、提高能力，而是教育引导大学生更好地成长。大学生的成长有具体的内涵和标志，主要表现为心理心灵、个性性情、人格、精神四个方面，即拥有纯洁美好的心灵及良好的心理素质，具有独立健全的个性及丰富美好的情感，意识到人格独立、人格平等、人格尊严的重要性，磨砺淬炼思想精神以达到精神成熟。

1993年，杨福家教授在担任复旦大学校长后，撰写了一篇题为"教授的职责是什么"的文章，提出学校和教师的职责主要有三方面：一要教学生怎么做人，二要教学生怎么思考问题，三要教学生具体的专业知识②。杨福家教授把教学生做人放在了大学教育的首位。生命化教育的倡导者黄克剑教授提出了教育的三个价值向度：其一是授受知识，其二是开启智慧，其三是点化或润泽生命。黄克剑教授认为，教育对象都是独立的、充满生机和活力的、富有个性的、有思想感情的生命，他们在接受教育的过程中需要的不仅仅是知识、能力，还有人格的尊重、情感的关注、心灵的关怀、思想的共鸣及精神的充实。因此，教育不仅仅是传授知识、培养能力，还应该通过点化启发引导和善待学生、呵护学生，使学生生命的各个方面都得以更好地成长、发展、完善。可见，这两位学者都认为，大学的教育任务主要有三方面：一是授受具体的专业知识；二是在教学生学会思考的基础上开启智慧，使学生变得聪明、睿智；三是启发引导、润泽学生，使学生生命的各个方面得以更好地成长、发展和完善。

---

① 夏中义：《人与自我》，广西师范大学出版社2002年版，第28页。
② 梁伯枢：《跨文化与跨国引才》，中国社会出版社2016年版，第89页。

综上所述，大学不仅是一个传授知识、提高技能的地方，还是启迪智慧、关注心灵、健全人格、呵护性情、砥砺精神的地方。具体来说，大学的主要职责是传授知识、开启智慧、完善生命，这三个职责相辅相成、相互促进，缺一不可，不可偏废。知识是基础，只有在对知识的分析、思考、运用的过程中，才能增长智慧，因此知识缺乏，智慧便是无源之水、无根之本；智慧是钥匙，只有在智慧引领下才能打开生命的奥秘，把握生命的内涵和本质，领悟生命的意义和价值，从而自觉提升生命的高度、拓展生命的宽度，使得自己的生命得以更好地成长。可见，传授知识是为了更好地开启学生的智慧，开启智慧是为了促使学生更好地成长，使学生生命的各个方面得以更好地发展、完善。

二 大学生的任务和职责

通过上述分析可知，大学的主要职责是传授知识，开启智慧，润泽生命；那么，与之相对应，大学生的主要任务也应该有三个方面，即学习知识，增长智慧，完善生命。大学生要在明确三个主要任务的基础上，制订科学合理周密的计划，按部就班、踏踏实实地完成这些任务，这应是大学生努力的目标和方向，因为每一项任务都很重要，要完成哪一项任务也不容易。后文将详细阐述大学生应具备的综合素质都是关于增长智慧、生命成长方面的内容，这里主要分析知识学习方面应注意的问题。

许多大学新生面对新的学习环境感到茫然无措，不知如何适应大学的学习。大学学习与中学学习相比较，发生了很大的变化，大学生能否意识到这些转变并自觉作出调整是能否适应大学学习并尽快融入大学学习生活的关键所在。大学学习与中学学习相比较，发生了哪些变化呢？下面就这一问题进行详细分析。

（一）学习目标由单一转变为多元

大学与中学相比，学习目标的转变是一个显著的特点，其中最为明显的就是从单一转变为多元。在中学阶段，学生学习目标相对单一，主要聚焦于应对高考，争取进入理想的大学。学生们往往将大部分时间用于掌握学科知识，通过考试检验他们的学习效果。这一阶段学生的学习目标主要局限于知识的积累和应试能力的提升上。

在进入大学后，学生的学习目标发生了根本性的变化。大学是一个更为开放和多元的学习环境，提供了更为广泛的学习资源和机会。因此，大学生的学习目标也变得多元化和个性化。首先，大学生需要掌握本专业的知识和技能，这是他们未来职业发展的基础。他们需要深入学习专业课程，参与实践活动，提升他们的专业素养和实践能力。其次，大学生还需要提高他们自身的综合素质和能力。这包括批判性思维、创新能力、沟通能力、团队合作能力等多方面的能力。通过参与学术研究、社会实践、志愿服务等活动，可以锻炼他们的综合能力，为未来的职业和人生做好准备。此外，大学生还可以根据自己的兴趣和需求，设置个性化的学习目标。他们可以选择感兴趣的课程和活动，拓展自己的视野和知识面，提升自己的文化素养和审美能力。这种学习目标的多元化有助于培养学生的综合素质和能力，促进他们的全面发展。它鼓励学生积极探索、勇于实践、不断创新，为他们自己的未来打下坚实的基础。同时，学习目标的多元化也反映了社会对人才培养的新要求，即需要培养出具备多方面能力和素质的复合型人才。总之，大学与中学相比，学生的学习目标的转变是从单一到多元。大学里每个学生都有自己不同的追求，学习目标不尽相同，关键是要找到一个适合他们自己的学习目标并为之努力。

(二) 学习内容由获取知识转变为增长智慧

在中学阶段，学生的学习内容主要是基础知识，包括各个学科的基本理论和知识点。他们通过老师的讲解、课堂练习和考试来掌握这些知识，以应对高考和升学的压力。在这个阶段，学生学习的主要目标是积累知识，提高应试能力。

进入大学后，学生的学习内容发生了显著的变化。大学不仅仅是传授知识的地方，更是培养思维能力、拓宽视野、增长智慧的殿堂。在大学里，学生开始接触更加深入、专业的学科知识，同时还需要培养批判性思维、创新能力、实践能力等多方面的能力。大学的学习内容不再局限于课本和课堂，而是延伸到更广阔的社会实践和科学研究领域。学生可以通过参与科研项目、社会实践、志愿服务等活动，将所学知识应用于实际情境中，通过实践来增长智慧。此外，大学还注重培养学生的综合素质和人文素养。通过选修课程、读书交流、文化活动等方式，学生可以接触到不同领域的知识和思想，拓宽他们自己的视野和思维方式。这种跨学科的学习有助于培养学生的综合素质和创新能力，使他们在面对复杂问题时能够灵活应对，提出创新的解决方案。因此，大学与中学相比，学习内容是从获取知识转变为增长智慧。这种转变有助于培养学生的思维能力、创新能力和实践能力，为他们的未来发展奠定坚实的基础。通过大学的学习，学生不仅可以获得专业知识，而且可以增长智慧，成为具有独立思考能力和创新精神的人才。

（三）学习动力由被动转变为主动

大学与中学相比，学生学习动力的转变是一个显著而重要的方面。在中学阶段，学生的学习动力往往是被动的，主要受到外部因素的影响，如家长的期望、老师的督促以及升学的压力等。学生在很大程度上是为了应对考试和升学而学习，因此他们的学习动力主要来自外部的推动。这种被动的学习动力虽然能够推动学生付出努力，但往往缺乏持久的内在驱动力。

进入大学后，学生的学习动力发生了根本性的变化。大学生开始意识到学习是为了自己的成长和未来发展，而不仅仅是为了应对考试。他们开始主动探索自己的兴趣所在，积极选择自己感兴趣的课程和活动，这种内在的兴趣和动力成为推动他们学习的主要力量。此外，大学的学习环境也为学习动力的转变提供了有利条件。大学提供了更加自由、开放的学习氛围，学生有更多的自主权和选择权。他们可以自由选择他们自己的课程、老师和学习方式，这种自主性和选择性使得学习变得更加有趣和有意义，进一步激发了他们的学习动力。同时，大学中的学术氛围和同伴激励也对学习动力的转变起到了重要作用。大学是知识和思想的交汇地，学生可以接触到各种前沿的学术研究和思想观点，这种氛围激发了他们的求知欲和探索精神。此外，与优秀的同学一起学习和交流，也可以激发彼此的学习动力，形成良性的竞争和合作关系。

总之，大学与中学相比，学生的学习动力由被动转变为主动。这种转变不仅有助于提高学生的学习效果和成绩，而且更重要的是培养了他们的自主学习能力和终身学习的习惯。这将对他们未来的职业发展和社会生活产生积极的影响。

(四) 学习范围由狭义学习转变为广义学习

狭义学习主要是指以课堂为中心、以老师为主导、以教材为主要内容的学习方式，具体包括课前预习、课堂听讲、课后复习、做作业、考试等环节。学习范围主要局限于课本知识和应试技能。学生的主要任务是掌握各学科的基础知识，通过大量的习题练习和模拟考试来提高应试能力。这种狭义的学习范围虽然有助于学生在高考中取得好成绩，但往往忽视了对学生综合素质和能力的培养。然而，进入大学后，学生的学习范围发生了显著的变化。大学教育注重培养学生的综合素质和能力，学习范围因此扩展到更广阔的领域。大学生不仅需要掌握本专业的知识和技能，还需要关注跨学科的学习，培养他们自己的创新思维和实践能力。此外，大学还鼓励学生参与各种社会实践、志愿服务和文体活动等，以丰富他们的生活经验和提升其综合素质。因此，广义学习不仅包括课堂学习和向老师学习，还包括向同学学习，学习他们的优点和长处；向朋友和志同道合者学习，学习他们为人处世的态度和方法；向师哥师姐学习，学习他们大学生活的经验和解决处理问题的能力等；通过听讲座、听报告，利用图书馆、网络资源等方式进行自主学习，加深专业知识学习、扩展知识面、开阔视野、满足兴趣爱好等；在实践中学习，通过参加校园文体活动、社团活动、社会实践等活动，学习提高其自身的组织、沟通、团结、协作、交际等诸多能力。这种广义的学习范围不仅有助于学生在大学期间获得更全面的发展，还为他们未来的职业生涯和社会生活奠定了坚实的基础。通过广泛的学习和实践，大学生可以更好地适应社会的变化和发展，具备更强的竞争力和创新能力。

总之，大学与中学相比，学生的学习范围由狭义学习转变为广义学习，这种转变体现了教育理念的进步和社会对人才培养的新要求。大学教育更加注重学生的全面发展和综合素质的提升，为学生提供了更广阔的学习空间和更丰富的发展机会。

(五) 学习模式由单向灌输转变为多向讨论

在中学阶段，学习模式往往以单向灌输为主。老师在课堂上讲授知识，学生通过听讲、做笔记和练习来掌握知识。在这种模式下，学生的主动性相对较少，更多的是被动地接受知识。

到了大学阶段，学习模式发生了显著的变化。大学强调多向讨论和互动学习。在课堂上，老师不再是单纯的知识灌输者，而是扮演着引导者和促进者的角色。学生被鼓励积极参与课堂讨论，发表他们自己的观点和看法，与同学和老师进行深入的交流和探讨。同学之间还要就一些理论问题或现实热点进行讨论或互相交流学习心得及体会；有共同兴趣的同学还会组成学习研究小组，一块探索研究一些感兴趣的问题。这种多向讨论的学习模式有助于培养学生的批判性思维、独立思考能力和团队合作精神。通过与他人进行讨论和辩论，学生可以更深入地理解问题，发现新的观点和解决方案。同时，这种学习模式也促进了学生之间的交流和合作，有助于建立良好的学习氛围和人际关系。此外，大学还提供了丰富的学习资源和机会，如图书馆、实验室、学术讲座等，为学生提供了更广阔的学习空间和发展平台。学生可以根据他们自己的兴趣和需求，选择适合他们自己的学习方式和途径，实现个性化学习和发展。总之，大学与中学相比，学习模式由单向灌输转变为多向讨论，这种转变有助于培养学生的综合素质和能力，促进他们的全面发展。

（六）学习要求由应试教育转变为素质教育

多年来，虽然素质教育改革呼声不绝于耳，但几乎所有的中学追求的还是升学率，中高考如同一个指挥棒，指挥着百万名学生在应试教育的潮流中奋战。在老师、家长看来，学生的成绩足以代表一切，成绩也成为衡量学生的标尺，为了成绩，忽视了学生健全人格的塑造、美好心灵的滋养、兴趣爱好的培养、探究钻研精神的培育等。

到了大学阶段，学习要求发生了根本性的变化。大学教育更加注重学生的综合素质和能力培养，即实施素质教育。素质教育强调学生的全面发展，包括思想道德素养、学科知识、身心健康、创新能力等多个方面。大学不再仅仅关注学生的考试成绩，而是更加注重学生的学习过程、实践能力和创新精神。具体来说，大学教育要求学生具备自主学习和独立思考的能力，能够主动探索新知识、解决新问题。同时，大学还注重培养学生的实践能力和团队合作精神，通过参与各种实践活动和项目合作来提升学生的综合素质。此外，大学还提供了更加多样化的学习资源和学习方式，以满足学生个性化的发展需求。学生可以根据他们自己的兴趣和职业规划，选择适合他们自己的课程和活动，实现他们的自我发展和成长。

因此，大学与中学相比，学习要求由应试教育转变为素质教育，这种转变有助于培养学生的综合素质和能力，促进他们的全面发展。这种转变也体现了教育理念的进步和社会对人才培养的新要求。

第二章　提升人文素质
　　　　成为仁爱之人

人文素质是人们经过文明的洗礼、教育的教化或文化知识的熏陶所具有的基本素质，即人之为人的根本素质。人文素质是综合素质的基础，是大学生应具有的首要素质。人文素质的核心是具有仁爱之心。因此，大学生应在提升人文素质的基础上具有仁爱之心，成为仁爱之人。

第一节　人文教育的实质
——品质和追求

人文素质是大学生应具有的根本素质。那么，什么是人文素质呢？这首先要从"人文"一词谈起。当前，"人文"一词被运用到很多领域，如人文地理、人文体育、人文经济、人文教育等。"人文"是什么意思呢？"人文"一词最早源自于《周易》："刚柔交错，天文也；文明以止，人文也。观乎天文，以察时变；观乎人文，以化成天下。"[1]"天文"主要是指天地自然运行变化的规律，它是不以人的意志为转移的；"人文"是指人类文明发展的最高境界，也就是指人类文明的精华。观乎"天文"，以了解认识时世变化的规律；观乎"人

---

[1] 黄寿祺、张善文译注：《周易》，上海古籍出版社2007年版，第132页。

文",用以教化天下百姓大众。这里要谈的人文素质的"人文",不是从"人类文明"和"人文化成"这个层面上讲的,而是从人文教育层面的"人文"来讲的,即通过人文教育使学生所具有的素质,就是人文素质。那什么是人文教育呢？首先来探讨这一问题。

刘锋杰曾提出,当前中国教育最缺失的就是人文教育。他认为,人文教育就是培养大写的人,舒展的人,使人的生命经过教育,更加情韵悠长,光明磊落[①]。可见,人文教育主要是培养两种人:一种是大写的人,一种是舒展的人。那什么是大写的人呢？大写的人是崇高、无私的人吗？不完全是。他所说的大写的人是与小写的人相对的,小写的人主要是指"小人"。大家知道,"小人"主要是从品质上界定的,是指那些自私自利、心胸狭隘、心理阴暗、阳奉阴违、当面一套背后一套的人；大写的人也就是孔子所讲的君子。孔子曾多次在与小人的对比中讲到了君子的标准,他认为君子不仅有良好的外在修养,"文质彬彬,然后君子",还有良好的内在品质,"君子坦荡荡,小人长戚戚",君子光明磊落,心胸坦荡；小人心胸狭隘,心理阴暗；"君子喻于义,小人喻于利",君子看重的是公平正义和道义,小人看重的是其自己的私利和私欲的满足；"君子成人之美,不成人之恶。小人反是",君子喜欢成全别人的好事,不成全别人的坏事；小人专喜欢干落井下石之事；"君子怀德,小人怀土",君子内心珍藏着美好品德,小人内心怀着的是个人的私欲。可见,大写的人就是具有君子般品质的人,即文质彬彬、心胸坦荡、光明磊落、诚实正直之人。

舒展的人是什么样的人呢？在谈到舒展的人的时候,刘锋杰说过一段话。他说:"近年来功利主义不仅成为我们社会的主导价值导向,同样地进入高等学府,成为高校的主要追求目标,莘莘学子在耳濡目染中,一个一个变成功利主义者,心灵枯槁,思维定型,

---

① 夏中义:《人与自我》,广西师范大学出版社2002年版,第1页。

人生态度功利化，行为方式畸变，使得生命的诗意尽失。"①他认为当前大学生一个个都变成了功利主义者，是不太恰当的；不过，现在社会上确实有部分人成了功利主义者。在这里，他描绘了功利主义者的真实形象和状态："心灵枯槁"是说心灵像冬天的草木一样枯萎凋零，了无生机活力，失去了温度，没有了温暖，冷漠、麻木；以利益为中心，心中除了利益还是利益，认为人生中亲情、友情、爱情、文学、艺术、美好的大自然都是虚的，只有金钱才是最实在的；"思维定型，人生态度功利化"是指全部精力都用在思考怎么获取更多的利益上，认为人生就是一个不断赚钱花钱的过程，人生的价值在于获取更多的利益；"行为方式畸变，使得生命的诗意尽失"是说为了赚更多的钱，功利主义者把自己变成一个单调的、乏味的、机械的只知道赚钱的工具，丧失了生命应有的丰富而美好的诗情画意。德国著名的诗人荷尔德林曾说："人辛勤地劳作，却诗意地安居在这大地上。"②人生应是丰富多彩的，充满诗情画意的，而功利主义者则把自己变成了单调的、乏味的赚钱工具，丧失了人应有的生机、活力，也丧失了人应追求的价值和意义。而与功利主义者相对的人就是舒展的人，也就是情韵悠长，有情趣，有意境，有更多、更高、更丰富追求的人。

如何成为舒展的人呢？刘锋杰又进一步指出：现代人已经高度异化，根源就是他们对物质文明的极端追求，导致现在人对幸福、对人生意义的严重曲解，结果是，物质财富每天都在增长，快乐却不能同步增加。对现代人而言，解放自己的心灵，摆脱对物质的（绝对）依赖，融入自然，与万物对话而交流，悲天又悯人，以爱惜作为人生的底蕴，培养博大而深沉的情怀，确认良知对于人类的重要作用，无疑是人的首选价值。现代人若要真正走好漫漫人生路，意义自我的创

---

① 夏中义：《人与自我》，广西师范大学出版社2002年版，第1页。
② ［德］荷尔德林：《荷尔德林诗集》，王佐良译，人民文学出版社2016年版，第514页。

造，远比知识的获取、谋生手段的训练、竞争能力的培养更重要。一个堂堂正正的人，可以做好任何事；一个工具化的人，只能机械地完成一件事，而于他事则显示出他的低能乃至破坏性来①。是啊，现代人极端的功利化，导致行为和心理的高度异化——像机械的赚钱工具每天在为利益奔波忙碌，转个不停，虽然物质财富不断增加，幸福感、快乐感却越来越少，找不到生命的意义和价值；因此，成为舒展的人需要做的是，使自己的心灵从物欲中解放出来，摆脱功利对心灵的束缚和桎梏；融入自然，感受大自然的博大和美妙；珍惜亲情、友情、爱情，感受美好情感带来的愉悦；倾听内心深处良知的声音，用良知指引自己的行为；具有博大、悲悯、深沉的情怀，抛弃急功近利和肤浅浮躁。就像周国平所说，人最宝贵的两样东西，一是生命，二是灵魂。老天给了每个人一条命，一颗心，把命照看好，把心安顿好，人生即是圆满。把命照看好，就是要保持生命的单纯，珍惜平凡的生活。把心安顿好，就是要积累灵魂的财富，注重内在的生活。平凡生活体现了生命的自然品质，内在生活体现了生命的精神品质，把这两种生活过好，生命的整体品质就是好的。笔者认为，这些话是值得功利化的现代人深思和借鉴的。

综上所述，人文教育的实质表现为两方面：一方面是培养学生具有良好的道德品质，即成为大写的人，也就是光明磊落、心胸坦荡、诚实正直之人；另一方面是培养学生具有更多的追求和更高的意境，即成为舒展的人，也就是情韵悠长、追求丰富、意境高远之人。通过人文教育使得学生具有的素质就是人文素质，因此，人文素质的基本内涵是具有良好的道德品质和更高的追求及意境。那么，人文素质的深刻内涵即人文素质的核心是什么呢？我们接下来分析这一问题。

---

① 夏中义：《人与自我》，广西师范大学出版社2002年版，第2页。

第二节 人文素质的核心
——仁爱之心

人文素质的基本内涵是具有良好的道德品质和更高的追求及意境。其实，人文素质还有更深刻的内涵，那人文素质的深刻内涵即核心是什么呢？下面通过一个震惊全国的药家鑫案例来说明这个问题。

一 案例分析

药家鑫是西安音乐学院大三的学生，学的是音乐专业，主攻钢琴。他学习努力，成绩优异，专业水平也很高，是一位非常有前途的学生。可是，2010年10月20日晚上发生的事情，却改变了他的人生。那天深夜，药家鑫驾驶着自己家买的小轿车送完女朋友返回学校，当行驶至西北大学长安校区附近时，撞上前方同向骑电动车的张妙。发现撞人后，药家鑫并没有仓皇逃跑，而是赶紧下车查看情况；结果发现受害人张妙伤势并不是很严重，而是意识清醒地蹲坐在地上。张妙当时以为药家鑫会把她救起，然后送到医院。令她想不到的是，药家鑫竟不假思索地拿出随身带的水果刀狠狠地朝着她刺了有七、八刀，致使张妙当场死亡。随后，他才想起仓皇驾车逃逸。在开出一段路后，因为"心里发慌，手打颤，脚也不听使唤"，药家鑫又撞上两名行人。这次，他没能跑掉，而是被赶来的村里人堵住了。之后，肇事车辆被交警大队暂扣，药家鑫及其父母赶往医院处理后来的两名伤者治疗事宜。在经历了警方的两次询问后，2010年10月23日，药家鑫向其父母说出实情，并向警方投案。

药家鑫的行为令很多人感觉到难以理解，不可思议。作为一个大学生，在撞人之后，不仅没有想方设法救人，反而以极端残忍的方式杀害受害人。这究竟是为什么呢？问题究竟出在哪里呢？在事情发生后，很多人也从各个方面找原因，家庭的、学校的、社会的。有人说，首先是家庭的原因，他的父母对他要求太严格，教育方式不恰当，致使他心理扭曲，人格不健全；有人说，与学校教育也有密切关系，学校只重视成绩和能力，忽视了学生的人格和心理教育；还有人说，也可能受前几年社会上流行的"撞伤不如撞死"风气的影响。这些分析都有一定的道理，但根本的原因还在于药家鑫自身。他的所作所为，能够反映出他身上所缺失的东西。那到底缺什么呢？笔者认为最根本的是缺"心"。缺失哪些心呢？首先是责任心，他遇到问题首先想到的不是承担后果而是逃避责任。不想承担任何责任这一念头蒙蔽了他的心智，使得他丧失了理智，没有意识到不想承担责任的后果是付出更大的代价——生命的代价。其次是同情心、怜悯心和爱心。面对受害人的痛苦呻吟，他不仅没有动恻隐之心，想着怎么样尽快救助以减轻受害人的痛苦，相反却用残忍的手段，增加受害人的痛苦，乃至残害受害人的性命。最后是良心和善心。他在把刀刺向受害人的时候，没有想到他的这种行为不仅对不起其父母的养育之恩，而且对不起受害人的父母亲人，会给受害人的父母亲人造成多大的伤害！正是因为缺失这些心，药家鑫才会作出如此残忍的行为。

关于这种现象，孟子早就说过。他说："由是观之，无恻隐之心，非人也；无羞恶之心，非人也；无辞让之心，非人也；无是非之心，非人也。恻隐之心，仁之端也；羞恶之心，义之端也；辞让之心，礼之端也；是非之心，智之端也。人之有是四端也，犹其有四体也。"①孟子认为，人天生就应具有恻隐之心、羞恶之心、辞让之心、是非之心；如果丧失了这四心，则是非人，也就不是真正意义上的人；因而作出的行为，也就是非人的行为，令真正的人难以理解。根据孟子的观点可以看出，药家鑫的行为之所以令人难以理解，就是因为他缺失人之为人所应当有的"四心"，因而作出的行为是非人的行为，所作出的行为令真正的人难以理解。

---

① 金良年译注：《孟子》，上海古籍出版社2016年版，第71页。

其实，这一道理孔子也说过。孔子强调仁爱，仁的基本内涵就是"爱人"。弟子樊迟问仁。孔子说："爱人。"应当爱哪些人呢？孔子说："弟子入则孝，出则弟，谨而信，泛爱众而亲仁。"[①] 也就说，弟子首先要爱父母、爱兄弟、爱朋友，然后推及爱其他的人。值得注意的是，孔子把"仁"看得非常重，甚至比一个人的生命还要重。他说："志士仁人，无求生以害仁，有杀身以成仁。"[②] 他认为，真正的志士、仁人，不会为了求生而害仁，相反会杀身以成仁，也就是为了成仁而不惜牺牲其自己的生命。孔子为什么把"仁"看得比人的生命还要重要呢？笔者认为，孔子运用生物学理论阐述了这一问题。人们都知道，植物果实当中的仁，如桃仁、杏仁、瓜子仁等，是果实的精华和核心，是植物生存和繁衍生息的根基；果实中如果没有了果仁，这些植物则难以繁衍生息。孔子把生物学的这一理论运用到人类之中，就是说明"仁"也是人这一生命体的核心和灵魂，缺失了"仁"，人也就失去了人之为人的根基和灵魂。而仁的基本内涵就是爱人。因此，孔子认为，仁爱之心就是人的根本和灵魂；对个体来说，仁爱之心是人之为人的根本和灵魂；对群体来说，仁爱之心是人类生存和繁衍生息的根本。如果缺失了仁爱之心，就等于缺失人之为人的灵魂，不能成为真正的人。因此，孔子才强调，一个真正意义上的人，宁愿失去生命，也不愿失去人之为人的灵魂（仁）；因为一旦失掉了人之为人的灵魂（仁），就等同于行尸走肉，没有了生存的意义和价值。所以孔子才强调：志士仁人，无求生以害仁，有杀身以成仁。可见，孔子把"仁"，也就是爱人之心视为人之为人的根本。

由此可见，孔子、孟子都把仁爱之心视为人之为人的根本。因此，我们强调的人文素质也就是人之为人应具有的根本素质，其核心就是仁爱之心。

综上所述，人文素质是人之为人应具有的根本素质。人文素质的

---

① 杨润根：《发现论语》，华夏出版社2007年版，第10页。
② 杨润根：《发现论语》，华夏出版社2007年版，第338页。

基本内涵是成为大写的人和舒展的人，也就是具有良好的品质和更高更丰富的人生追求和意境；而人文素质的根本和核心是具有仁爱之心。

二 理论和事实分析

为什么强调人文素质的核心是仁爱之心呢？下面主要从四个方面来分析具体原因。

(一) 仁爱之心是一个人具备其他良好道德品质的基础

王阳明曾说："种树者必培其根，种德者必养其心。"① 王阳明这句话抓住了问题的实质和根本。他强调，种树的时候，要想把树木种活了，就必须好好地保护、培养它们的根系，因为根系是树木生命的根基和源泉；同样的道理，在教化人的过程中，要涵育人们良好的道德品质，就要好好地滋润、滋养人们的心灵，因为纯洁、美好的心灵是人们良好道德品质的根基和源泉。

王阳明的这句话非常有道理。比如说，一个人只有对父母有爱心，才能真正地做到孝敬；只有对师长、兄长有爱心，才能真正地做到敬重；只有对朋友有爱心，才能做到诚信；只有对同学有爱心，才能真正地做到真诚；只有对弱者、贫困者有爱心，才会真正地对他们有温情；只有对社会有爱，才会更愿意付出；只有对国家有爱，才会更愿意奉献。孝敬、敬重、诚信、真诚、温情、付出和奉献都是良好的道德品质，而这些道德品质是以仁爱之心为根基和源泉的。如果一个人没有发自内心地对父母、兄长、朋友、同学、弱者、社会和国家的爱，很难具有孝敬、敬重、诚信、真诚、付出、奉献等良好的道德品质。由此可见，仁爱之心是一个人具备其他良好道德品质的基础。

(二) 仁爱之心是一个人获得快乐的源泉

在生活中，人们获得快乐的源泉有很多，比如说实现了目标，满

---

① （明）王阳明：《传习录》，花城出版社1998年版，第149页。

足了心愿，满足了兴趣、爱好，收获了爱情，感受到亲情、友情的美好等等，这些都是很多人快乐的源泉。但是，如果缺失了仁爱之心——当然，这里的仁爱之心是广义的，主要包括善良之心、感恩之心、宽容之心、纯真之心、正直之心和爱人之心等——如果缺失了这些心，一个人即使得到再多东西，比如说金钱、权力、名誉、友情、爱情等，也不可能有发自内心的快乐。因为快乐是需要美好、透明、纯洁的心灵去感受的，如果没有纯洁美好的心灵，一个人是很难感受到发自内心的快乐。孔子说："君子坦荡荡，小人长戚戚。"①君子光明磊落，心胸坦荡，具有宽容之心、纯真之心、正直之心、爱人之心，活得真诚，活得潇洒，活得自由自在，因而更容易获得快乐。小人心理阴暗，自私自利，缺乏善良之心、感恩之心、宽容之心、正直之心、爱人之心，即使通过不正当手段得到很多东西，也不可能有发自内心的真正快乐。因为小人心理阴暗、自私自利，不敢敞开心扉，这样的心灵得不到阳光的照耀、雨露的沐浴，因此这样的心灵是阴冷、潮湿的，缺乏温度温暖的，这样的心灵不可能感受到发自内心的快乐。因此，快乐源自于透明纯洁的心灵，只有拥有善良之心、感恩之心、宽容之心、纯真之心、正直之心、爱人之心的人，才更容易获得和感受到快乐。

（三）只有爱才能给生命以阳光

只有爱才能给生命以阳光——这句深刻而又饱含哲理的话是一位名叫心曼的姑娘告诉笔者的。下面首先介绍一下心曼的情况。心曼和姐姐春曼分别于1976年和1974年出生于黑龙江省铁力市桃山镇。两人的出生曾给父母带来了很多快乐，但是到了三四岁两人还不会走路。父母带着姐妹俩到过很多医院，但都没有得到确诊。1980年，姐妹同时被沈阳军区医院诊断患"婴儿型进行性脊髓肌萎缩症"。医生告诉父母，这种病症的主要特征是骨骼变形，肌肉不断萎缩，最后是

---

① 杨润根：《发现论语》，华夏出版社2007年版，第169页。

心肌乏力，窒息而死；这种病无法治愈，只能靠普通药物维持病情，延缓病情的恶化；病人随时都有生命危险，平常的感冒、发烧也可能导致病人失去生命；病人终身生活无法自理，一般病人活不过30岁。听到这些，父母怀着悲痛的心情带着她们姐妹俩回家了。俗话说，祸不单行。之后不久，她们的父亲也因一次意外事故而永远离开了她们。当时，姐妹俩还有一个不到一岁的弟弟。命运是如此的残酷。当时，有人劝她们的母亲，还是改嫁吧，否则无法生活。但是，母亲担心改嫁后孩子们受委屈，就拒绝了好心人的建议，毅然决然地带着三个子女一块儿生活。两个重度残疾的孩子，一个嗷嗷待哺的幼儿，都需要母亲的照顾。生活的艰难程度是可想而知的，她们一家有时候甚至连饭都吃不上，穿的衣服也是别人接济的。随着时间的推移，姐妹俩到了上学的年龄，但是母亲是无法送她们两人上学的。看着同龄孩子都去上学了，姐妹俩只有羡慕的份儿。等到弟弟上学了，她们就用弟弟的书开始自学，一直自学到高中的文科课程。随后，她们开始尝试着把生活的经历和对生命的感悟写下来，投到杂志社和报社。经历了多次投稿失败的打击，最后她们的文章逐渐在杂志和报纸上发表。随后，她们在好人心的帮助下开始写书，到目前为止，已经出版了四部：自传体励志文集《生命从明天开始》、自传体长篇爱情小说《如果我能站起来吻你》、情感救助实录《救赎的爱》、记录她们成长历程的《永不放弃》。2000年中秋节，她们自费开通了公益热线——曼曼心灵热线电话。二十年来她们一直从事心灵关怀电话倾听工作，共为30万人次解决了各类心灵困惑，其内容涉及情感、成长、婚姻、工作、人际关系以及其他各类心灵困惑问题。

笔者在2007年通过《读者》了解了她们的感人故事以后，就给她们打去了电话，表达了对她们的敬佩之情，随后给她们寄去了一些钱。以后，笔者和姐妹俩始终保持着联系，也给她们一些力所能及的帮助。有一次，笔者和心曼在网上聊天。笔者问她，你们经历了这么多苦难，对生活、生命有什么感悟呢？她说，我们命运多舛，经历了生死离别、艰难困苦、酸甜苦辣，对生活、生命的感悟确实很复杂，有过痛苦、有过悲伤、有过伤心，但感受更深的还是认识的、不认识的朋友的爱心。最后她说，生活无论怎么样，都要用心投入地去爱，只有爱才能给生命以阳光。笔者听后，感触非常大。是啊，姐妹俩在生活中经受了太多的艰难困苦、痛苦心酸，但是她们内心感受最深的还是爱——首先是妈妈的爱，妈妈无微不至地照顾着她们的生活，抚慰她们的病痛，是伟大的母爱把姐妹俩从死神手中一次次拉回来，不断延伸着她们的生命；可以说，没有妈妈，姐妹俩一天也无法生活下去。其次是很多认识的、不认识的朋友的爱。姐妹俩身边的很多亲戚朋友，给了她们很多无私的关爱；全国很多没有谋面的朋友，了解了两姐妹的事迹和经历之后，通过各种方式给予她们无私的帮助和关爱。正是这些关爱，成为她们生命中的阳光，给予她们光明和温暖，也赋予她们力量。而姐妹俩也没有自私地把这些爱收藏起来，而是通过曼曼心灵热线等方式帮助一些更加需要关爱的人，把她们的爱回馈社会。

通过曼曼姐妹的故事，可以深刻地感受到，爱可以给别人的生命以阳光，也可以使我们自己的心灵充满阳光，爱可以使得每个人的生活充满阳光。就像歌曲《爱的奉献》所唱的那样：只要人人都献出一点爱，世界将变成美好的人间。

（四）有爱才有希望

每个人或多或少都有类似的经历，因为面对突如其来的挫折失败、疾病折磨或家庭变故等事件的打击，常常会使人陷入痛苦、迷茫或绝望之中。在这艰难时刻，是父母兄弟、亲朋好友、同学老师甚至是陌生人等对我们无微不至的关爱呵护，是我们内心深处对父母兄弟、亲朋好友、同学老师深沉的爱心，使我们从痛苦的深渊中解脱出来，重新燃起对未来生活的希望和信心。卢兴华的经历很好地阐释了这一观点。

卢兴华是济南职业技术学院学前教育专业的一名大三女生。她学习刻苦，成绩优秀，大一、大二先后三次获得一等奖学金，多次被评为三好学生。大二下学期仅靠在家自学，她在期末考试中就取得了优异成绩，获得了二等奖学金。天生丽质的她，不仅歌声悦耳，而且能弹一手好琴。

然而，天有不测风云。2006年7月，卢兴华的腿被确诊患骨巨细胞瘤（骨癌）。随后，她做了三次手术。当谈到第二次手术的经历时，她仍心有余悸地说："医生说需要做手术，要取身上的某段骨头补到腿上。我没有当回事儿，可当真正躺在手术台上时，却感觉很痛苦。虽然打着麻药，可我特别清醒，当听到锤子敲击骨头以及一袋袋冰冷的药水冲洗骨头的声响时，我心如刀割，那是一种让人撕心裂肺的声音。我记得当时呼吸特别困难，想要吸氧却怎么也张不开嘴，当时感觉还不如死了好受。这是我一生中经历的第一次生死对抗。"在这次手术中她腿上被缝了14针，腰部缝了8针。

由于病情复发，在做完第二次手术后不到三个月，卢兴华又做了第三次手术。当谈到第三次手术时，她若有所思地说："手术过程中，我一直很清醒。那天发生的一切现在仍记忆犹新。忘不了锯骨头时的巨响，忘不了锤子敲打骨头发出的清脆响声，它们深深地印在我的脑海……我当时想一定要挺过来，一定要坚强地度过这五个小时。手术成功了（这次手术缝了36针），推出手术室的我朝所有的亲人微笑，告诉他们我没有事，当时我还给老师、朋友打了电话报平安，后来就什么也不知道了……"手术后，她在床上直挺挺地躺了两个月，下肢一点也不敢动。知道自己不能回校学习，她便自学。她心想，不能因为生病就比同学们差，要学得更好。

2007年6月，她坚持回校考试。在考完试后，她去省立医院复查发现骨巨细胞瘤已经转移到肺里了。医生建议她化疗，第一次化疗用了23天，她的头发全部掉光。第二次化疗后，她已经被折腾得不成样子，身体特别弱，白细胞特别少。在那段日子里，医生每天要到她的病房跑好几次，怕她有生命危险。"其实更担心我的是父母，"坚强的卢兴华流着泪水说,"他们不想失去我,他们不能没有我的陪伴。有许多次我都看到妈妈的眼睛红红的,我知道她又哭了。爸爸则强忍着内心的痛,每天变着法跟我开玩笑,逗我开心……"她说不知道自己是怎么挺过第二次化疗的,也没有想到自己会活到现在,更没有料到自己会撑这么久。

谈到父母时,卢兴华面带愧色:"现在父母为我治病已经背负了太多太多。作为女儿,我感觉特别的愧对他们,即便是经济再困难(治疗期间,先后花费约20万元,亲戚朋友也都借遍了,家里能卖的东西都卖了),他们也没有放弃我,依然承受着内心的那份艰苦,想方设法给我寻求治疗方法。"

经历的一切让卢兴华深深地感受到亲情、友情的力量,她动情地说:"现在我特别珍惜身边的每一个亲人,每一个朋友,也特别地留恋这个充满关爱的世界,特别留恋同学老师,更留恋我的亲人、朋友。我不敢想象今后我的病会发展成什么样,不敢想象我的未来会是什么样,但我的内心永远也不会向命运屈服。因为我还年轻,不能就这样离开这个世界,不能让父母为我背负这么多,即便是在生命的最后我也要把微笑留给父母及所有关爱我的人。"她向记者透露了自己的心愿:"不管自己的生命能够坚持多久,我都会特别珍惜这来之不易的求学机会,我想在有限的生命里,一定要完成一个心愿,争取在大学毕业之前,圆满地完成自己的学业,顺利拿到大学毕业证书。"

即便遭受重病折磨,卢兴华依然把温暖和祝福送给人们,她深情地说:"自从生病以来,我得到无数好心人的关心与帮助,他们在物质上的支持、精神上的鼓励,更加坚定了我战胜病魔的信心和勇气。倘若我真的不幸离开,我决定捐献遗体,我相信疼爱我的父母一定会支持我、理解我。我想即便是我的生命终止了,我的精神还活着。真心地希望天下所有的父母安康,所有的好心人快乐!"[①]

---

① 根据卢兴华给笔者的来信整理。

笔者通过电视报道知道了卢兴华的病情，被她坚强乐观的精神所打动，随后联系了电视台的记者，跟着记者的采访车到了卢兴华家里去看望她。她家住在低矮的石头房里，家徒四壁，父母满面愁容，说着女儿的病情就禁不住抹眼泪。可是，当看到卢兴华的时候，我们却眼前一亮：她脸上带着微笑，眼中充满着自信和坚定。笔者问她经历这么多痛苦折磨，怎么还能笑得出来。她说，自从生病以来，得到了很多好心人的关心和照顾，包括学校老师和同学自发为她捐款，亲戚朋友给她尽可能的帮助，还有社会上很多不认识的朋友伸出援助之手，就是因为得到太多好心人的关心和帮助，她对战胜病痛充满信心。我听后非常感动，承诺给她力所能及的帮助。

回到学校后，笔者在给学生上课时谈到了卢兴华的遭遇及她面对病痛坚强乐观的态度，学生们听后大受感动，纷纷表示要为卢兴华同学做些什么，给她一些力所能及的帮助。通过商量，学生们决定周末在学校附近的大学商业街为卢兴华举行募捐活动。随后，班里每位学生都积极为募捐活动做准备，有的学生准备桌椅话筒，有的学生联系场地，有的学生印发宣传资料。在活动当天，我们把卢兴华从老家接到活动现场。在活动现场，卢兴华忍着病痛，前后唱了七八首歌。当时，很多了解她病情的人听着她那动听的歌声，都感动得落泪了。在流泪的同时，他们又伸出了援助之手，献出了一份爱心。通过一天的活动，一共募捐到一万余元。值得一提的是，在活动现场，山东中医药大学的一位班长找到我们，把两千多元钱捐了出来。他说，他已经提前知道了为卢兴华募捐活动的消息，因此前一天在他的班里举行了捐款活动，这些钱是班里同学的一份心意，希望能帮助卢兴华渡过难关。当我们把募捐到的钱交给卢兴华时，她感动得落泪了。她说，她自己之所以有信心面对未来，就是因为有这么多的好心人在关心关爱着她，是社会上的好心人给了她信心和希望。之后，笔者和卢兴华一直保持着联系，给她一些力所能及的帮助和希望。

通过卢兴华的经历，可以深刻地感受到有爱就有希望的道理——

有爱才能给自己以希望,有爱才能给他人以希望;给他人以希望,就是给自己以希望,因为每个人都有需要别人帮助的时刻。当别人需要帮助的时候,你主动伸出援手,只有这样,当你需要帮助的时候,别人才更愿意帮助你。

综上所述,之所以强调仁爱之心是大学生人文素质的核心,主要是因为仁爱之心是大学生具备其他良好道德品质的基础,也是大学生获得快乐的重要源泉,更是使大学生的生活充满阳光、温暖和光明、对未来充满希望的重要因素。

第三节 人文素质的主要内容

人文素质的核心是仁爱之心,因而提升人文素质的主要目标是成为仁爱之人。那么,仁爱之人有哪些良好表现呢,也就是人文素质的具体内容有哪些呢?既然人文素质的核心是具有仁爱之心,因而人文素质的主要内容是围绕着仁爱之心而展开的,主要表现为以下八个方面。

一 言语文明,举止有礼,这是人文素质的外在表现

孔子说:"质胜文则野,文胜质则史。文质彬彬,然后君子。"[1]一名大学生应该有良好的外在形象,注意自己的言行举止,做到待人接物文明礼貌,言行举止文质彬彬。言语文明是大学生应该具备的基本素质之一。在与人交往中,大学生应该使用礼貌、尊重的语言,避免使用粗俗、侮辱性的词汇。在与同学、老师、朋友或陌生人交流时,要保持平和的语气和态度,不轻易发脾气或恶语相向。此外,大学生还应该注意他们自己的言辞是否得体,不随意泄露他人隐私或发表不负责任的言论,以维护个人和社会的尊严和利益。举止有礼则是大学生在行为上应该遵循的规范。在校园内,大学生应该遵守校规校

---

[1] 杨润根:《发现论语》,华夏出版社2007年版,第130页。

纪，尊重师长、友爱同学，保持公共区域的整洁和秩序。在社会交往中，大学生应该注重礼仪和礼貌，比如主动让座、有序排队、遵守交通规则等。同时，也要尊重他人的权益和感受，不随意打扰他人或侵犯他人的空间。大学生要言语文明、举止有礼，需要从其自身做起，树立正确的价值观和道德观。在日常生活中，要注重自我约束和自我管理，时刻保持良好的心态和行为习惯。同时，也要积极参与各种文明实践活动，比如志愿服务、公益活动等，通过实践来提升自己的文明素养和社会责任感。文明的言行举止，不仅是内在良好修养的表现，而且有利于修养身心。南京市第四中学曾在校园里挂出了这样的标语："和声细语展淑女气质，谦恭礼让显绅士风度""出言吐语勿忘语言文明可净化心灵，行为举止切记恶小不为能修身养性"，这些话说得非常有道理。

二　对自己有自尊、自重、自爱之心，这是人文素质的基础

对自己有自尊、自重、自爱之心，这是尊重他人、爱他人的基础。一个人只有真正懂得自尊、自重、自爱，才能真正地尊重他人、爱他人。自尊，即自我尊重，是大学生应该具备的基本品质。自尊意味着对自己的价值、能力和尊严有清晰的认识和肯定。大学生要自尊，就要树立自信，相信自己的能力和潜力，勇于面对挑战和困难。同时，也要保持谦逊，不断学习和进步，以提升自己的综合素质。自重，即自我重视，是大学生在行为上应该遵循的原则。自重意味着对自己的行为负责，不轻易作出有损自己形象和尊严的事情。大学生要自重，就要严于律己，遵守社会公德和校园规定，不作出任何违法乱纪的行为。同时，也要尊重他人的权利和感受，以平等、友善的态度与人相处。自爱，即自我爱护，是大学生在情感上应该持有的态度。自爱意味着关注自己的身心健康，珍惜自己的生命和时光。大学生要自爱，就要养成良好的生活习惯，保持积极向上的心态，不断充实自己的内心世界。同时，也要学会自我调适，在面对挫折和困难时能够

保持冷静和乐观，以坚强的意志和毅力战胜一切困难。总之，自尊、自重、自爱之心是大学生成长成才的重要支撑。大学生只有具有自尊、自重、自爱之心，才能真正地懂得尊重他人、爱他人，处理好与他人的关系。只有具备了这些品质，大学生才能在未来的学习和生活中不断超越自己，实现自己的人生价值。

三 对长辈、父母富有敬爱之心，这是人文素质的根本

孝敬父母是做人的根本。父母给予儿女生命，含辛茹苦地养育着儿女，儿女的成长凝结着父母的心血。父母的亲子之爱、舐犊之情是无私的、伟大的。一个人如果对给予其生命和辛勤哺育其长大、恩重如山的父母都不知孝敬，那他则丧失了人之为人的根本。古人讲，百善孝为先，把孝作为一切道德的根本，这是非常有道理的。试想，如果一个人对于生育、养育他、无比疼爱他的父母，都没有爱心的话，他怎么可能对其他人有发自内心的爱呢！孝敬父母不仅是奉养或赡养父母，还要敬重父母，听从父母的教导。弟子子游问孝，孔子说："今之孝者，是谓能养。至于犬马，皆能有养；不敬，何以别乎？"[①] 孔子认为，当时人们仅把孝视为能为父母提供食物，那么，对于犬马，我们也能向它们提供食物。如果对父母养而不敬，那和养动物有何区别呢？因此，孔子强调对父母敬爱的必要性。大学生作为社会的青年精英，承载着家庭、社会和国家的期望，他们的行为举止和情感态度对于构建和谐社会具有重要意义。在对待长辈和父母方面，大学生应当怀有敬爱之心，这是中华民族传统美德的体现，也是个人品德修养的重要组成部分。

敬爱长辈和父母是中华民族的传统美德。自古以来，中国就强调尊老爱幼、孝顺父母的道德观念。大学生作为接受高等教育的群体，更应该继承和发扬这一传统美德。他们应该懂得感恩，感激长辈和父

[①] 杨润根：《发现论语》，华夏出版社2007年版，第29页。

母的养育之恩，用实际行动去回报他们的付出。同时，敬爱长辈和父母有助于培养大学生的感恩意识和责任意识。长辈和父母为子女的成长付出了巨大的心血和精力，他们的无私奉献和默默支持是子女成长道路上的重要支撑。大学生应该意识到这一点，对长辈和父母保持一颗感恩的心，同时承担起照顾和赡养他们的责任。此外，敬爱长辈和父母还有助于提升大学生的社交能力和人际关系。在家庭中，大学生与长辈和父母的相处是一种重要的社交实践。通过尊重、理解和关爱他们，大学生可以学会如何与他人建立良好的关系，这对于他们未来的社会交往和职业发展都具有积极意义。然而，要实现敬爱长辈和父母的目标，大学生需要付出实际行动。大学生可以在日常生活中多关心长辈和父母的身体健康、生活需求和精神状态；在重要的节日或纪念日，向他们表达感激和祝福；在面临困难和挑战时，积极寻求他们的支持和建议。同时，大学生也应该尊重长辈和父母的意愿和选择，给予他们足够的自由和空间。总之，大学生应对长辈和父母富有敬爱之心。这不仅是对传统美德的继承和发扬，也是个人品德修养的重要体现。通过实际行动去践行这一美德，大学生可以培养感恩意识、责任意识和社交能力，为构建和谐社会贡献他们的力量。

四 对同仁、朋友富有关爱之心，这是人文素质的核心表现

对同学和朋友富有关爱之心是一种非常重要的品质。同学、朋友在学习生活中朝夕相处，应相互帮助，相互关心，相互关爱；只有对同学有一颗真诚关爱之心，当同学遇到困难时给予其真心帮助，同学才会发自内心地关心帮助你，这样才能结成真挚的友谊，在生活学习中才能开心快乐。

关爱之心能够促进同学之间的友谊和信任。在学习和生活中，同学会面临各种挑战和困难。当你用关爱之心去对待他们，主动提供帮助和支持时，不仅能够缓解他们的压力，还能够增进彼此之间的友谊和信任。这种友谊和信任是大学生活中宝贵的财富，能够让大学生在

遇到困难时得到更多的帮助和支持。同时，关爱之心有助于营造良好的学习和生活氛围。一个充满关爱和温暖的环境能够让人们感到舒适和愉悦，从而更加专注于学习和生活。当每个学生都能够用关爱之心去对待身边的人时，整个校园就会变得更加和谐、美好。这种氛围不仅能够提高大学生的学习效率，还能够提升他们的幸福感和满意度。此外，关爱之心也是培养社会责任感和公民意识的重要途径。作为大学生，应该具备关注他人、关爱社会的品质。通过关爱同学和朋友，大学生能够学会关注他人的需求和感受，培养同理心和共情能力。这种能力在未来的工作和生活中都非常重要，能够让他们更好地与他人合作、共同解决问题。

关爱同学和朋友，就要关心他们的生活，关注他们的痛苦，关心理解他们，尊重他们的隐私。关爱同学朋友，需要有一颗善良的心，宽容的心，感恩的心，真诚的心，善待同学和朋友，以宽容之心对待他们，对同学、朋友真诚相待。然而，要真正做到对同学和朋友富有关爱之心并不容易。大学生需要学会倾听和理解他人的想法和感受，尊重他人的差异和选择。同时，大学生也要在关爱他人的过程中保持理性和客观，避免因为个人情感而作出不理智的决定。总之，大学生对同学和朋友富有关爱之心是一种重要的品质。通过关爱他人，大学生能够加深友谊、加强信任、形成良好的人际关系、培养社会责任感和公民意识。在未来的学习和生活中，大学生应该时刻保持这种关爱之心，用他们的行动去传递温暖和正能量。

五　对弱者、贫困者富有同情、怜悯之心，这是人文素质的拓展

每个人都有需要帮助的时候，也都有成为弱者的可能；因此，对弱者和贫困者的关心其实也就是关心自己。在一定程度上说，弱者和贫困者是不幸的，而有能力帮助他人的人是幸运的，因此，为了保持这份幸运，有能力的人也应为弱者和贫困者提供帮助。同时，弱者、贫困者处于社会的底层，处境窘迫，生活困难，急需别人的关心帮

助，力所能及地做些帮助他们的事情，给了他们温暖和希望，他们感激的眼神也会给帮助者带来欣慰和快乐。

大学生对弱者、贫困者富有同情、怜悯之心，这体现了他们的人文关怀和社会责任感。在校园内外，大学生常常接触到各种社会现象，其中不乏弱者和贫困者的身影。面对这些需要帮助的人群，大学生能够保持同情和怜悯之心，愿意伸出援手，给予他们关爱和支持。同情和怜悯之心是人性中美好的一面，它让人们能够关注到他人的痛苦和困境，从而产生帮助他们的愿望。对于大学生来说，这种情感的培养不仅有助于他们形成健全的人格，还能够激发他们的社会责任感和公民意识。在校园内，大学生可以通过参与志愿者活动、捐款捐物等方式，为弱者和贫困者提供帮助。他们可以在敬老院陪伴老人，为留守儿童送去关爱，为贫困地区的孩子捐赠学习用品等。这些行动不仅能够让受助者感受到温暖和关爱，还能够让大学生体验到帮助他人的快乐和价值。此外，大学生还可以通过学习和宣传相关知识，提高社会对弱者和贫困者的关注度和理解度。他们可以利用社交媒体、网络平台等渠道，传播正能量，呼吁更多的人关注和帮助这些需要帮助的人群。然而，同情和怜悯之心并不意味着盲目地给予帮助。大学生在帮助弱者和贫困者的过程中，也需要保持理性和客观，了解他们的真实需求和困境，避免因为个人情感而作出不理智的决定。总之，大学生对弱者、贫困者富有同情、怜悯之心是一种可贵的品质。通过实际行动和宣传倡导，他们能够为社会注入更多的正能量和温暖，让更多的人感受到关爱和支持。

六 对社会有责任之心，这是人文素质的重点

责任之心就是每个人都要尽心尽力、尽职尽责地承担起他自己应承担的责任，要有责任感和使命感。因为我们每个人来到这个世界上都不是一个单纯的自然人，而是一个带有社会属性的社会人，作为一个社会人就要承担一定的社会责任。责任都是相互的，每个人只有尽

了对社会的责任，社会才会为每个人的成长发展提供更好的条件。

　　大学生作为社会的一分子，对社会具有责任之心是至关重要的。这种责任感不仅体现了大学生的成熟和担当，而且是推动社会进步和发展的重要动力。首先，大学生的社会责任之心体现在他们积极参与社会公益活动，为社会贡献力量。无论是参与环保活动，还是为弱势群体提供帮助，大学生都积极投身其中，用实际行动践行社会责任。通过这些活动，不仅锻炼了他们的实践能力，也提高了他们的社会责任感和使命感。其次，大学生通过努力学习，提升他们的能力和素质，为社会的发展作出贡献。作为高等教育的受益者，大学生深知知识的力量和价值。他们通过学习专业知识，掌握先进技能，为未来的职业生涯做好准备。同时，他们也积极关注社会热点和前沿问题，努力为解决社会问题提供新的思路和方法。此外，大学生的社会责任之心还体现在他们积极传播正能量，引领社会风尚。作为年轻一代的代表，大学生具有积极向上的精神风貌和广泛的影响力。他们通过社交媒体、校园活动等渠道，积极传播正能量，倡导健康向上的生活方式和价值观。这种积极的影响能够带动更多的人关注社会问题，参与公益事业，共同推动社会的进步和发展。然而，要真正履行好社会责任，大学生还需要不断提高自己的社会责任感和使命感。他们需要深入了解社会现实，关注社会问题，积极参与社会实践，不断提升其综合素质和能力水平。同时，他们也需要保持谦逊和学习的态度，不断吸取新知识、新思想，以更好地履行社会责任。

　　总之，作为高素质的大学生，不仅要自觉承担起自我成长发展的责任，也要主动承担照顾帮助同学和朋友、孝敬亲友的责任，更要积极承担对社会、国家和民族的责任。诚如杰迈逊夫人所说："责任感是把整个道德大厦连接起来的黏合剂；如果没有责任这种黏合剂，人们的能力、善良之心、智慧与正直之心、自爱之心和追求幸福之心都难以持久。这样的话，人类的生存结构就会土崩瓦解，人们就只能无可奈何地站在一片废墟之中，独自哀叹。"

七 对大自然的一花、一草、一木富有热爱之心，这是人文素质的延伸

人与自然密不可分，人的生存发展离不开大自然的恩赐和馈赠；只有珍爱、保护大自然，人类才能获得可持续发展。但是，目前对大自然的破坏和污染却触目惊心，人们生存的自然环境不断恶化。大学生作为社会的高素质人才，对大自然的一花、一草、一木应当怀有深厚的热爱之心。这种热爱不仅是对自然美的欣赏，而且是对生命的尊重和对生态环境的保护。

大学生对大自然的热爱体现在他们对生命的敬畏上。每一朵花、每一片草、每一棵树都是大自然赋予生命的独特存在。它们以其自己的方式生长、绽放、凋落，演绎着生命的传奇。大学生通过观察和体验，能够深刻感受到生命的奇妙与伟大，从而更加珍惜和尊重每一个生命体。同时，大学生对大自然的热爱也体现在他们对生态环境的关注上。他们深知，大自然是人类赖以生存的家园，保护生态环境就是保护人类自己的未来。因此，他们会积极参与环保活动，倡导绿色生活方式，减少对自然环境的破坏和污染。同时，他们也会关注生态系统的平衡，努力维护生物多样性和自然资源的可持续利用。此外，大学生对大自然的热爱还体现在他们对自然美的追求上。他们喜欢漫步在绿树成荫的校园小路上，感受清风的拂面和阳光的温暖；他们喜欢驻足观赏花丛中的绚烂色彩，聆听鸟儿的歌唱和溪流的潺潺。这些美好的自然景象不仅能够带给他们愉悦的心情，还能够激发他们的创作灵感和想象力。总之，大学生对大自然的一花、一草、一木富有热爱之心，这是一种积极的情感表达和生活态度。他们通过关注生命、保护环境和追求自然美，不断加深对大自然的认识和了解，同时也为构建人与自然和谐共生的美好未来贡献着他们的力量。

八 对天地宇宙具有敬畏之心，这是人文素质的深化

德国著名哲学家康德表达过对天地宇宙的敬畏之心。他说，有两

样东西，我们愈经常愈持久地加以思索，它们就愈使心灵充满日新又新、有加无已的敬仰和敬畏：在我之上的星空和居我心中的道德法则①。敬畏之心的产生不是因为畏惧，而是因为感受到天地宇宙的崇高与神圣，油然而生的崇敬与信仰。老子曾说："天长地久。天地之所以能长且久者，以其不自生，故能长生。"② 天地的存在不是以其自己的存在而存在，而是为了孕育、容载人类万物，因而被人崇敬和敬仰。孔子也强调："君子有三畏：畏天命，畏大人，畏圣人之言。"③ 君子首先就是畏天命，敬畏天地宇宙之命，天地宇宙之规律，天地宇宙之特性。人诞生于宇宙之中，生存于天地之间，又将归于宇宙；宇宙创生万物，是人的生命诞生之根之源，也是人最终的根本归宿；天地承载万物，是人生命存在之根基，为生命的延续提供资源。作为拥有智慧的大学生，应当深刻认识生命与天地宇宙的必然联系，从天地宇宙的视角理解自己的人生价值和使命，尊重、热爱、敬畏生命；认识到天地宇宙的崇高与神圣，增强对天地宇宙的虔敬与信仰；同时，坚守自己内心深处的良知，因为良知就是宇宙在人身上打下的烙印，是宇宙特性在人生命中的显现；因此，坚守良知，就是敬畏天地宇宙。

综上所述，人文素质的主要内容就是具体表现为对自己、对他人、对家庭、对社会、对自然、对天地宇宙都具有深厚博大的仁爱之心。

第四节　人文素质修养的途径

大学生人文素质的核心是具有仁爱之心，因此，人文素质的养成途径，主要是如何滋养、滋润心灵，使大学生具有一颗仁爱之心。那

---

① [德] 康德：《实践理性批判》，韩水法译，商务印书馆1999年版，第177页。
② 杨润根：《发现老子》，华夏出版社2006年版，第41页。
③ 杨润根：《发现论语》，华夏出版社2007年版，第364页。

么滋养、滋润心灵的途径有哪些呢？下面就来具体分析一下。

一 开卷有益：多读书，读好书

什么是好书呢？好书的标准不是唯一的、绝对的。按照不同的标准和需求来划分，好书的性质内容也是不一样的。这里，好书主要就是指那些能够滋养滋润心灵——也就是能够修养身心，提高人文素养的书，主要包括以下类型。

（一）古典文集

像《道德经》《论语》《孟子》《墨子》《荀子》《大学》《中庸》《传习录》等。这些书富含人生哲理，富有人生智慧，人们在读了之后能够修养身心，使人们在现实生活中保持清醒与理智。比如，笔者在读王阳明《传习录》时，读到了其中一段，记录了这样一件事情：一位学者眼睛生病，害怕眼睛失明，整天痛苦不堪，忧心忡忡。王阳明知道之后，说了一句话：尔乃贵目贱心[①]！意思是说，你这是重视眼睛而轻视、忽视心。"贵目贱心"一个词就揭示了问题的实质和根本，真是振聋发聩！人们都知道，眼睛在人的生命中、生活中确实很重要，眼睛失去光明，会带来诸多不便，但是和心相比较，它的重要性还是略逊一筹。笔者认为，王阳明这里所说的心包含两层意思：一个是心脏，一个是心灵。心脏是生命机体的发动机，心脏出了问题，生命的发动机就停止了，生命也就消失了；心灵是一个人精神世界、精神家园的灵魂和核心，心灵出了问题，精神世界和精神家园里也就没有了灵魂。可见，心是一个人物质生命和精神生命的根基，它之于人的生命无比重要，是不能缺失和忽视的。但是，王阳明提到的那位学者却为了眼睛而不惜损伤他自己的心，真是本末倒置！可能有的人会说，我没有贵目贱心呀。虽然，在现实生活中很多人没有做"贵目贱心"之事，但是，又有多少人在生活中自觉不自觉地做着"贵名贱

---

① （明）王阳明：《传习录》，花城出版社1998年版，第167页。

心""贵利贱心""贵情贱心"之事啊！很多人为了获得名利权势、荣华富贵，不惜伤害他们自己的心，也不惜伤害他们的父母兄弟、同学朋友以及其他人的心。细细想来，"贵名贱心""贵利贱心"等做法真是本末倒置，愚蠢之极！可见，这些古典文集富有哲理、人生智慧，读后能够修养身心，使人在现实生活中保持清醒与理智，确实值得每个人都认认真真、仔仔细细地去品味、去感悟。就像有人所说，读古圣先贤的书，就可以站在圣贤的肩膀上看世界。如果你把《论语》背下来，你就拥有了孔子般的智慧；如果你把《道德经》背下来，你就具有了老子般的智慧；如果你把《传习录》背下来，你就具有了王阳明般的智慧。

（二）中外名著

如中国的《红楼梦》《三国演义》《聊斋志异》《家》《四世同堂》《平凡的世界》《穆斯林的葬礼》《活着》等；国外的《老人与海》《简·爱》《钢铁是怎样炼成的》《悲惨世界》《战争与和平》《飘》《我的大学》等。这些经典文学作品能够触动、滋润、滋养人的心灵，使人们在阅读后心灵保持善感、纯洁和温暖。经典文学作品能够为人们构建丰富而又充实的精神家园，使人们具有理想主义的情怀，而丰富的精神家园和理想主义情怀是心灵得以滋养的精神源泉。文学作品给予人心灵的滋润和熏陶是潜移默化的——作品中故事人物之间浓厚的亲情、友情、爱情给我们以温暖，他们在为人处世中所体现的真善美给我们以感动，他们对梦想的追求给我们以力量，他们对于困难的坚持不懈给我们以勇气。例如，读路遥的《平凡的世界》，感觉到其字里行间流淌的全是浓浓的爱意，对土地、对父老乡亲的深厚情意，有亲情、友情、爱情——少安与润叶的爱情，少平与晓霞的爱情；少平与少安的亲情，润叶与福堂的亲情，晓霞与福军的亲情；少平与金波的友情，兰香与金秀的友情，润叶与晓霞的友情……《平凡的世界》中使用最频繁的一个词语是：亲爱的。亲爱的大地，亲爱的双水村，亲爱的父亲，亲爱的弟弟，亲爱的朋友……总之，所有人世间的真情都在这里一一地展现。人们读后，感受到无比的温暖和感动，心灵受到极大的净化和洗礼。

（三）优美诗词歌赋

培根曾说，读诗使人灵秀。笔者认为，读优美诗词不仅能使人灵秀，而且能感染、熏陶人的心灵，使人的心灵和情感在优美的文字和意境中得以升华。诵读优美诗词能造就一个人的性格，陶冶一个人的情操。"诗言志""歌永言"。读优美诗词如在花海中徜徉，其色、其香、其味熏陶着人的心灵。优美诗词营造的自然优美、风轻云淡、春意盎然、月影朦胧等美妙意境，给人以遐想，给人以沉思，给人以愉悦；读后，人的心灵如同雨后被清洗一新的花草树木般自然、清爽、洁净。如王维《山居秋暝》："空山新雨后，天气晚来秋。明月松间照，清泉石上流。"《鸟鸣涧》："人闲桂花落，夜静春山空。月出惊山鸟，时鸣春涧中。"再如陶渊明的《饮酒·其五》："结庐在人境，而无车马喧。问君何能尔？心远地自偏。采菊东篱下，悠然见南山。山气日夕佳，飞鸟相与还。此中有真意，欲辨已忘言。"等等。诵读这些优美的诗词，使人的心灵如同春暖花开后的溪流更加地澄澈、灵动和欢愉。中国古典诗词大家叶嘉莹先生曾说："读诗的好处，就在于可以培养我们有一颗美好的活泼不死的心灵。现代人过于重视物欲，一切只看眼前的利益，因此遂失去了人之所以为人的那一颗关怀宇宙人生万物的活泼美好的心灵。而这也就正是社会人心之所以日趋于堕落败坏的一个重要的原因。"[①] 因此，通过诵读优美诗词歌赋，其中所营造的优美意境给人以感染，传达出的真善美的力量给人以激励，从而起到净化人的心灵、涵养人的良好品性的作用。

（四）历史书籍

如《史记》《资治通鉴》《全球通史》《中国通史》《万历十五年》

---

① 叶嘉莹：《迦陵文集》第 10 卷，河北教育出版社 1997 年版，第 122 页。

《中国人史纲》《国史大纲》《人类的故事》《文明史纲》等，都值得一读。培根曾说，读史可以明智。读史可以增长一个人的智慧，使人变得聪明。笔者认为，读史不仅可以明智，还可以明理、明心、明神。读史不仅可以使得我们懂得为人处世的道理，还可以充实我们的精神，丰富我们的思想，使人思考问题更加具体全面、理智清晰，也能够使得人们的心灵更加博大和悲悯，更加淡然地看待人生的悲欢离合，坦然地面对和对待当下的艰难困苦、失败挫折、悲欢离合等。古罗马政治家西塞罗曾说，一个不懂他自己出生前的历史的人，永远是个孩子。是的，一个不懂得历史的人，只知道当时活着的事情，确实很短视、很肤浅。历史使人深刻，不仅可以延长生命的长度，还可以拓展生命的宽度。因此，一个不懂得历史的人是浅薄的、肤浅的单面人，而不是丰富深刻的立体人。因为，只有懂得历史，才能够更好地展望未来，也才能更好地把握现在。历史、现在、未来构成了一个人生活的立体空间。可见，读史不仅可以使人变得聪明、睿智，也能丰富充实人的思想和精神，更可以使得一个人的心变得更加悲悯、豁达和淡然。

总之，大学生通过对经典作品和优美文章的欣赏和阅读，在获得人生智慧、审美愉悦的同时，能够陶冶情操、修养身心、净化灵魂。如同周国平先生所说，一个经常在阅读和沉思中与古今哲人文豪倾心交谈的人，与一个只读明星轶闻和凶杀故事的人，他们生活在多么不同的世界上啊！是啊，一个人读书的内容和质量，就影响甚至决定了他生活的内容和质量，同时又决定了一个人灵魂的高度，这是对读好书的最好诠释。

二 反思反省：吾日三省吾身

人们早晨起床后做的第一件事是什么呢？是的，大部分人做的第一件事应当是洗脸。因为脸上有灰尘，不干净，不洗脸就不舒服，也不好意思出门见人，所以洗脸是为了保持面容的洁净，以良好的精神状态面对新的一天。过几天，人们就要洗澡，因为身体上有灰尘污垢，不洗澡就会感觉不舒服，所以洗澡是为了保持身体的洁净，身体的清爽。还有，人们要及时清理家里的垃圾，打扫家里的卫生，否则，家里垃圾满地，臭气熏天，无法待下去。所以，清扫垃圾是为了保持家里的清洁，使人们更舒服地生活。同样的道理，时间长了，人们的心灵也会落有灰尘，留有污垢，产生垃圾。那么，人们是怎么样清洗心灵上的灰尘、污垢，怎么样清除心灵上的垃圾的呢？笔者认为，自省、反思是清除心灵灰尘和垃圾的一种好的方法。就像张文台将军的《自省诗》所说："心灵清闲无污染，身体清爽无负担。德行清洁无杂念，为人清白无贪婪。"[1]

（一）自省即反观自我、审视自己的内心

一个人只有时常反观自照、审视其自己的内心，才会发现内心的灰尘和垃圾，然后及时地清除出去，心灵才能保持应有的洁净，心情才会愉悦和舒畅；否则，心灵就会落满灰尘，布满垃圾，轻则影响情绪，重则导致心理疾病。慢慢地，心灵的反思机制逐渐丧失，灰尘和垃圾越积越多，形成恶性循环，最后导致严重后果。因此，自省不仅是清洁心灵的灵丹妙药，也是释放不良情绪的最佳出口。2013年震惊全国的复旦大学投毒案的实施者林森浩之所以作出这样的行为，就是因为他平时不善于自省，做事不考虑别人的感受，不考虑事情的后果，不把伤害别人的身体视为他自己为人处世的底线。林森浩最后在接受记者的采访时坦言，当时他和受害人黄洋并没有什么矛盾，只不过是他当时和另一位同学因为一点小摩擦而情绪不是很好，然后看到黄洋得意洋洋的样子很不顺眼，就想整整他，让他不舒服。结果，竟然用了投毒的方式，致使黄洋死亡，导致了悲剧的发生。可见，这起悲剧的根源就在于林森浩不善于自省，遇到问题不善于反思自己，没有及时清除心里的垃圾，用适当

---

[1] 张文台：《张文台文丛（诗词卷）》，中央文献出版社2014年版，第350页。

的方法缓解心中的负面情绪,最后导致悲剧的发生,结果是害人害己。

(二) 自省是自我反思,使内心沉静,从而自我沉淀、自我过滤内心的污物

如同浑浊的水,只有沉静下来,杂质、灰尘才能沉淀下来,水才能够变得清澈透明。一个人的内心只有沉静,其内心中的灰尘和污物才能沉淀,心灵才能更加纯净。从前有一个故事,讲的是一位官员被革职遣返,他心中的苦闷无处排解,便来到一位禅师的法堂。禅师静静听完了此人的倾诉,将他带入自己的禅房之中,桌上放着一瓶水。禅师指着那瓶水微笑着对那位官员说:"客官,你看这瓶水,它已经放置在这里许久了,几乎每天都有灰尘、灰烬落在里面,它依然澄清透明。你知道这是何故吗?"此人思索良久,仿佛要将那瓶水看穿,忽然他似有所悟:"我懂了,所有的灰尘都沉淀到瓶底了。"禅师点点头,说道:"世间烦恼之事数之不尽,有些事越想忘掉就越挥之不去,那就索性记住它好了。就像瓶中水,如果你不停地摇晃它,会使一瓶水都不得安宁,混浊一片;如果你愿意慢慢地、静静地让它们沉淀下来,用宽广的胸怀去容纳它们,那么心灵不但并未因此受到污染,反而更加纯净了。"官员恍然大悟。是啊,只有时常自省,使自己的内心沉静下来,内心的污物才会沉淀下来,心灵就会更加的纯净。

(三) 自省是反观自照,明白自己的优劣得失

自省好似一面镜子,它能将我们的优劣得失清清楚楚地照出来,使我们有机会看清自己,从而能够更好地进步。苏格拉底曾说,未经省察的人生是没有价值的。也有人把此话翻译成,未经省察的人生是不值得过的。假如一个人从不自我反省,就像一个人从不照镜子看不到他自己脸上的污垢一样,也不会看清他自己,认识不到他自己身上缺点和不足,就不会有太大的改进和发展,因而人生也不会有什么样的价值和意义。孔子也强调自省的自觉性,他说:"见贤思齐焉,见

不贤而内自省也。"① 一个人见到有优点、有长处的道德品质优良、知识渊博的优秀的人，要自觉努力地向他们看齐；见到有缺点、有不足、素质不佳的人，要反省他自己有没有这样的缺点和不足；如果有的话，就要努力改正；只有不断地向贤者看齐，改正不足，一个人才会变得越来越好。所以英国画家、雕塑家瓦茨说："反躬自省是通向美德和上帝的途径。"②

古人教导我们，静坐常思己过，闲谈莫论人非。这句话说得非常好！人们多一分心力注意别人，就会少一分心力反省自己。如果大学生能像看别人的缺点一样，准确地发现自己的缺点，那么他们的生命将会不平凡。故曾子强调："吾日三省吾身：为人谋而不忠乎？与朋友交而不信乎？传不习乎？"③ 大学生每天要多次地反省自己，唯恐有什么过错不能及时发现，从而阻止自己前进的脚步。值得一提的是，自我反省时的参考物也是非常重要的，你的参照物将决定你的境界的高低。比如说，当你能够在日常生活的待人处世中，发现你自己的不足与局限之处，可以参照某个伟大存在——比如老子、孔子、王阳明的人格，在生活工作中改变、升华你自己的人格，使你自己变得更加智慧、更加慈悲、更加博大。

总之，反省是使自己内心沉静、净化心灵的重要途径，只有时常反思自己，才能更好地清除心灵的灰尘和垃圾，使得心灵保持应有的纯洁和透明，心情才会舒畅和愉悦，才会做到光明磊落、心胸坦荡。

三 学习中华优秀传统文化：求放心

中华传统文化博大精深，其中蕴含着丰富的人文知识、人文思想和人文精神，通过学习人文知识、理解人文思想、把握人文精神，可以培育和提升大学生的人文素质。笔者认为，中华优秀传统文化的根

---

① 杨润根：《发现论语》，华夏出版社2007年版，第83页。
② 李长征：《学会做人做事读本》，中国海洋大学出版社2018年版，第53页。
③ 杨润根：《发现论语》，华夏出版社2007年版，第6页。

本价值和宗旨在于孟子所揭示的"求放心"。孟子说："仁，人心也；义，人路也。舍其路而弗由，放其心而不知求，哀哉！人有鸡犬放，则知求之；有放心而不知求。学问之道无他，求其放心而已矣。"① 仁爱、善良是人的本心，但如果不珍爱、不保养本心，就容易丢失、被遮蔽；中华优秀传统文化的根本价值就在于让人们找回失去的、善良的、本真的心。孟子的这一见解是非常具有见地的，也是非常具有启发性的。不仅孟子有这样的理解，后继者如周敦颐、程颢、程颐、陆九渊、王阳明等都持有这样的观点，因为他们意识到善良本心（良知）是一切德性和德行的源泉和根本。因此，他们强调要保持住善良本心，不被过度的欲望和私利所遮蔽，按照本真良知之心思虑行事，这样才会具备良好的道德品质，才能作出符合道德之事。同时，中国哲人也提出了诸多优良的养心途径和方法，如老子的无为而为和顺应自然，孔子的见贤思齐、见利思义、安贫乐道，孟子的存心养性、清心寡欲、养浩然之气，荀子的积善成德，周敦颐的无欲主静，陆九渊的发明本心，王阳明的致良知等，都是值得重视、继承和发扬的。因此，中华优秀传统文化的真谛是使人珍藏、保持人之为人的本真的善良之心。大学生通过学习中华优秀传统文化，把握中华优秀传统文化的真谛和精髓所在，用以修养身心，提高修养，从而得以珍藏、保持自己本真的善良之心，做一个仁爱之人。

---

① 金良年译注：《孟子》，上海古籍出版社2016年版，第252页。

第三章 提高心理素质 成为健康之人

世界卫生组织（WHO）认为："健康乃是一种生理、心理、社会适应和道德都臻于完满的状态，而不仅仅是身体没有虚弱的状态。"可见，人的健康不仅是指身体健康和心理健康，而且包括良好的社会适应能力及良好的道德素质。关于身体健康的重要性，大学生已基本了解，兹不赘述。社会适应能力及道德素质的问题将在后面详细阐述，这里主要阐明大学生心理素质的重要性及提升心理素质的途径。

世界卫生组织提出了身体健康的十大标准，其内容包括以下方面：精力充沛，能从容不迫地应对日常生活和工作压力，不感到疲劳和紧张；处世乐观，态度积极，勇于承担责任；精神饱满，情绪稳定，善于休息，睡眠良好；自我控制能力强，善于排除干扰；应变能力强，能适应外界环境的各种变化；体重适当，身体匀称，站立时头、肩、臂位置协调；眼睛明亮，反应敏捷，无眼疾；牙齿清洁，无龋齿，不疼痛，牙龈颜色正常，无出血现象；头发有光泽，无头屑；肌肉和皮肤富有弹性，步伐轻松自如。其中有五个方面表现为良好的精神状态。由此可见，精神状态良好也是身体健康的重要表现，而心理健康是精神状态良好的重要基础。美国心理学家马斯洛和米特尔曼在他们合著的《变态心理学》中提出了心理健康的十大标准，主要内容如下：有足够的自我安全感；能充分地了解自己，并能对自己的能力作出适度的评价；生活理想切合实际；不脱离周围现实环境；能保持人格的完整与和谐；善于从经验中学习；能保持良好的人际关系；能适度地发泄情绪和控制情绪；在符合集体要求的前提下，能有限度地发挥个性；在不违背社会规范的前提下，能恰当地满足个人的基本要求。这些内容主要还是心理健康的外在表现。

可见，心理健康是指一种积极而持续的良好心理状态，主要表现为具有积极自信的情绪、乐观开朗的态度、和谐融洽的人际关系、恰当适度的情感、健全完善的人格品质、坚强勇敢的意志以及成熟的心理行为等。在这种状态下生活的人，心情舒畅，感受到生命的价值，与他人、环境和社会协调一致，能充分发挥他们自己的身心潜能。心理健康对大学生来说非常重要，它不仅影响他们个人的成长、成才，也影响他们个人的成功。也就是说，良好的心理素质不仅可以使得大学生快乐地生活和学习，也可以使他们快乐地做事。

第一节 心理健康对大学生成长成才的意义

心理健康对大学生的成长成才具有重要的意义，它不仅有利于大学生快乐地生活和成长，而且有利于大学生快乐地学习和成才，更有利于大学生快乐地做事和成功。

一 心理健康有利于大学生快乐地生活和成长

良好的心理素质是大学生快乐成长、快乐生活的重要前提和基础。大学生快乐成长和生活的源泉有很多，但是如果没有良好的心理素质，就很难获得发自内心的真正的快乐。

大学生的心理健康主要表现为以下五个方面：一是悦纳自我，即喜欢自己。一个人喜欢自己是心理健康的基本表现，也是一个人快乐的基本前提；一个人不喜欢自己既是心理不健康的表现，也不可能有发自内心的真正快乐。二是接纳他人，也就是喜欢别人。一个人不仅喜欢自己，同时也喜欢别人，才是心理健康的重要表现，也是一个人获得快乐的重要源泉。接纳他人表现为能与他人保持和谐的人际关系，乐于并善于与他人共事。在与他人的心灵沟通交流中，能为他自己的心灵找到归属感。三是情绪积极持续稳定，经常保持良好的心境。心理健康主要表现为能经常保持愉悦、自信、乐观、满足的心情，善于从行动中寻找乐趣，对生活充满希望，积极向上，情绪稳定。这些因素也是一个人获得快乐、感受快乐的重要条件。四是能够适应环境，积极面对和应对新环境中的人和事。良好的社会适应和应对能力是心理健康的主要表现，也是获得快乐的重要基础。一个人只有积极面对和应对社会新环境中的人和事，才能更好地融入新的环境，与周围的人和谐相处、团结合作、互帮互助，才能够获得发自内心的真正快乐。五是勇于面对失败，面对困难、挫折不消极、不悲观、不逃避、不自弃。这一条是检验一个人的心理是否健康的重要标准。一个人勇于面对困难，面对困难不消极、不悲观，或者是在经历短暂的消极悲观之后，能够重新振作起来，积极地面对生活，这是心理健康的重要表现，也是重新获得快乐的重要前提。假如一个人在遇到困难之后，很轻易地就被失败和挫折所打败，永远地消沉下去了，这是心理不健康的表现，也不可能获得发自内心的真正快乐。由此可见，心理健康与一个人的快乐成长、快乐生活相伴相生、相伴相随，心理健康是大学生快乐成长、快乐生活的重要前提和基础。没有了健康的心理，大学生的快乐成长和生活也就成了无源之水、无本之木。女大学生杨愈青的经历能够很好地证明这一点。

1978年出生在青岛的杨愈青从小努力聪慧，成绩优异。1997年高考前一个月，在青岛二中就读的杨愈青获得保送上名校的资格，这让其全家兴奋不已。可是，由于某个不能公开的原因，最终的保送名单上却没有杨愈青的名字。要强好胜的她被这突如其来的变故击垮了。在此后几天的一次模拟考试中，原本在全年级名列前茅的杨愈青成绩一落千丈。彻夜失眠使她精神恍惚，甚至以咬手自残来发泄心中的郁闷和不满。高考迫在眉睫，而杨愈青的精神状态每况愈下。她的父母非常着急，就直接找到了校长，说明了利害关系。校长听后，便建议把杨愈青保送到中国海洋大学。可是，要强的杨愈青不想被随便保送到一个大学，她要用高考成绩来证明她自己的真实能力，通过努力学习，最终她以802分的总成绩成为青岛市当年的文科状元。一家人还没来得及享受这一欣喜，由于所报考的学校和山东招生办之间的工作衔接出现问题，致使录取通知书迟迟没有送达，这再次将杨愈青抛进了彷徨的漩涡中。备受煎熬的她陷入了深深的焦虑，几天之内体重下降了6公斤，向往已久的复旦大学在她眼里也变得暗淡无光。20多天后，她终于收到了迟到的复旦大学新闻专业录取通知书。但是，细心的母亲发现杨愈青在经历了短暂的兴奋之后，其言行却有些异常。母亲领着她到医院检查，结果被诊断患上了抑郁症。经过一番治疗，杨愈青的病情有所好转，在母亲的陪伴下到复旦大学报到。

　　进入复旦大学后，按理说一切应重新开始，但阴影已经深深地烙印在杨愈青的内心。尽管本科四年成绩优秀，尽管学习新闻专业的她还没有走出校门就已经成为小有名气的报社实习记者，在本科毕业后她又以专业课第一名的好成绩留在复旦继续读研。复旦和大上海给杨愈青提供了更加宽阔的舞台，但是面对无法摆脱的病魔，这样的舞台越宽阔，她心中失落的阴影就越重。在病情复发时，要强的她不愿意让同学发现，不愿让同学看不起，只好把她自己深深地隐藏起来。一次又一次的病情复发，一次又一次地走进精神卫生中心，一次又一次地紧紧将她自己包起来，这种周而复始的恶性循环把她逼到了悬崖的边缘。虽然女儿每次发病，母亲都心急如焚地赶到上海陪伴女儿；很多次，母亲都萌发了到上海租房居住照顾女儿的念头，但都被要强的女儿拒绝了。杨愈青曾坚信在科学发达的今天，抑郁的阴影总有一天会从她的身上消失。可是，这样的期盼随着一次又一次的病情复发而逐渐幻灭了。生活对于她来说仿佛已经成了沉重的负担，她不愿再这样生活下去，更不愿成为命运的累赘，连她自己的生命都不能主宰的痛苦无时不在折磨着这颗敏感的心，负担之重，已让她年轻的心灵再也无法承受！2003年9月，杨愈青从研究生公寓的23层楼上飘然跃下，以这种惨烈的方式骤然离去。在接受记者采访时，杨愈青的母亲告诉记者："如果生命可以再活一次，我宁愿愈青不上大学，即使做个普普通通的人，只要她心理健康、快快乐乐的，我就心满意足了。"

杨愈青的故事令人心痛而又唏嘘。杨愈青聪慧而又勤奋好学，本应有光明而又美好的未来，但是，却因为在遇到困难和挫折的时候，没有及时调整好自己的心理状态，而是任由焦虑侵袭侵占她的身心，导致出现心理问题，最终患上了抑郁症。良好的心理素质就像是一个富有弹性的弹簧，当挫折苦难导致的压力来袭时，心理的弹簧应当自动收缩，以保持其应有的韧性和弹性。但是，如果心理的弹簧在受到压力时不是收缩而是始终保持伸张的状态，时间长了，心理弹簧就会失去应有的弹性和韧性（也就意味着患上了抑郁症或其他心理疾病），再也难以承受外在的压力。心理弹簧一旦失去应有的弹性和韧性，要想恢复就会难上加难；同时，恢复也是一个非常漫长和痛苦的过程。当杨愈青患上抑郁症以后，不仅要忍受心理的痛苦折磨，还要忍受巨大的心理压力，可谓痛苦不堪，备受折磨，最后的结果令人心痛不已。可见，大学生只有重视心理健康，塑造良好的心理素质，才能在快乐的生活中更好地成长。

二 心理健康有助于大学生快乐地学习和成才

心理健康的一个表现是能保持对学习较浓厚的兴趣和求知欲望。健康的心理是大学生学习知识、增长才干的动力因素。只有心理健康的学生，才能形成对事物持续的兴趣、爱好、需求、动机、意志等学习所需要的品质。从现实生活的实际情况来看，心理健康的大学生，精力充沛，求知欲强，学习兴趣浓厚，学习积极主动，学习效率高，学习效果良好，知识水平提高很快。相反，不良的心理状态不利于学业完成，而学业不佳又会反过来引起新的心理问题或者加剧原有的不良心理状态，进一步影响学业，形成恶性循环。

笔者在上课时经常遇到一些因心理问题而导致学业不佳的学生。其中比较典型的是一位外国语学院的女学生，她曾通过短信向笔者倾诉了自己因为心理问题而导致的学业上的苦闷和困惑。她说，在高中的时候，她不仅学习成绩优异，而且能力很强，是班干部。但是由于高考中发挥失常，没能考上理想的大学，所以进入大学之后，一直处于懊恼和自责之中，无心学习。同时，由于来自外省，身边没有了熟悉的同学和朋友，也不适应新的学习和生活环境，因此，她一直消极地对待大学生活和学习。由于自我封闭，宿舍的同学也没有和她过多地交流，她感觉到在宿舍里被排斥，经常是自己独来独往。因此，她感觉到非常的孤独和郁闷，内心的苦闷无法排解。有一次在学院的聊天群里，她实在忍不住了，就诉说了自己内心的苦闷。结果有一位师哥把她加为好友，并耐心地开导她，她感觉到非常的开心。因此，每次不开心的时候，她都要找那位师哥倾诉。师哥每次都会非常耐心地倾听，然后开导她。慢慢地她就对师哥产生了依恋，感觉到再也离不开师哥了。每次在校园中行走的时候，她都会自觉不自觉地寻找师哥的身影。转眼到了期末，她实在忍不住了，就表达了对师哥的依恋和爱慕之情。结果令她没有想到的是师哥却拒绝了，并且拒绝再见面。以后无论她是发短信还是打电话，师哥不回也不接。她感觉到心里受到很大的伤害，更加无心学习了。期末考试临近，同学们都在挑灯夜战，紧张地准备复习考试。而她却在熬夜，给师哥发短信，试图挽回师哥的心。考试结果便可想而知。期末考试成绩出来了，考了六门课，有三门课不及格，总分在班级里排名倒数第二位。看到这个成绩，她更加崩溃了。她说，明明知道她自己和师哥不可能，因为师哥是学院的学生会副主席，不仅成绩优异，而且长得很帅；而她自己相貌平平，成绩也一塌糊涂，根本配不上师哥。她也想在假期里彻底忘了师哥，在新的一学期努力学习。但是，来到学校之后才发现她根本忘不了师哥，在校园里走的时候还会不自觉地寻找师哥的身影；她想努力学习，却找不到目标和方向，感觉无从下手。因此，她的内心感到无比的痛苦和郁闷。这位学生因为没有考入理想的大学，就一直懊恼和自责，没有以积极的心态面对和适应新的环境，致使人际关系僵化和学习状态不佳。而人际关系的不和谐及学习效果不佳加剧了原有的不良心理状态，形成了恶性循环，最后严重地影响了学业。由此可见，心理素质对大学生学习的影响至关重要。这位学生只有认清现实，调整好其自己的心态，处理好与同学之间的关系，敞开心扉与同学真诚沟通交流，赢得同学朋友的关心、支持、帮助，才能以良好的精神状态投入学习当中，提高她自己的学习成绩。

神童魏永康的经历更能够说明心理素质与学习效果的重要关系。1983年6月，魏永康出生于华容县的一个普通家庭。父亲有残疾，家境贫困，母亲曾学梅把全部的希望都寄托在儿子身上，想把儿子培养成为科学家。因此，魏永康刚生下来两三个月时，母亲就教儿子识字，还经常读唐诗给儿子听。在母亲的倾心教育下，魏永康确实也表现出异于常人的禀赋。他在2岁时就掌握了1000多个汉字。4岁时，他基本学完初中阶段的课程，后来的小学也只读了二年级和六年级。1991年9月，仅8岁的魏永康连跳几级进入县属重点中学读书。13岁时，魏永康以高分考入湘潭大学物理系。2000年，17岁的魏永康大学毕业后成为中国科学院高能物理研究所硕博连读研究生。当看到魏永康取得的这些不凡的成绩时，很多人都会像他母亲所期望的那样，认为魏永康的前途一片光明，将来肯定会成为科学家。但是，魏永康未来的成长发展，却出乎了很多人的意料。

其母亲曾学梅认为，孩子只有专心读书，将来才有出息。于是，她将所有的家务活都包下了，包括给儿子洗衣服、端饭、洗澡、洗脸。魏永康读高中时，曾学梅还经常给他喂饭；读大学时，下岗在家的曾学梅决定继续陪读，学校专门划拨了一套住房供他们母子无偿使用。上大学期间，曾学梅仍形影不离地陪在儿子的左右，给他洗衣服、洗袜子，甚至帮他洗头。母亲在生活中的一手包办，导致魏永康的生活、交往能力低下，心理素质不健全。他在智力上是个"高能儿"，在与同学交往上却是个"低能儿"。他很少和同学交往，看书看累了就一个人在教室里跑跑。经常有同学欺负他，前面踢他一脚，后面踢他一脚。有一次，老师没来上课，一个同学就让他给老师打电话，告诉他老师的电话号码是"119"，结果把火警招来了。

2000年4月，从未离开过母亲半步的魏永康觉得他自己已经长大了，便执意不要母亲陪读，独自去北京中国科学院完成硕博连读学业。身边突然没了母亲的照料，魏永康感到很不适应，无法安排他自己的学习和生活。冬天不知道给他自己多加件衣服，连穿衣吃饭都需要教授提醒，甚至赤脚走路。由于只埋头读书不与人交往，计算机考试时间改变了他浑然不知；连硕士毕业论文提交的时间他都错过了。2003年8月，已读了三年研究生的魏永康，收到中国科学院给他的一张"肄业通知书"，让他在上面签字，然后回家。

对于魏永康的肄业，母亲曾学梅有她自己的看法。她说："如果我去北京陪着他读书，他就不会肄业回家，肯定能顺利获得博士学位。"但魏永康的想法与母亲相反，他认为之所以到了这个地步就是因为他母亲一手包办的结果，致使他心理不健全，不会与人交往沟通。他说，之前母亲只是一味地让他学习，压力很大，过得并不快乐，因此他渴望快乐地生活。从北京回家后，他与母亲发生了激烈的冲突，开始排斥母亲的照顾和管束。2004年，魏永康曾几度离家出走，最长的一次，他带着800元离开了家，一路上省吃俭用地跑了16个省市，当他身上剩下的钱被偷光以后，魏永康陷入寸步难行的境地，最后由民警将他送回了家。

魏永康的离家出走使母亲曾学梅意识到问题的严重性，她开始反思自己的教育方法，并有意识地教儿子做一些家务，鼓励儿子走出去和同学交流。虽说亡羊补牢，犹未为晚。但是，由于魏永康已经成年，错过了心理教育的最佳时期，致使其心理素质发展较慢。心理素质的不健全抑制了魏永康智商的进一步发展，使得一个本来具有很大发展潜力的人成为一个木讷、迟钝的普通人，结果令人唏嘘。由此可见，心理素质对人的学习能力和智商具有重要的影响作用。

与之形成鲜明对比的是德国著名学者卡尔·威特的成长经历。卡尔·威特是19世纪德国的一个著名的神童。他在八九岁时就能自由运用德语、法语、英语、拉丁语、意大利语和希腊语这六国语言，并且通晓动物学、植物学、物理学、化学，尤其擅长数学；9岁时他进入了哥廷根大学；仅14岁就被授予哲学博士学位；16岁获得法学博士学位，并被任命为柏林大学的法学教授；23岁他发表《但丁的误解》一书，成为研究但丁的权威。与那些过早失去后劲的神童们不同，卡尔·威特一生都在德国的著名大学里授学，在有口皆碑的赞扬声中一直讲到1883年逝世为止。

卡尔·威特能取得这番成就，并非他的天赋有多高——恰恰相反，他出生后被认为是个有些痴呆的婴儿——而是全赖他的父亲教育有方。他的父亲不仅重视传授给他知识，开发他的智商，而且注重健全他的心理素质，提高他的情商。卡尔的父亲把小卡尔长到14岁以前的教育写成了一本书，这就是《卡尔·威特的教育》。该书详细地记载了卡尔的成长过程，以及他自己教子的心得和独辟蹊径的教育方法。该书写于1818年，大概是世界上论述早期教育的最早文献。但这本书问世后并未引起人们的重视，几乎绝版，保留至今的只有几本了，哈佛大学图书馆里藏有的一册据说是美国唯一的珍本。因此，如今看过原书的人极其少，老卡尔·威特的教育理论只散见于受他启发的一些教育论著诸如《俗物与天才》《早期教育和天才》等书中。

三 心理健康有助于大学生快乐地做事和取得成功

被誉为"情商之父"的美国心理学家丹尼尔·戈尔曼经过近十年的研究，得出了一个惊人结论。他认为，情商而不是智商是决定人生成功与否的关键。情商高可以使智力平平的孩子最终创造辉煌的人生，情商低也可以使智力超常的孩子变成一个平庸的人。前面提到的魏永康和卡尔·威特的经历就能够很好地说明这一点。

在《情商》一书中，丹尼尔·戈尔曼提出了他自己的情商观。他认为，情商主要包括五大方面：一是具有良好的道德情操，即有关心他人的善良，善于与人相处；二是具有乐观幽默自信的品性；三是拥有面对并克服困难的勇气；四是具有自我激励、持之以恒的韧性；五是具有把握自己和他人情感的能力。可以看出，情商主要体现为良好的心理素质。美国心理学家刘易斯·麦迪逊·推孟经过长期跟踪调研发现，同样是高智商儿童，他们长大后有的事业成功，有的却一事无成。他通过对比发现，成功者与失败者的区别主要体现在四个方面：一是取得最后成功的坚持力；二是为实现目标不断积累成果的能力；三是自信心和克服自卑感的能力；四是适应环境的能力和实现目标的内驱力。这四个方面就是情商的主要内容，也是良好心理素质的主要表现。刘易斯·麦迪逊·推孟的跟踪调研结果恰好验证了丹尼尔·戈尔曼的研究结论，两人的研究可谓不谋而合。

通过以上分析可以看出，情商主要体现为良好的心理素质，内容主要包括自知、自控、自励、通情达理与和谐相处。自知是指能准确地识别、评价自己和他人的情绪情感，及时察觉自己的情绪变化，能归结情绪产生的原因。自控是指适应性地调节、引导、控制、改善自己和他人的情绪，能够使自己摆脱强烈的焦虑忧郁，能积极应对危机，并能增进实现目标的情绪力量。自控包括自我监督、自我管理、自我疏导、自我约束和尊重现实。尊重现实包括尊重自己的现实、他人的现实和周围环境的现实。自励就是具有上进心、进取心，自觉确立奋斗目标，并为之而积极努力。整顿情绪，增强注意力，调动自己的精力和活力，适应性地确立目标，创造性地实现目标。通情达理就是能设身处地考虑他人的情感感受和行为原因，具备换位思考的能力和习惯，理解和认可情感差别，能与自己的观念不一致的人和平相处，理解别人的感受，察觉别人的真正需要，具有同情心。和谐相处就是能妥善处理人际问题，与他人和谐相处。在专业分工越来越细的前提下，相互协作变得越来越重要，时代呼唤团队合作精神，时代需要人人相互信赖、相互尊重和相互协作。协作的作用在于提高组织的绩效，使团队的工作业绩超过成员个体业绩的简单之和，从而形成强大的团队凝聚力和整体战斗力，最终实现团队目标。只有真正融入了团队，才能保证工作的效率和质量。

由此可见，大学生只有情商高也就是具有良好的心理素质，才能够更快乐地做事，也才能够更容易取得事业的成功。

第二节 大学生存在的主要心理问题

大学生的心理素质不仅影响他们的成长成才，也影响他们的成功。但是，大量的调查研究以及社会现实表明，我国大学生的心理健康状况不容乐观。据调查，当前大学生群体中普遍存在的心理问题主要表现为以下方面：一是理想与现实的落差形成的失落心理，二是人际关系难以适应的抑郁心理，三是失去奋斗目标的迷茫心理，四是专业学习不适应的困惑心理，五是恋爱和性所造成的彷徨心理，六是就业压力过大的焦虑心理。

一　理想与现实的落差形成的失落心理

失落心理是指大学生自身行为选择所达成的结果与预期之间存在较大差距而形成的消极情绪体验，主要表现为情绪低落、消极颓废。失落心理属于消极心理的范畴，是不利于大学生良好心理素质形成的。

大学生失落心理是如何形成的呢？在一些大学生社交媒体平台上经常会看到"理想中 VS 现实中的大学生活"这类字眼。大学生的失落心理主要是由理想生活与现实生活的矛盾所导致。也就是说，这一心理问题的形成主要与大学生构想的理想世界和实际的现实状况之间的落差有着密切关系，当理想高于现实时，或现实与理想不符时，便会形成失落感；若是大学生不能处理好理想与现实之间的矛盾关系，就很容易导致生活失衡和心理失衡进而引发心理问题。

一方面，绝大多数学生都会对自己的大学生活抱有很高的期待值。从物质条件来说，大学中应具备舒适且多样化的生活设施、高科技的教学设施以及诗意般的校园美景等；从个人发展来讲，随着大学生使命和责任意识的日益觉醒，人人都期望在大学中能够获得更好的成长、发展和完善，在专业学习中有着实实在在的收获，为国家建设和民族复兴作出应有的贡献；从现实生活来看，学生把大学生活想象得过于美好轻松、自由自在，认为大学就是纯洁圣洁的"象牙塔"。但是，当大学生进入大学后发现生活学习中有许多不完善、不完美、不尽如人意的地方，与期望形成强烈的反差。例如，有些学校不仅硬件设施的建设尚需完善优化，而且学术氛围、校风学风、文化氛围、师生关系等软件环境并不能满足其自身发展的需求。加之前期疫情防控政策尚未完全放开，学生只能在校内过着三点一线式的单调生活，感受不到大学校园原本具备的自由性、开放性、多元性、个性化等特点。因此，这诸多因素致使大学生的现实生活与理想状态之间产生较大落差，造成其困惑、迷惘等不良情绪的产生，长此以往便会形成失落心理。以上是导致大学生失落心理形成的外在条件。

另一方面，大学生失落心理的形成还受其自身内在因素的影响。所有学生都希望能够进入理想的大学就读他们自己喜欢的专业，但是由于受到分数的限制，或是受家长、老师等外在因素的干扰，一些学生并没有获得他们自己期望的结果。受思想水平和人生阅历所限，大学生不能理性地对待其自身的境遇，逐渐地对他们自己就读的学校和专业丧失了热情和兴趣，无所事事，毫无成就感，长此以往便产生了消极失落心理。同时，不少学生在高中时是学习尖子，是老师称赞、家长夸奖、同学羡慕的对象，因而自我感觉良好。在进入大学后，人才荟萃，高手林立。不少人在学习上的优势将会削弱甚至消失，面临着学习成绩的重新排列组合的局面。过去可能是"鹤立鸡群"，现在成了平凡之辈，这种心理上的落差也会导致失落感。

失落心理是存在于大学生群体中的一种消极心理，尤其是在低年级学生中较为普遍，它对大学生心理素质的健康发展来说是非常不利的。因此，这就需要高校务必高度重视大学生的失落心理，帮助他们正确解决好这一问题，促使他们形成良好的心理素质。

二 人际关系难以适应的抑郁心理

通过调查发现，抑郁是当前高校学生群体中存在的一个突出心理问题，这一心理的形成和大学生人际关系的适应状况关联密切。换言之，大学生抑郁心理产生的主要原因是人际关系适应不良，原有的心理秩序被破坏又难以修复。大学生的人际关系是指大学生为了满足某种需要，在与他人的交往过程中形成的一种比较稳定的心理关系。大学生对人际关系的适应程度能鲜明地反映其心理素质状况，同时对其心理素质的健康发展也有着重要影响。若是大学生能主动建立或融入和谐融洽的人际关系，他们在追求理想和应对压力时就能获得更大的支持动力，使其自身保持积极的心理状态去奋斗拼搏，这有利于减弱或抑制大学生的抑郁心理，促使其良好心理素质的发展。因此，大学生要提高其自身的心理素质，消除抑郁心理，成为心理健康的人，必然不能缺少良好人际关系的滋养和滋润。

由于人际关系的复杂性和学生群体的单纯性，以及大学生心理不太成熟，在人际关系适应的过程中总会出现这样或那样的问题，导致人际关系矛盾冲突的出现。大学具有较强的包容性，不同的学生有着多样化的个性，个体的行为选择在一定程度上是由自我认知决定的，但在现实的人际交往过程中，彼此间的差异不可避免地会造成双方之间出现或大或小的矛盾冲突。有些大学生凡事都过分注重自我，意图以他人的谦让或牺牲来换取自身需要的满足，双方出现摩擦时也总是坚持自我中心并把自身想法强加给他人，这就会导致人际关系僵化，身边没有知心的同学和朋友，人际关系自然窘迫。此外，有些大学生由于家庭状况、身高相貌、能力素质等方面存在不足，自卑封闭，缺乏自信，对他们自己的认识及评价不够客观，又欠缺基本的人际交往技能和经验，总是封闭在自己的内心世界中不敢或不会与他人交往，这也阻碍其良好人际关系的形成。"人的本质不是单个人所固有的抽象物，在其现实性上，它是一切社会关系的总和。"① 社会性是人的本质属性，人在社会生活中需要持续不断地与人交往、沟通和交流。如果有些大学生的人际关系适应问题不能得到有效解决，长期处在紧张的人际关系中，缺少肯定、关爱、帮助、尊重和心灵沟通，找不到心灵的归属感，这极易导致大学生产生孤独、敏感、焦虑甚至抑郁心理等问题，对其心理素质造成负面影响。

调查表明，人际关系适应困难已经是引发大学生抑郁心理的重大影响因素，大学生健全心理素质的形成和提升离不开良好人际关系的构建。高校教育工作者必须关注大学生的心理状况，深入学生内部，真实地了解学生在人际关系方面的问题，及时制定解决策略，帮助大学生提高交往技巧，改善人际关系，从而减少抑郁心理的出现，使其成为心理素质健全的时代新人。

三　失去奋斗目标的迷茫心理

迷茫是大学生群体中普遍存在的一种心理状态，处在迷茫心理下的大学生沉浸在自己想象的"象牙塔"里，无所事事，自甘沉沦。毛泽东说，对于矛盾的各种不平衡状态情况的研究"要用全力找出它的主要矛盾。捉住了这个主要矛盾，一切问题就迎刃而解了"②。大学生迷茫心理的成因，大多是由于其自身失去了奋斗目标。部分大学生进入大学后，失去了新的奋斗目标，找不到未来发展的方向，因而缺少前进的动力，以一种盲目、消极的状态对待学习、生活和工作，时间久了就形成了迷茫心理。相反，那些有着明确的奋斗目标并以其为

---

① 《马克思恩格斯选集》第 1 卷，人民出版社 2012 年版，第 135 页。
② 《毛泽东选集》第 1 卷，人民出版社 1991 年版，第 322 页。

指引的大学生，能够清晰地知晓自己应该努力的目标和方向，就不会陷入迷茫之中。由此可见，失去奋斗目标所导致的迷茫心理会阻碍大学生心理素质的健全。

　　大学生是国家的未来和民族的希望，本应积极向上的他们为何会失去奋斗目标，产生迷茫心理呢？究其原因主要有以下两点：一方面主要是由大学生自身的原因所导致。《大学》有云："知止而后有定；定而后有静；静而后能安；安而后能虑；虑而后能得。"[①] 一个人只有明确地知道自己想要什么，才会安定沉稳、虑而自得。一些大学生茫然而不自知，这是他们产生迷茫心理的直接诱因。就低年级的大学生来说，他们完成了从高中到大学的转变，但大学阶段的学习方式、管理模式等与高中完全不同，教师不会过多地干预学生，那些自律性不强、自我驱动力缺乏的学生便会放纵自我，丧失奋斗目标，慢慢地就迷失了自我，陷入迷茫困惑之中。就高年级来讲，现在大学生的就业机会相对变少，部分大学生没有有意识地规划自己的职业生涯，不明确自己未来的职业发展方向，因而在面临就业时，就会盲目从众，或是无法抉择，陷入迷茫困惑的不良状态。总之，在进入大学后，部分学生不能认清其自身现状，也不能明确其自己想要什么，想要提升自己却无从着手，迷茫心理便逐渐形成。另一方面，大学生的迷茫心理还会受到外在不良环境的影响。处于新时代的大学生，享受着更加富足充裕的物质生活，外加消费主义、享乐主义、奋斗过时论等错误思潮的影响，就会使得部分大学生心中的理想信念发生动摇，奋斗的积极性被弱化，进而导致奋斗目标的迷失，产生了迷茫心理。

　　总之，奋斗目标的缺失是导致当前大学生产生迷茫心理的主要原因。因此，帮助大学生确立明确的奋斗目标是引领他们走出迷茫的有效方式。高校教师务必采取各种措施，教育引导大学生寻找到、确立起适合他们自己的奋斗目标并做好规划，从而帮助他们在逐步实现理

[①] 杨润根：《发现大学》，华夏出版社2008年版，第6页。

想的过程中消除迷茫心理，解决心理负担，健全心理素质。

四　专业学习不适应的困惑心理

专业学习是大学学习中十分重要的任务。专业学习的任务，是使学生掌握必要的专业基本理论、专业知识和专业技能，了解本专业的前沿科学技术和发展趋势，培养分析解决本专业范围内实际问题的能力。专业学习对学生的各方面要求是比较高的。有的学生基础比较薄弱，专业学习困难，学习效率不高，压力比较大；有的学生对所学专业不感兴趣，学习积极性不强，学习效果差。种种原因致使部分学生对专业学习不适应，压力随之增大，慢慢地就会引发一些心理问题。因此，大学生能否适应专业学习，不仅关系着他们能否顺利完成大学学业，而且影响着他们的心理素质能否提高。只有对专业学习适应良好，大学生才能以积极良好的心态进行较高质量的学习和成才。如果大学生不能适应专业学习，在学习过程中就难以保持良好的心态，出现困难或挫折时会因消极悲观而不能有效解决问题，进而导致各种负面情绪的产生，对心理造成不良后果。

大学阶段的学习不再只是对于基础知识的学习和掌握，而是需要对某一个领域专业理论知识的深入学习。因此，学习任务变得更加艰巨，学习的主动性要求增强，学习压力增大，使得部分大学生对专业学习不太适应，进而导致困惑焦虑心理的产生，这一问题主要表现为以下三方面。一是对专业学习的意义和价值困惑不解。部分大学生对所学专业的认同感较低，情感依附性不强，认为自己所学专业缺乏实际意义，不愿在专业学习上花费时间精力，时常以消极逃避情绪来对待；但是，考虑到将来还要凭借专业知识、专业技能就业和发展，就会感到更加的困惑和焦虑，不知如何处理这种矛盾心理。二是专业学习难度加大而不知如何解决的困惑。从专业学习的角度来看，随着年级的升高，专业学习任务不断增加，学习难度不断加大，学习压力不断增大，部分学生在面对这种情况时不知该如何办，因而产生困惑迷茫心理。三是对于专业学习的成就感的困惑。部分学生在专业学习中获得的成就感不高，认为仅仅是学习了一些抽象的理论知识，而其自身实实在在的专业技能没有得到提升，因而对待专业学习的态度越来越消极，常常出现专业理论知识的价值何在、专业知识如何有效促进专业技能的提升等困惑。

可见，大学生对专业学习的适应是一种不能缺少的重要能力，它直接关系到大学生的全面发展。大学生毕业后所要从事的职业大多与在校期间所学的专业相关，如果不能很好地解决专业不适应引起的困惑迷茫等心理问题，不仅会影响他们的专业知识学习、专业技能提升，还会影响其以后的就业和发展。因此，高校教师务必要重视解决大学生因专业不适应而导致的困惑心理这一问题。

五　恋爱和性所造成的彷徨心理

与恋爱和性有关的心理问题，也是大学生心理问题研究中的一个重要领域。大学生经常会因为不能正确处理恋爱和性中的各种问题而出现彷徨心理，使其受到生理和心理上的双重创伤。彷徨心理指的就是当大学生遇到困难时犹豫不决，不能作出正确的判断和决定，还时常伴随着焦虑、慌张等不良情绪的一种心理状态。如果大学生的这一心理问题不能得到及时而有效解决，就会对其内心造成巨大而持久的伤害，原本建立起来的心理素质也会被摧毁。

在进入大学之后，大学生的学习任务不像中学阶段那么繁重，自由空闲时间增多；同时，学校和家庭对他们的管理和约束也相对宽松，加上到了一定的年龄阶段，大学生的生理发育已经相对成熟，性心理意识也得到了一定程度的发展。随着大学生在学习生活中与异性接触机会的增多，在相处过程中开始对爱情产生想象和向往，并逐渐产生恋爱的实际行动。但是，由于大学生的生活阅历不足、思想尚不成熟、恋爱观不正确等原因，部分大学生经常因为单相思、失恋、同居、怀孕、与恋人发生矛盾等问题而苦恼不已。尽管一些大学生也尝试着解决这些问题，但因没有相关经验，或因其心理素质不健全，或因其自身能力欠缺，或因对方素质低下，解决起来比较麻烦，又难以向家长老师寻求帮助，因此容易产生彷徨无助心理。

其实，这一心理问题之所以对大学生的危害较大，大多是因为他们缺乏有关恋爱和性的常识性知识。调查表明，大学生因为恋爱和性导致出现心理问题的情况比较普遍，高校及家庭都需要对这一问题予以高度关注，为大学生普及恋爱和性相关知识以做到防患于未然。同时，高校要积极关注并主动与大学生沟通以掌握其心理动态，减少大学生在恋爱和性方面的心理困扰，确保其心理健康，为其更好地成长和成才奠定坚实的心理基础。

六 就业压力导致的焦虑心理

就业焦虑是指大学生在就业过程中，由于担心找不到理想的就业岗位、抓不住合适的就业机会等问题，心理上承受的就业压力越来越大，进而产生了一系列紧张焦虑等消极情绪。这种焦虑情绪一般会以学生个体的担忧紧张、专注力下降、身心疲惫、烦躁不安等形式表现出来，严重的甚至会影响大学生的正常生活。据调查，大学生在面临就业压力问题时产生的焦虑心理，在高校毕业生中是极为普遍的。这一心理问题一旦出现就会持续存在较长的时间，恢复起来也较为困难。因此，如果不对大学生的就业焦虑心理进行合理干预，任其发展下去，势必会对其心理造成严重的伤害。

心理学研究表明，焦虑是应对就业压力的正常反应，正如耶基斯—多德森定律所表明的，压力适中，对人的工作效率和健康是有一定益处的。适度的焦虑产生的压力，可以使大学生产生紧迫感，帮助其保持最佳状态，为获得就业机会提供竞争力和动力。但是，过度的焦虑则会使其压力过大，产生严重的焦虑心理，从而对其正常的学习、生活和就业甚至身体健康都会产生消极影响。

当前，导致大学生就业压力过大、产生焦虑心理的因素主要有两方面：一方面，由于部分大学生对于就业形势、就业状况和岗位要求等方面了解不够，对就业前景盲目乐观，不能有针对性地选择适合其自己的就业岗位，而是对就业的期望值过高，经过几次失败的面试经历或岗位求职后，其心理压力就会逐渐产生，就业焦虑也会随之出现。另一方面，当前就业形势比较严峻，竞争比较激烈，这也给大学生的就业增添了不少压力。随着高校扩招政策的持续，不仅应届毕业生的数量逐年增多，而且往届未就业的毕业生存量也不在少数。同时，部分大学生的就业观失之偏颇，更倾向于稳定有保障的工作，不愿去非体制内的工作岗位，这就导致就业过于集中，供给远远大于需求，从而增加了就业难度，而这一"内卷化"的现象更加剧了大学生的就业焦虑。

可见，大学生的就业压力与日俱增，就业焦虑心理问题也日渐严重，这对大学生的健康成长是极为不利的。因此，这一问题越来越被各大高校所重视。其实，大学生就业压力形成的焦虑心理是可以通过人为因素进行调节的。这就需要高校教育工作者通过分析大学生就业时的心理活动，积极发挥其在大学生就业中的引导调节作用。高校教师要运用恰当的方式帮助大学生将就业压力和焦虑程度控制在适度的范围内，既要避免过度就业焦虑心理的产生，影响其心理素质的健康发展，也要引导其借助合理的焦虑倒逼他们以积极的状态去对待就业问题。

第三节 大学生心理素质健全的表现

大学生存在的以上心理问题会对其心理素质造成严重的负面影响，所以高校必须重视加强大学生的心理素质教育，引导大学生提高解决心理问题的能力，增强他们的心理素质，为他们的健康快乐成长和努力学习保驾护航。新时代大学生心理素质健全的表现主要有五方面：一是自信心和克服自卑感的能力，二是较强的抗挫折能力，三是较强的环境适应能力，四是较强的自我治愈能力，五是较强的协调与控制情绪的能力。

一 自信心和克服自卑感的能力

大学生自信心的强弱和克服自卑感的能力高低是其心理素质是否健全的标准之一，而自信心也是其心理健康成长必须具备的基本要素。

首先，自信心是心理素质健全的个体必须具备的品质。自信心是指"个体对自己的积极肯定和确认程度，是对自身的能力、价值等作出正向认知和评价的一种相对稳定的人格特征"[①]。对于肩负着民族复兴重任的新时代大学生来说，自信心是他们心理素质健全的重要前提，在他们全面成长成才的过程中发挥着基石作用。要健全大学生的心理素质，首先应该从培育其自信心入手。因为只有具有自信心的大学生，才能以积极乐观的心态认真学习和主动交往，能够取得优异的学习成绩，构建和谐融洽的人际关系，进而形成更好的心理体验，这必然有助于其心理素质的提升。大学生若是缺乏自信心，则会使他们自己失去成长的内驱力，不能有效应对学习和生活中的各种困难和挑战，不良的成长和学习体验会严重阻碍其心理素质的发展。因此，新时代大学生要理智地认识自己，正视自己的优势和长处并努力学习、增长才干、提高素质，在成功体验中不断提升其自信心。

其次，自卑感是影响大学生心理健康的主要因素之一。自卑感指的是个体自我认识和评价过低的一种消极心理体验，是一种带有否定性的心理状态。自卑的大学生过分否定自己，容易产生许多不必要的心理负担，弱化其原有的自信心。若是自卑感未被及时克服，则会形成固化，给大学生带来心理障碍，导致心理素质比较差。要避免这一不良现象的发生，大学生就必须增强克服自卑感的意识，提高克服自

---

① 娄高、田雪梅：《新时代中国共产党党自信的内涵、意义与提升路径》，《理论导刊》2021年第6期。

卑感的能力。克服自卑感的能力是指大学生能够依靠自己或者借助外力去消除自卑感、提高自信的能力。大学生要做到这一点，首先要辩证地看待他们自身的优缺点，接受他们自己的不足并及时作出改进，合理利用自卑感，形成适度的期待，将其转化为激励其自身发展的动力，为克服自卑感主动创造条件。其次要积极与同学交往，主动参与社会活动，展现出自己的能力和实力，在他人肯定赞赏的目光中慢慢培养自信心，从而有效地克服自卑感。因此，要更好地提升大学生的心理素质，帮助其增强自信心和提高克服自卑感的能力是必要的基础和前提。

二 较强的环境适应能力

大学生的环境适应能力是指"适应环境的变化，在与环境的互动中实现个人的更好发展"[1]。大学生环境适应能力的高低，在一定程度上反映出其心理素质的健康状况。较强的环境适应能力是大学生心理素质健全的主要标志之一，彰显着大学生过硬的心理素质。

拥有较强的环境适应能力对于大学生的成长发展具有积极意义。从大学生自身发展来说，对学校环境的适应有利于促进他们的社会化。也就是说，大学生为了适应新的校园环境，必须在校园活动中学习一些特定的理论知识、交往技巧、行为规范、价值准则等，这不仅锻炼了其适应环境的能力，增强了其理智处理问题的心理素质，还为其以后更好地适应社会奠定了良好的基础。从积极心理学的角度来看，对环境的适应是大学生心理积极发挥作用的过程。面对不断变化的外在环境，大学生通过心理调节机制，积极地调整自己的认知和心理状态，并主动借助外部资源来协调自己的心理，以此达到身心与外在环境的和谐平衡状态。只有这样，大学生才能在适应环境过程中产生积极的心理体验，强化原本的心理素质，否则就会因主客体相矛盾

---

[1] 王文科：《大学生生命与心理健康教育》，北京理工大学出版社2020年版，第17页。

而导致心理受损。其实，大学生对环境的适应是个体与环境因素相互作用的一个过程。大学生不仅要调整他们自己以适应环境，也应积极对环境进行合理的改造，使外在环境成为满足其自身发展的资源条件，从而实现个体与环境的良性互动。

可见，大学生只有具有较强的环境适应能力，才能更好地促进心理素质的提升；大学生的心理素质越高，适应环境的能力也就越强。因此，大学生要形成较强的环境适应能力，需要努力做到以下三个方面。一是增强对环境认知的能力。只有对外在环境有更多的认识和了解，把握了环境变化发展的规律，才能更好地适应环境。如果大学生对于复杂多变的生活学习环境缺乏全面而深入的认识，就容易陷入片面性的误区，影响他们对环境的适应。二是提高实践参与的能力。大学生不仅要重视从课堂教学和书籍中学习理论认识，也要重视从人际交往、校园活动和社会实践中获得交往技巧、为人处世等实践经验。大学生只有善于把理论知识与实践经验相结合，积极主动参与各种实践活动，才能更好地适应外在环境。三是增强心理承受能力。大学生在适应环境的过程中，心理承受能力是一个关键因素。当外在的刺激作用于个体时，会对个体的心理产生一定的影响，心理承受能力强的大学生能够坦然面对；而心理承受能力弱的大学生则会受到环境变化的影响，在冲突和矛盾中产生不适，引发心理障碍。因此，高校教师要积极引导学生通过这三个方面的努力，提高他们的环境适应能力，为其心理素质的健全奠定基础。

三　较强的抗挫折能力

新时代大学生处在决胜全面建成小康社会、进而全面建设社会主义现代化强国的关键时期，肩负着实现全体人民共同富裕、实现中华民族伟大复兴中国梦的历史使命，在未来的奋斗历程中要面对诸多风险和挑战。大学生要担负起历史赋予的这一重要使命，首先要直面学习生活中的困难和挑战，积极提高自身的心理素质，增强自身的抗挫折能力。

抗挫折能力是指个体在遇到困难和挑战时，能抵抗住失败所带来的压力、挫败感，克服消极悲观和失望情绪，积极摆脱当前的困境，从而避免导致心理问题和行为失常的能力。抗挫折能力是新时代大学生应具有的一种最基本的心理品质，其能力强弱能够反映出大学生心理素质的健康程度。抗挫折能力较强的大学生，在遭受困难和失败的困扰时，能够积极主动面对，冷静理智地分析问题的原因，敢于和困难失败做斗争，因而对心理造成损伤的可能性就会减小，所以说抗挫折能力较强的大学生心理素质也就过硬。反之，那些缺乏抗挫折能力的大学生，由于经受不住打击和失败的压力，往往会导致不同程度的心理问题，会对其心理造成严重伤害。因此，抗挫折能力对大学生心理素质的健康发展起着重要的作用，"要重视心理健康教育，注重培养大学生良好的心理品质，增强大学生克服困难、经受考验、承受挫折的能力"[①]。

抗挫折能力对大学生的心理健康具有重要的意义，它是大学生心理素质健全的重要表现。事实表明，那些健康成长、成绩优秀、素质优良的大学生，正是因为他们能够有效应对挫折，而一些大学生心理问题频出，主要也是由于其抗挫折能力较弱导致的。可见，较强的抗挫折能力能够帮助大学生积极面对困难，从失败中吸取经验教训，不断实现自我超越。因此，大学生必须有意识地提高自身的抗挫折能力。首先，大学生需要形成正确的挫折观，以理性的态度对待挫折。导致心理问题产生的原因不是挫折本身，而是对挫折的认知和态度。大学生需要认识到，每个人的人生道路都不是一帆风顺的，前进道路上难免出现困难和失败，所以要对未来可能出现的挫折做好心理准备，以积极的态度进行应对。其次，大学生要有意识地提高心理素质，以增强应对挫折的能力。大学生因受挫而产生的心理问题大多是

---

① 赵琨：《注重提升质量，改进方法措施，扎实推进大学生心理健康教育工作创新发展》，《科教导刊》2018年第14期。

由个体主观因素所导致的，因为外界的刺激只有通过主体才能产生作用。所以大学生要提高抗挫折能力，首先要有意识地增强心理承受力，增强自己的抗压能力；如果依靠自己的力量不能战胜挫折，就必须积极地向他人寻求帮助，借助别人的力量去战胜困难，避免因心理压力过大而损伤自己的心理。

总之，大学生只有正确地认识挫折，坦然地面对挫折，经受住挫折的历练，减少挫折对他们的伤害，才能减少心理问题的发生，以此促进心理素质的提升，增强他们自己的抗挫折能力。

四　较强的自我心理治愈能力

自我心理治愈能力是指一个人在面对生活中的各种压力、挑战和困境时，通过自我调节、积极思考、寻求支持等方式，来缓解负面情绪和心理压力的能力。这种能力涉及认知、情感、行为等多个方面，可以帮助大学生更好地应对困难，增强抵抗力，提升综合素质和幸福感。

大学生增强自我心理治愈的能力具有重要的意义。一是有助于大学生更好地应对压力。大学生在学习和生活中常常面临各种挑战和压力，如人际交往、考试、毕业就业等。提高其自我心理治愈能力可以帮助他们更好地应对这些压力，减少负面情绪和焦虑。二是有利于改善情绪。大学生正处于人生转折期，情绪波动较为明显，容易出现抑郁、焦虑等问题。通过提高其自我心理治愈能力，可以有效缓解负面情绪，增强其心理适应性。三是有利于增强其自我意识。提高自我心理治愈能力需要不断探索其自己的内心世界，了解他们自己的情感和需求。这有助于大学生增强自我意识，提高其自我认知水平，更好地实现个人成长和发展。四是有利于建立健康的人际关系。自我心理治愈能力还包括与他人建立良好的人际关系。大学生在校园中交往众多，通过提高其自我心理治愈能力，可以更好地处理人际冲突，建立健康的人际关系，促进个人社交能力的提升。五是有助于增强其自我掌控力。提高自我心理治愈能力，可以帮助大学生更好地掌握自己的情绪和行为。这有助于他们更好地控制其情绪，避免不良行为的出现，提高其自我管理能力。

大学生自我心理治愈能力的培养需要长期的实践和不断的探索，同时也需要具备一定的心理素质、心理知识和技能技巧。大学生提高自我心理治愈能力的途径和方法有如下方面。一是有规律的作息。保持规律的作息时间可以帮助大学生更好地掌控自己的身体和心理状态。建立健康的作息习惯，在有限的时间内安排好各项事务，有助于减少他们的焦虑和压力。二是找到负面情绪的发泄出口。一些大学生有时会感到压力和负面情绪。这些情绪如果不及时发泄出去，可能会对他们的身体和心理健康产生负面影响。因此，发泄负面情绪很重要，因为它可以帮助我们保持身心健康。不同的人有不同的方法来发泄情绪，对大学生来说，找到适合自己的方法非常重要。无论采用什么方法，只要让他们能够释放情绪，就可以更好地应对困难和挑战。三是学会放松，让自己的心沉静下来。如果大学生压力过大或紧张焦虑，可以通过深呼吸、冥想、瑜伽等方法，缓解其身体和心理的紧张状态，促进其身心健康。四是培养兴趣爱好。大学生发展兴趣爱好可以使其获得更多的乐趣和满足感，从而增强心理上的平衡和稳定。五是积极面对问题。大学生在面对问题时要积极主动，勇于承担责任，寻找解决问题的方法，不要过度消极和抱怨。六是善于沟通和交流。大学生通过积极的沟通和表达，不仅可以使他们的心灵找到归属，还可以帮助他们更好地理解其情感和需求，并及时得到亲人朋友和同学的支持和帮助。七是学会自我调节。大学生要了解自己的情绪和行为模式，通过自我调节来缓解负面情绪和焦虑，增强自我掌控力。八是寻求社会支持。大学生要积极参加集体活动、社交聚会等，建立良好的社交关系，增加社会支持和归属感，有助于缓解焦虑和孤独感。九是学习心理知识。大学生要主动学习和了解心理学相关知识，认识到正常人都存在这样或那样的心理问题，关键是学会正确地应对和处理方法。十是寻求专业帮助。如果自我治愈能力无法缓解严重的心理问题，大学生应及时寻求专业的心理治疗师的帮助，接受必要的心理咨询和治疗。总之，大学生提高自我心理治愈能力需要持久的努力和实践，要时刻关注自己的心理健康状况，并采取有效的措施来增强自我治愈能力。

五　较强的协调与控制情绪的能力

情绪指的是人类在经历各种生理和心理刺激时所产生的主观体验，包括喜、怒、哀、乐等各种感受。情绪在人的日常生活中起着至关重要的作用，它们能够帮助人们应对各种挑战、适应环境变化和维持人际关系。然而，当情绪无法得到有效管理时，它们可能会出现一系列问题，例如抑郁、焦虑、自闭、暴力行为等。因此，大学生学会有效地协调与控制情绪是非常重要的，这包括认识他们自己的情绪、采取积极的情绪调节策略、寻求帮助等方面。

协调和控制情绪的能力是指大学生在出现消极悲观或生气愤怒等不良情绪时，能调节好自己的心理状态，尽量抑制负面情绪，以积极乐观、平和的心态面对学习和生活的能力。具有较强的协调和控制情绪能力的大学生，当受负面情绪影响或者出现情绪失调的状况时，能够积极主动地调节自己的情绪，并适度适当地表达或发泄出来，化解消极情绪的不良干扰，激发积极情绪的出现，进而在实践活动中形成良好的心理体验。所以对于这样的大学生来说，积极乐观的情绪占据优势，当然消极情绪也会出现，但是他们能够及时协调，使自己始终处于一种相对平稳和谐的心理状态。

总之，较强的协调与控制情绪的能力是大学生心理健康的重要表现，也是他们更好地学习生活和交往的必备条件。因此，大学生应当重视这一能力的养成。当情绪失调时，大学生要主动及时进行反思，分析不良情绪出现的原因，找到平衡情绪的方法，及时协调、控制好其自身的情绪，保持积极的心理状态，以此磨炼和增强心理素质。此外，大学生还需要学会运用多种管理情绪的方法，强化自身积极乐观等良好的情绪，弱化消极悲观等不良情绪。例如，学会发现否定性情绪中的积极因素并将其进行转化，或者借助体验、运动、倾诉等多样化的方式，将内心的不良情绪加以消化，进行自我心理修复。

第四节 提高大学生心理素质的途径

大学生心理素质健全对于他们个人的成长、成才及成功都具有重要的意义。心理健康的大学生通常拥有较高的情绪自控能力、适应能力和解决问题能力，这些良好的心理特质可以帮助他们更好地应对学业、工作和生活中的挑战。相反，心理不健康的大学生容易受到各种压力的影响，比如学业压力、家庭关系、社交压力、职业规划等方面的压力。长期的心理负担可能会导致情绪不稳定、焦虑、抑郁等心理障碍。因此，各方面要高度重视、相互合作，共同致力于大学生心理素质的提高。

一 增强大学生的自知、自控、自励能力

增强自我意识是提升大学生心理素质的重要途径。教育、引导和帮助对大学生心理素质的影响虽然很大，但最终只有落实到自我意识的培养中，才能使大学生的心理素质得到真正的优化。

（一）增强大学生的自知能力

自知是指自我认知，它是指个体对其自身思想、感觉、行为等方面的认知和了解。它是一个人对自己的客观认识，包括个体的优点、缺点、兴趣爱好、价值观念、性格特征等，并且这种认识是基于客观事实和真实情况的。这里的自我认知主要还是指一个人对他自己心理状态的了解程度，能准确地识别、评价自己和他人的情绪情感，及时察觉自己的情绪变化，知道自己情绪产生的原因。

自我认知对于个人发展和成长具有重要的影响。一个具备较强自

我认知的人能够更好地掌握自己的优势和劣势，明确自己的兴趣爱好和职业目标，有效地规划自己的学习和生活。而缺乏自我认知的人则很难准确评估其自身，容易出现犹豫、迷茫、自我否定等问题。因此，提高自我认知水平，对于每个人来说都是非常重要的。从认知发展状况来看，大学生还处在自我认知形成的阶段，自我认知的意识不断增强。但是，由于其自身阅历的缺乏以及外界复杂环境的影响，部分大学生的自我认知出现了偏差，没有形成一个正确、全面、理性的自我认知，这在一定程度上会阻碍大学生心理素质的提升。

事实表明，增强大学生的自我认知能力，对于促进他们的健康成长具有非常重要的意义，具体包括以下几个方面。一是更好地了解自己。通过提高自知能力，大学生可以更加清晰地认识自己，了解自己的兴趣爱好、优点、缺点、价值观等方面。这样，大学生就能够找到适合自己的学习方式和生活方式，避免盲目跟风或迷失方向。二是更好地应对挑战和压力。通过提高自知能力，大学生可以更好地了解自己的情绪和行为，更好地应对挑战和压力。例如，当他们感到焦虑或沮丧时，可以更好地分析问题所在，并采取有效措施来调节情绪。三是提高学习和工作效率。通过提高自知能力，大学生可以更好地了解自己的学习和工作习惯，进而制订出更为有效的学习和工作计划。这样，他们就能够更快地掌握知识和技能，更好地实现他们自己的梦想和目标。四是增强自信心和自尊心。通过提高自知能力，大学生可以更好地认识自己的优点和长处，增强自信心和自尊心。在面对挑战和困难时，他们会更有勇气和信心去克服困难，不会轻易丧失信心。总之，增强大学生的自知能力对大学生来说非常有意义，可以帮助他们更好地了解自己，应对挑战和压力，提高学习和工作效率，增强自信心和自尊心。

要增强大学生的自我认知能力，需要从以下几个途径和方法入手。一是为学生提供自我评估工具。提供一些自我评估工具，帮助学生了解他们自己的性格、优点、缺点、兴趣爱好等方面的信息。这些工具可以包括心理测试、性格测评、兴趣调查等，通过这些工具，学生可以更加清晰地认识他们自己。二是鼓励学生反思和自我探索。鼓励学生反思他们自己的行为和想法，并深入探索他们自己的内心世界。例如，通过写日记、参加心理咨询等方式，让学生对其自己的情绪和行为进行反思和探索，了解他们自己的真实感受和需求。三是培养自我意识和情绪管理能力。培养学生的自我意识和情绪管理能力，让他们能够更好地理解自己的情绪和行为，并学会如何有效地管理和调节自己的情绪。可以通过开设情绪管理课程、提供心理辅导等方式，帮助学生增强其自我意识和情绪管理能力。四是提供多元化的学习和社交体验。提供多样化的学习和社交体验，让学生有机会接触到不同的人和事物。通过参加各种活动、参与志愿服务等方式，让学生拓宽视野，了解世界的多样性，进一步认识他们自己。总之，要增强大学生的自知能力，需要从多方面入手，包括提供自我评估工具、鼓励学生反思和自我探索、培养自我意识和情绪管理能力、提供多元化的学习和社交体验等方面。

（二）增强大学生的自控能力

自控能力是指适应性地调节、引导、控制、改善自己和他人的情绪，能够使自己摆脱强烈的焦虑忧郁，能积极应对危机，并能增进实现目标的情绪力量。自控能力包括自我监督、自我管理、自我调节、自我约束和尊重现实。尊重现实包括尊重自己的现实、他人的现实和周围环境的现实。这是一种非常重要的能力，因为它可以帮助大学生更好地应对复杂的学习和生活环境，使个人发展更加稳健。

增强大学生的自控能力对于他们的成长和发展具有重要意义。一是有利于个人更好地成长。心理自控能力可以帮助大学生更好地管理自己的情绪和行为，避免不必要的冲动和情绪化反应。这将有助于他们建立更健康、更稳定的人际关系，并提高他们的自我价值感和自尊心。二是有利于提高学习成绩。大学生在学习过程中往往会遇到各种挑战和压力，如期末考试、论文写作等。如果他们具备了心理自控能力，就能更有效地处理这些挑战，更好地管理时间和精力，并保持积极的学习态度和动力，从而提高学习效率。三是有利于建立健康的关系。自控能力还可以帮助大学生建立更健康的人际关系。具备自控能力的人更容易控制自己的情绪和行为，避免冲动和言语不当，从而与他人建立更加稳定、信任和积极的关系。四是有利于改善身心健康。自控能力可以帮助大学生更好地管理情绪和压力，避免其沉溺于负面情绪中，从而改善身心健康。具备自控能力的人可以更好地控制饮食、运动和睡眠，以保持健康的生活方式。这样就可以减少焦虑、抑郁等心理问题的发生。因此，增强大学生的心理自控能力是非常重要的，对他们的成长、学业表现、人际关系和身心健康都有着积极的影响。

大学生要增强自控能力，需要做到以下几方面。一是尝试学习和实践冥想。冥想是一种通过训练注意力和意识来提高自我调节和情绪管理能力的方法。对于大学生而言，可以参加冥想课程或使用冥想应用程序来帮助他们掌握这项技能。二是建立健康的生活方式。健康的生活方式包括良好的睡眠、均衡的饮食和充足的运动。这些都有助于保持身体和心理的健康，从而提高自我管理和情绪管理能力。三是学习时间管理技巧。大学生面临很大的压力和挑战，需要学会如何管理时间和任务。制定日程表、设定优先级和使用时间管理工具，都有助于提高自控能力。四是积极寻求心理辅导。如果大学生感到无法控制他们自己的情绪或行为，就应该考虑寻求心理辅导。心理治疗师可以帮助他们了解他们自己的情绪和行为模式，并提供相关的自我调节策略。五是积极参加社交活动。社交活动可以让大学生与他人建立联系和支持系统，从而减轻情绪压力。参加社交活动也可以提高他们的社交技能和情感智商。六是学习网络"断舍离"。网络过度使用已成为许多大学生控制自我的困难之一。通过学习"网络断舍离"，即减少无意义的网络冲动和游戏时间，可以提高自我管理和情绪控制能力，同时提高专注力和集中力。总之，大学生可以通过学习冥想、建立健康生活方式、时间管理、寻求心理辅导、参加社交活动和学习网络"断舍离"等方法来增强他们自己的心理自控能力。

（三）增强大学生的自励能力

自励是指具有上进心、进取心，自觉确立奋斗目标，并为之而积极努力。调整情绪，增强注意力，调动自己的精力和活力，适应性地确立目标，创造性地实现目标。

大学是一个需要自我管理的阶段，因为学生有更多的自由时间和自由决策权。增强大学生的自励能力具有重要的意义，主要表现为以下方面。一是有助于帮助实现个人目标。自励能力可以让大学生明确自己的目标并付诸行动，从而更容易实现他们的个人目标。二是有助于提高学生的自我管理能力。自励能力需要自律、计划和组织等多种技能，这些都是自我管理能力的核心。培养这些技能可以使大学生更加有效地管理自己的时间和资源。三是有助于学生形成积极良好的心态。具有自励能力的大学生能够更好地应对挑战和困难，更容易保持积极心态，从而更加自信和乐观。四是有助于提高学习效率。自励能力可以帮助大学生更好地应对学习任务，提高学习效率和成绩水平。五是培养责任感。增强自励能力的过程是培养责任感的过程。只有具备责任感，大学生才能够认识到自己需要做什么，并为此付出努力。当一个人能够自我激励并实现目标时，他会意识到他自己对一切结果负有责任，从而进一步提高个人的责任感。六是有助于培养职场竞争力。自励能力不仅在学校非常重要，在职场上同样重要。通过大学时期的自励训练，可以为未来职业发展打下坚实的基础。总之，增强大学生自励能力是非常重要的。它不仅有助于提高自我管理、学业成绩、实现个人目标，还可以培养责任感，促进个人全面发展。

大学生要增强自励能力需要从以下方面努力。一是制定明确目标和详细计划。帮助学生明确他们自己想要达到的目标，并构建实现这些目标的详细计划。这样可以让学生更清楚地知道他们自己要做什么，从而更好地掌控他们自己的时间和资源。二是培养健康的生活习惯。保持规律的作息时间，健康的饮食习惯和适量的运动是培养自励能力的基础。只有身体健康，才能更好地发挥他们自己的能力。三是激发学生的兴趣。鼓励学生发掘他们自己的兴趣爱好，并提供机会使其能够参与其中。这样可以让学生更加投入并愿意为实现他们自己的目标而付出更大的努力。四是提高时间管理能力。在大学生活中学生必须面对许多任务和项目，因此必须有效地管理时间。使用日历、提醒事项或其他工具使他们自己保持组织和掌控时间。合理分配时间，克服拖延症，避免浪费时间，将更多的时间用于学习和提升他们自己的能力。五是学会自我激励。自我激励是提高自励能力的关键。大学生可以采用积极向上的口号、鼓励的语言、奖励等方式激励自己，增强学习的兴趣和信心。六是培养良好的人际关系。与正能量的人在一起，建立良好的人际关系，可以激发对生活和学习的热情，让他们自己更有动力去实现其目标。七是多参与实践。大学生应多参与实践活动，积累经验，不断提升自己。通过实践，不断完善自己的能力，提高自己的素质和水平。八是接受挑战并勇敢面对。大学生要敢于接受挑战，勇敢面对困难和挫折，从失败中总结经验教训，并调整自己的思路和方法，不断提高自己的自励能力。九是获取支持和帮助。当大学生感到困惑迷茫时，要积极寻求帮助和支持，比如与同学聊天、和导师交流、参加活动或社团。与他人交流想法和经验，可以帮助你更好地理解你自己的目标和提高你自身的能力。总之，这些建议可以帮助大学生发展自励能力，但每个人的情况都是不一样的。因此，关键在于找到适合每个人自己的方法和策略，以实现自我管理并获得成功。

二　高校要重视心理教育和心理疏导

新时代高校育人的根本目的在于培养能担当民族复兴大任的时代新人，而健全的心理素质正是时代新人所应具备的优秀品质之一，所以提升大学生的心理素质也是高校育人的重要价值所在。因此，高校要重视加强大学生的心理教育和心理疏导，促进大学生心理素质的提升，为他们健康快乐的生活、学习和交往奠定坚实的基础。

(一) 加强大学生的心理素质教育

如前所述，心理健康对大学生的成长发展意义非凡，但是目前部分大学生的心理状况堪忧。面对这种状况，高校重视加强大学生的心理教育意义重大。一是有利于促进学生的全面发展。心理健康和身体健康一样重要。高校加强大学生心理教育有助于帮助学生更好地认识自己、关注自己的情感健康，从而促进学生在多方面获得成长和发展。二是有利于缓解学生的学业压力。由于专业学习任务重、要求高，大学生需要承受更大的学业压力，而良好的心理健康状况可以帮助他们更好地应对学业挑战，缓解学业压力。三是有助于提高学生的生活质量。良好的心理健康状况能够让学生更好地享受大学生活，建立更多的人际关系，参与更丰富的社会活动，提高生活质量。四是有利于降低心理问题发生率。事实表明，由于诸多主客观原因，大学生心理问题的发生率比较高，而通过心理教育可以帮助学生及时发现问题并进行有效干预，降低心理问题的发生率。五是有助于增强大学生的社会责任感。高校加强大学生心理素质教育也是一种社会责任，有助于培养学生的社会责任感和关爱心，使他们更好地融入社会，为社会的发展作出应有的贡献。可见，高校加强大学生心理教育不仅有利于学生个体的发展，也有利于社会整体的进步。

高校加强大学生心理素质教育的途径和方法有很多，下面主要介绍几种常用且有效的方式。一是提供专业的心理咨询。每所高校都应该设置专门的心理咨询中心，为学生提供个人或团体心理咨询、心理测评、心理健康教育等服务，旨在帮助学生更好地适应大学生活和学习。对于有心理问题的学生来说，心理咨询服务可以帮助他们减轻痛苦、增强社交能力、改善睡眠质量、提升自信心等。同时，心理咨询服务也可以通过宣传教育等方式预防学生心理问题的发生。因此，各大高校应该重视心理咨询服务的建设与推广，为学生提供更多优质的心理健康资源，让学生在学习和成长的道路上得到更好的支持。二是开设心理素质教育课程。高校应开设各种心理教育课程，包括心理健康、情感管理、人际交往等课程，让学生了解心理健康知识，掌握心理调节的技巧，从而有意识地提高心理素质。三是定期组织心理辅导活动。高校应定期组织各种心理辅导活动，如心理疏导沙龙、心理辅导工作坊、心理讲座、心理班会等，通过举办这些活动，让学生更好地了解心理知识，认识他们自己的心理问题，积极主动解决这些问题并增加自信心。四是加强心理健康教育宣传。高校可以通过宣传栏、广播电视、微信公众号等多种渠道，向学生宣传心理健康知识，让学生了解心理健康的重要性，并鼓励学生主动寻求帮助。五是培养心理志愿者。高校可以有组织地培养一批校内心理志愿者，他们可以帮助学生处理一些简单的心理问题，并且在宣传心理健康方面发挥积极作用。总之，高校加强大学生心理教育的途径和方法应该多样化、全方位，根据不同的学生需求进行个性化服务，为学生提供更好的支持和帮助。

（二）加强大学生的心理疏导

高校加强大学生心理疏导的意义在于解决和预防出现大学生心理问题，促进他们的身心健康、自我发展和全面成长。

大学时期是一个人成长发展的重要时期，但也是一个充满挑战和压力的时期。一些学生可能会面临学业压力、人际关系紧张、情感挫折等各种问题，如果缺乏有效的心理支持和帮助，这些问题可能会转化为严重的心理障碍，如抑郁症、焦虑症等，对学生的身体和心理健康造成威胁。因此，加强大学生心理疏导可以及早发现和解决这些问题，保障学生的身心健康。同时，大学生心理健康与其学业表现和个人发展密切相关。如果学生处于心理不健康的状态，可能会影响他们的学业表现和个人发展。而通过心理疏导，可以帮助学生建立积极的心态和正确的价值观，提升他们的自信和动力，增强学习和发展能力，从而更好地实现他们个人潜力的发掘和发展。此外，加强大学生心理疏导也是高校教育质量的重要体现。作为教育机构，高校有责任为学生提供全面的教育服务，其中心理健康服务是不可或缺的一部分。通过加强心理疏导，可以提高学生对高校的满意度和获得感，增强学生对高校的认同和归属感，进而提升高校的教育质量和声誉。总之，高校加强大学生心理疏导具有重要意义，对学生、高校及社会都具有积极影响。

高校对学生进行心理疏导需要遵循以下几方面的原则。一是尊重学生，关注学生的情感体验和需求。在进行心理疏导时，应秉持尊重学生、信任学生的原则，让学生感受到被关注、被理解和被支持。二是保护学生隐私，确保信息安全。心理问题往往涉及个人隐私，在进行心理疏导时要注意保护学生的隐私权，确保信息不泄露。三是专业化和针对性。心理疏导需要聘请专业的心理咨询师或心理医生进行，针对学生的具体问题和需求，提供个性化、针对性的服务。四是全面性和系统性。心理疏导应该是一个全面的系统，包括预防、干预和恢复三个阶段，通过多种形式和手段，为学生提供完整的心理健康服务。

针对以上原则，高校可以采取以下方式对学生进行心理疏导。一是提供咨询服务。建立心理咨询中心，聘请专业的心理咨询师，开设常规咨询、紧急咨询和远程咨询等多种服务，为学生提供个性化、专业化的心理支持和帮助。二是举办课程和活动。加强心理健康教育课程设置，开设课程和讲座等，普及心理知识，提高学生心理素质；组织一些有益于心理健康的活动，如文艺比赛、体育运动、户外拓展等，增强学生的社交能力和情感体验。三是建立支持系统。与家庭、社会、医疗机构建立联系和协作，形成完整的支持体系，帮助学生更好地面对各种挑战和问题。四是加强学生自我管理和调适能力培养。通过培养学生的心理健康意识和素质，引导学生学会自我管理和调节，提高他们的心理适应能力和抗压能力。五是制定有效的心理健康管理措施。制定有效的心理健康管理措施，如心理测评、干预计划、心理咨询等，早发现、早干预和早治疗各类心理问题。

总之，高校进行心理疏导需要采取多种方式和手段，根据不同学生的需求和情况，因材施教，全面保障学生的身心健康。同时，高校还应该加强对心理疏导工作的管理和评估，提高心理疏导服务的质量和效果。

三　家庭要重视心灵关怀和心灵沟通

父母是孩子的第一任老师，家庭是大学生教育生涯的起源之地。家庭教育对大学生的影响是深远且长久的，在很大程度上决定着大学生的心理素质。家庭教育对大学生心理素质的影响主要表现为以下几个方面。一是帮助大学生建立正确的人生观和价值观。家庭是大学生成长过程中最主要的社会环境，家庭对于大学生的人生观和价值观具有很大的影响力。通过家庭的心理教育，家长可以帮助大学生建立正确的人生观和价值观，让他们更好地认识自己，塑造积极健康的人格。二是帮助大学生处理情绪问题。大学生面临着许多新的挑战和压力，可能会出现各种情绪问题，如焦虑、抑郁等。家庭的心灵关怀和心灵沟通可以帮助大学生更好地处理这些情绪问题，增强其自我调节能力。三是预防心理问题的发生。大学生是心理问题高发人群，而家庭的心理教育可以帮助大学生预防心理问题的发生。在家庭中得到足够的关注和支持，有助于大学生更好地适应新环境，减少压力和焦虑。四是培养大学生的责任感和独立性。通过适当的心理教育，家长可以帮助大学生树立正确的人际关系观念和拓展他们自己的人脉资源，培养责任感和独立性，使其更好地适应社会。总之，家庭对于大学生的心理教育非常重要，有助于他们健康成长和未来成功。家长应该重视大学生的心理教育，尽可能为他们提供良好的心理支持和指导。

不同家庭对待孩子心理教育的理念和态度不同，采取的教育方式各异，致使大学生的心理素质状况亦不同。作为家长必须重视自家孩子的心理教育，注重对其进行心灵关怀，主动与其进行心灵沟通，关注其心理状况，掌握其心理动向，以便及时发现问题并妥善解决，为他们心理素质的健全提供有力支撑。

（一）注重对大学生的心灵关怀

心灵关怀是指关注一个人的内心世界、情感、思想等方面，并采取积极的行动来帮助他保持身心健康和幸福感。大学生是处于成长发展阶段的青年人群，他们可能面临许多挑战和困难，比如学业压力、人际关系问题、职业规划等等。在这种情况下，他们需要有安全感、归属感和支持感。而家庭作为一个重要的社会单位，可以为大学生提供这些支持和关爱，帮助他们更好地应对生活中的各种挑战。

一些大学生虽然离家在外，但是家庭对大学生的心灵关怀却是必不可少的，它对大学生的更好成长具有重要意义。一是可以帮助大学生调整情绪。大学生面临着许多新的挑战和压力，如学术压力、人际关系和就业前景等。一个支持性的家庭环境可以帮助他们更好地应对这些挑战，减轻负担，调整情绪。二是可以提升大学生的自尊心和自信心。当大学生遇到一些挫折和失败，家庭成员能够给予大学生足够的关注和关怀时，大学生会感到受到尊重和认可，从而增强他们的自尊心和信心。三是可以预防心理问题。如果大学生遇到困境，没有得到足够的关注和支持，可能会导致出现焦虑、抑郁等心理问题。而家庭的关怀和支持可以预防这些心理问题的发生。四是填补大学生社交上的空缺。大学生在离开家庭进入大学后，可能会面临社交方面的困难，而得到家庭关怀、支持和帮助的大学生可以更好地适应这种转变。五是增强家庭凝聚力。一个温暖和睦的家庭环境不仅有助于大学生的成长，也可以增强家庭成员之间的感情，提高家庭凝聚力。可见，家庭对大学生心灵关怀的重视非常重要，不仅有利于大学生的成长和发展，也有助于家庭内部关系的和谐。

家庭要实现对大学生的心灵关怀，需要从以下方面努力。一是建立良好的沟通渠道。家长与孩子建立起信任和尊重的关系，鼓励他们分享他们自己的感受和想法，并倾听他们的心声。及时了解他们的情况，可以更好地帮助他们解决问题。二是给予足够的情感支持。家长可以表达对孩子的爱和关心，鼓励他们积极面对生活中的困难，并提供必要的帮助和支持。同时，也要尊重孩子的独立性和自我决定能力。三是培养积极心态。家长可以通过正面的言语、行为和态度来影响孩子的心态，让他们学会乐观、勇敢、坚毅和自信。四是提供必要的支持和帮助。当孩子遇到挫折时，家长可以为孩子提供必要的物质和精神上的支持，比如经济援助、心理咨询等等。总之，在大学生成长发展过程中，家庭注重心灵关怀是非常重要的。家长可以通过建立良好的沟通渠道、给予情感支持、培养积极心态、提供必要的帮助等方法来实现心灵关怀，让孩子更好地应对生活中的各种挑战，并保持其身心健康和幸福感。

（二）加强与大学生的心灵沟通

虽然相距遥远，但是家长与大学生之间的心灵沟通是非常有必要的，具有重要的意义。一是通过沟通，可以更好地了解大学生的生活和挑战。大学生正面对着许多新的情况和挑战，例如独立生活、学业压力以及社交压力等。通过与他们进行交流，家长可以更好地了解这些挑战，并提供支持和指导。二是建立信任关系。家长和大学生只有在亲密的心灵沟通中，才能建立彼此信任的关系。如果大学生感觉家长不值得信任，无法向家长倾诉内心的困惑和问题，他们可能会感到孤单和失落。建立良好的信任关系可以帮助大学生在遇到问题时寻求帮助并获得支持。三是提供支持和鼓励。家长可以通过与大学生进行心灵沟通来提供支持和鼓励。无论是在学业上还是在个人生活中，大学生都需要知道他们有人支持并相信他们的能力。四是建立更深层次的联系。通过与大学生进行心灵沟通，家长可以帮助他们建立起更深层次的联系。这种联系可以在大学生毕业后继续发展，并促进家庭成员之间更紧密的关系。总之，家长应该与他们的大学生孩子进行心灵沟通，以建立信任关系、提供支持和鼓励，并帮助他们面对挑战。通过这种方式，家长可以与孩子建立更深层次的联系，为他们的未来打下坚实的基础。

家长与大学生孩子之间的沟通是非常重要的，通过沟通可以了解彼此的想法、感受和需要。以下是一些加强家长与其大学生孩子心灵沟通的途径和方式。一是保持开放的态度。家长需要保持开放的态度，尊重其大学生孩子的观点和决定。他们应该避免批评或指责，并积极聆听其孩子的建议。二是频繁地交流。家长应该增加与大学生的交流频率，并尝试在日常对话中谈论不同的话题。这有助于加深相互了解和理解。三是建立信任感。家长需要建立与大学生孩子的信任关系，让他们知道在家里可以自由地表达他们自己的感受。这将使大学生更愿意与家长分享他们的问题和困惑。四是探索共同的兴趣和爱好。家长和孩子可以寻找共同的兴趣爱好，例如看书、看电影或者运动。这将有助于增进彼此之间的情感联系。五是尊重对方的隐私。家长应该尊重大学生的隐私权，不要过分干涉他们的个人生活。他们应该学会给予孩子足够的空间和自由，以便他们能够进行独立思考和决策。总之，家长应该保持开放、尊重和支持的态度，与大学生孩子建立信任关系，加强交流，并在必要时考虑寻求专业帮助。

第四章 提高自身能力成为智慧之人

能力与智慧密不可分，紧密相连。能力是指一个人在完成某项任务或解决某个问题时所具有的技能和实际表现。它包括知识、技能、经验、态度和适应性等多方面的要素，可以通过学习、训练、实践和反思等方式进行提升和发展。智慧则是指一个人利用知识和经验来理解、分析和判断事物以及解决问题的能力，同时也指对自然、社会和人生的本质的深刻洞察力和正确判断力。它包含对自然与人文的感知、记忆、理解、分析、判断、领悟、联想、升华等所有能力。可见，智慧是一种高级认知事物和解决问题的能力，是能力的凝聚与升华。大学生不仅要学习知识，也要掌握运用知识、思考分析解决问题的能力，更要具有对自然、社会和人生本质的深刻领悟的智慧。因此，大学生要努力学习知识、提高能力，成为一个有智慧的人。因为拥有智慧可以帮助大学生更好地应对挑战和机遇，作出更明智的选择，同时也能够为他们的发展和创新提供有益的支持。

第一节 大学生提高能力的必要性

大学生能力的提高不仅对其自身发展有益，也是社会和时代的需要。大学生应该积极主动地学习、锻炼和提升自己的能力，为自己的成长和社会的进步作出积极的贡献。

一　大学生提高能力是其自身发展的需要

大学时期是人生中关键的成长阶段之一。通过提高其自身能力，大学生可以获得更多的知识、技能和经验，丰富自己的学术素养和专业能力。这将有助于他们更好地适应未来的挑战和机遇，并为个人的职业发展奠定坚实的基础。

通过提升能力，大学生可以实现个人目标、实现自我价值、增强竞争力、积极应对变化，并增加自信心。这些都可以为大学生的个人发展和未来的职业成功奠定基础。一是实现个人目标。每个人都有他自己的梦想和目标，而提高能力是实现这些目标的关键。通过不断学习和成长，大学生可以培养自己所需要的能力，为未来的职业发展和个人成就打下坚实的基础。二是自我价值实现。提高能力是展现和实现个人价值的重要途径。通过不断学习和提升能力，大学生可以发挥他们自己的才能，充分展示他们自己的潜力，并在各个领域中取得成功。三是增强竞争力。现代社会竞争激烈，无论是就业还是创业，都需要具备优秀的能力。通过提高能力，大学生可以在竞争中脱颖而出，增加他们自己的竞争力，获取更好的职业机会和发展空间。四是积极应对变化。社会在不断发展变化，新的挑战和机遇不断涌现。提高能力可以使大学生更好地适应变化，具备解决问题的能力、创新能力和适应能力，更好地应对未来的挑战和机遇。五是增加自信心。提高能力可以帮助大学生克服困难和挑战，增强自信心。在面对各种困难和挑战时，拥有一定的知识和技能，大学生会更加深信他们自己能够克服困难，实现他们自己的目标。因此，作为一名大学生，提高能力非常重要，这对于他们未来的职业发展和他们个人成长都有着巨大的影响。

二　大学生提高能力是社会发展的需要

大学生是未来社会的中坚力量和希望。他们将成为各个领域的领导者、专家和创新者，对未来社会的发展和进步起着重要作用。他们通过不断学习和提升能力，成为社会需要的优秀人才，可以推动科技创新、提升经济竞争力、解决社会问题，促进社会的持续进步和繁荣发展。

大学生是社会的后备人才，他们的能力水平直接影响着社会的发展。通过提高能力，大学生可以获得更多的就业机会，并在各个领域中发挥重要作用，为社会提供丰富的人力资源。大学生也是未来社会的中坚力量，他们的能力提升对于培养优秀人才具有重要意义。通过提高能力，大学生能够获得更多的知识和技能，将来进入社会，他们会为社会培养更多有能力、有责任心、有创造力的人才。当今世界，科技发展日新月异，在不断快速发展的科技领域，大学生的能力提升对于推动科技创新有着重要作用。他们通过学习和研究，获取最新的知识和技能，能够在各个领域作出创新性的贡献，带动社会的科技进步。在提高国家未来经济竞争力方面，大学生也大有可为。随着经济全球化的深入发展，各国之间的经济竞争越来越激烈。提高大学生的能力不仅可以提升他们个人的就业能力，也有助于提升整个国家的经济竞争力。优秀的大学生可以在创新创业、科技产业、文化创意等领域发挥重要作用，推动经济的发展。同时，大学生能力的提高，有助于他们更好地解决各种社会问题。当前，社会面临着许多复杂的问题，如环境污染、能源短缺、社会不公等。提高大学生的能力，特别是专业技能和解决问题的能力，可以为社会问题的解决提供新思路和解决方案。

三 大学生提高能力是时代发展的需要

当今时代的突出特点表现为科技创新和数字化、全球化和跨越边界的连接、可持续发展和环保意识、社交媒体和信息爆炸，以及知识经济的兴起等。当今时代要求大学生应具有适应快速变化的科技环境的能力、具备跨文化交流能力、团队合作和领导能力、创造力和创新思维，以及关注社会可持续发展责任感。这些要求能够促进大学生适应现代社会的需求，同时也有助于推动社会的进步和发展。

随着科技的进步、经济的发展和社会的变革，时代对人才的需求也不断发生着变化。大学生作为新一代的人才，他们必须持续提高自身的能力，以适应和引领时代的发展。通过学习新的知识和技术，掌握创新和适应能力，大学生可以更好地满足时代的需求，并为社会的繁荣和进步作出贡献。根据时代的要求，大学生需要具备以下基本能力：一是适应快速变化的科技和社会环境的能力。当今时代的科技和社会环境变化迅速，要求大学生具备适应这些变化的能力。这包括学习和掌握新的技术和工具，了解和适应不断变化的社会和经济格局，以及灵活应对新的挑战和机遇。二是全球化意识和跨文化交流能力。全球化使世界各地的人们联系得更为紧密，要求大学生具备跨文化交流的能力和全球化意识。这包括了解和尊重不同文化和价值观，跨越语言和文化的障碍进行有效的沟通和合作。三是团队合作和领导能力。当今时代更加强调团队合作和领导能力。大学生需要具备良好的合作能力和团队意识，能够有效地与他人合作，解决问题和实现共同目标。同时，领导能力也成为重要的要求，大学生需要具备领导团队、激励他人和解决冲突的能力。四是创造力和创新思维。创造力和创新思维被认为是推动社会进步和经济发展的关键要素。当今时代需要大学生能够提出新的想法、解决问题和创造价值。创造力和创新思维的发展也有助于大学生的职业发展和个人成长。五是可持续发展和保护环境的能力。面对全球性的环境问题和社会问题，当今时代要求大学生具有可持续发展和社会责任意识，具备保护环境、维护生态平衡的能力。大学生应当意识到自己的行动对环境和社会的影响，并采取积极行动，通过可持续的方式生活和经营，为社会发展和环境保护作出贡献。

总之，大学生提高能力是时代发展的要求。他们应该积极学习、不断提升自己的专业素养和解决问题的能力，以适应时代的发展需求，为社会的发展进步和国家繁荣富强作出积极的贡献。

第二节 大学生应具备的综合能力

大学生不仅要获取知识，而且更重要的是掌握运用知识思考分析解决问题的能力。大学生应当具备哪些能力呢？很多专家和学者都谈到了这一问题。武汉大学原校长顾海良认为，一名优秀的大学生至少应具备三个方面的能力：一是获取新知识的能力，而绝不是简单地考试得高分的能力；二是社会组织的能力，即利用大学的课余时间，尽可能地加入各种学生社团，并在社团中学习制定方案、找到工作重点和难点、获得达成目标的能力；三是融入社会的能力，即毕业生能迅速被社会接纳，而不再是传统中的"书呆子"。南方科技大学校长朱清时指出，真正优秀的学生，首先应该有想象力，有想象力，才会创新；其次应该有很强的洞察力，能够发现事物之间的规律；最后应该有很好的记忆力。这些观点都有值得借鉴的合理之处，下面将具体全面地分析大学生应具备的综合能力。

一 时间管理能力

对一些大学生来说，进入大学后很容易迷失自我，主要原因是没有时间观念，不知道如何有效地管理时间，因而容易在自由开放的大学里迷失自我。因此，对于大学生来说，培养时间管理能力尤为必要。

（一）时间管理能力的内涵

时间管理是自我管理的核心，它是指通过事先规划和运用一定的技巧、方法与工具实现对时间的灵活、有效运用，从而实现个人或组织的既定目标。时间管理的目的在于提高时间的利用率和有效性，对时间进行合理的计划与控制、有效的安排与运用是实现时间管理的全过程因素。大学生的时间管理行为其实是一个包含想法、行动和控制的整合过程，而在这一过程中，大学生所采用的具体方式、方法及表现出来的心理特征，就是他们的时间管理能力。可见，大学生时间管理能力是指一个学生有能力有效地规划和管理自己的时间，以实现自己的学习、工作和生活目标。

大学生时间管理能力主要包括如下几个方面的内容。一是目标设定。学生应该有明确的目标，即知道他们自己想要实现什么。这可以帮助学生作出更好的计划，并提高完成任务的动力。二是时间规划。学生需要合理地分配时间来完成他们的任务。这包括制定日程表、设置优先级和避免时间浪费。三是自我管理。学生需要控制自己的行为和情绪，以保持专注并克服拖延症。这包括使用时间管理工具和技术，如番茄工作法和时间盒法等。番茄工作法是指一种旨在帮助人们更有效地利用时间和提高工作效率的时间管理方法。该方法是由一位意大利人开发的，其核心思想是将工作时间分为 25 分钟的工作块，称为"番茄时间"，然后休息 5 分钟。每完成 4 个"番茄时间"后，休息更长时间，通常为 15 分钟。这种方法的好处是可以帮助人们集中精力，减少分心和拖延，并提高工作效率。另外，它还可以帮助人们更好地管理时间，避免长时间的工作所导致的疲劳和缺乏动力。时间盒法是将工作分为一系列时间段，称为"时间盒"，每个时间盒有一个明确的目标和任务。时间盒通常持续 25 分钟至 60 分钟不等，每个时间盒之间都会有一些短暂的休息时间。这种方法可以帮助人们集中精力，提高工作效率，并且可以让人们更好地掌控时间，避免浪费时间或者过度拖延。四是良好的睡眠与休息。学生需要足够的睡眠和休息时间，以保持身体和精神的健康，这样才能更好地充分利用和管理时间。五是自我评估。学生需要经常回顾他们自己的时间管理方式，发现问题并及时加以改进。这也包括在完成任务后进行总结和反思，以寻求进一步的改进。

（二）掌握时间管理能力的意义

对大学生来说，掌握时间管理的能力具有非常重要的意义，主要表现在以下方面。一是有助于大学生提高效率。时间管理是为了达到更高的效率，使每一天都得到最大的利用。大学生通过合理安排时间，能够更好地完成任务，提高学习和工作效率。二是有助于大学生减轻压力。对于大学生而言，学业压力和就业压力都很大，如果没有好的时间管理能力，很容易感到焦虑和失落。通过科学、合理地安排时间，可以减轻心理上的压力。三是有助于大学生增强自律性。良好的时间管理需要自律性，这种自律性不仅有助于规划时间，还能够在其他方面实现良好的行为习惯。四是有助于培养成果导向。时间管理有助于大学生培养成果导向的态度，让他们更加注重结果和成果，从而不断提升个人素质和能力。总之，良好的时间管理能力对大学生非常重要，它不仅能够提高学习和工作效率，减轻压力，增强自律性，还有助于培养成果导向的思维方式，提升他们的个人素质和能力。

（三）提高时间管理能力的方法

大学生在应对繁忙的课程、社交活动和个人生活时，时间管理是至关重要的。以下是一些提高时间管理能力的建议。

一是制定一个日程表。将每天的任务列入日程表中，包括上课时间、作业完成时间、社交活动和个人时间。这可以帮助你了解你自己的时间安排，并确保你有足够的时间来完成每项任务。二是把事务设置成优先级。将任务按其优先级进行排序，以便你可以优先处理最重要的任务。了解哪些任务需要更多的时间和付出更大的精力，并确保你在适当的时间内完成它们。三是提前规划，避免拖延症。不要等到最后一分钟才开始做任务。尝试提前安排好时间，让你自己有足够的时间来完成任务，并避免感到压力和焦虑。四是确定时间限制。给你自己设定时间限制，以便你可以集中注意力并更有效地完成任务。例如，将一项任务分成几个部分，并为每个部分设置截止日期，以确保你在规定的时间内完成。五是合理利用计划软件。利用计划软件如Google Calendar，Todoist等来帮助你有效地分配时间和任务。这些应用程序可以让你设置提醒并跟踪任务进度。六是学会说"不"。学生要学会拒绝一些无关紧要的事情,让自己有更多的时间集中精力完成更重要的任务。七是摆脱手机依赖症,控制使用手机的时间。要想做到这一点,大学生可以设定手机使用时间的上限和下限,例如每天使用手机不超过两个小时。可以通过设置手机提醒功能,以确保你自己按照设定的时间来使用手机。同时,要想减少使用手机的时间,还可以给你自己制定一个详细的计划,包括学习、娱乐、运动等活动,以充实你自己的时间,并且在计划中减少手机使用的时间。八是保持健康的、有规律的生活方式。有规律的作息、保持充足的睡眠、合理的饮食和适量的运动,都有助于提高身体素质和精神状态,提高时间管理效率。总之,这些建议,可以使大学生更好地管理他们自己的时间,并更有效地应对繁忙的生活。

二 自主学习的能力

四川大学校长李言荣在 2020 级本科生开学典礼上讲话时强调,学习能力才是真能力。他认为,学习能力是一个人长期的可持续的竞争力,也是一种生产力。他说,学习能力其实就是你通过阅读、交流和观察能把别人的思想、别人的优秀、别的领域的精华融会于你自己身上、贯通于你自己的领域,并通过消化、吸收、加工、凝练,最后升华为一种超越别人的能力,能够在别人的基础上创新性地提出更高阶的思想或方法,这本质上是一种再创造能力,今天世界上绝大多数的创新都是消化、吸收、再创新,那种前无古人、后无来者的所谓原始创新的确弥足珍贵,但非常稀疏少见。可见,李言荣校长这里讲的学习能力主要是指自学能力。

(一)自主学习能力的内涵

在大学生里,学生是学习的主体,自主学习更为必要和重要。自主学习就是学生在明确学习任务的前提下,独立自主地设定学习目标,积极主动、自觉地学习各种知识,在学习的过程中能不断调整计划、策略以达到目标,并对于学习的最终结果作出分析总结。大学生自主学习的能力是指学生在没有老师的直接指导下，能够独立地组织和管理他们自己的学习，包括制订学习计划、选择适合他们自己的学习资源、自我评估和调整学习策略等。这种能力对于大学生来说非常重要，因为大学生在学习中需要面对更大的自由和更多的选择，需要更加主动地掌握知识和技能，才能更好地适应未来的职业发展和社会需求。

可见，大学生的自主学习能力包括自我规划能力、自我管理能力、自我评价能力、自我学习能力、自我控制能力和自我激励能力等。一是自我规划的能力。大学生需要具备自我规划的能力，能够根据自己的学习目标和时间安排，制订出适合自己的学习计划。二是自我学习的能力。大学生需要具备自我学习的能力，能够通过各种途径获取知识和技能，包括网络学习、听报告、听讲座、课外阅读、校园活动、社会实践等，而不是依赖于老师或其他人的指导。三是自我管理的能力。大学生需要具备自我管理的能力，能够自觉地按照学习计划执行，并对学习进度和成果进行有效的管理和评估。四是自我评价的能力。大学生需要具备自我评价的能力，能够客观地评估他们自己的学习成果和不足之处，并制订出相应的改进计划。五是自我控制的能力。大学生需要具备自我控制的能力，能够克服各种干扰和诱惑，集中精力进行学习。六是自我激励的能力。大学生需要具备自我激励的能力，能够在学习过程中激发自己的学习兴趣和动力，保持积极的学习态度。总之，大学生自主学习能力既是一种心理能力，也是一种实践能力，具有自觉性、主动性、协调性的特点。

（二）提升自主学习能力的重要性

大学生自主学习能力的提升对于他们的学业和未来职业发展都具有重要意义。良好的自主学习能力是大学生进行高效学习的前提。只有具备了自主学习能力，大学生才能有效地进行学习，掌握课堂内及课堂外的知识，结合自身的实际情况全面提升自身的素质，实现多元化发展，为未来的职业发展奠定坚实的基础。

概言之，提高大学生自主学习能力的重要性在于增强学习兴趣和动力，提高学习效率，培养独立思考能力，增强自信心，能够帮助他们适应未来职场的变化。一是增强学生的学习兴趣和动力。自主学习可以让大学生更好地掌握学习进度和成果，增强学习的兴趣和动力，激发他们的学习热情，从而提高他们学习的主动性和积极性。二是提高学生学习效率。自主学习能力的提高可以帮助大学生更好地规划和管理自己的学习时间，提高学习效率，让他们更好地掌握知识和技能。三是培养学生的独立思考能力。自主学习需要学生独立思考和解决问题的能力，这可以帮助他们在未来的职业生涯中更好地面对各种挑战。四是增强学生的学习能力和素质。自主学习能力的提高可以让学生更好地掌握学习方法和技巧，培养学习能力和素质，提高学习效果和质量。五是增强学生的自信心。自主学习能力的提高可以让大学生更加自信，因为他们可以更好地掌握他们自己的学习进度和成果，从而更有信心面对未来的挑战。六是适应未来的职业发展和社会需求。未来的职业发展和社会需求需要具备自主学习的能力，只有具备了这种能力的人才能更好地适应和应对未来的挑战。因此，提高大学生自主学习能力是非常有必要的，对于学生的学业提升和未来的职业发展都具有重要的意义。

（三）提升自主学习能力的途径和方法

首先，激发学生学习的内驱力。激发学生学习的内驱力是提高学生学习效果和学习成果的关键之一，同时也是培养学生自主学习能力和积极学习态度的重要途径。激发学生学习的内驱力需要从以下几个方面入手：一是制定学习目标。让学生设定他们自己的学习目标，并且让他们认识到这些目标对他们未来的发展有多大的意义和价值，这样可以激发他们内在的学习动力。二是培养学习兴趣。学生对学习内容感兴趣，可以激发他们的内在动力，让他们主动地学习和探索。三是增强学习动机。学生内在的学习动机是学习的驱动力，增强学生的学习动机可以激发学生学习的内驱力，让他们更加愿意学习和探索知识。四是创造积极的学习环境。创造一个积极、有挑战性和有成就感的学习环境，可以激发学生的内在动力，让他们更愿意主动地学习。五是提供积极的反馈。给学生提供积极的反馈，让他们知道自己的努力和进步得到了认可和鼓励，这样可以激发他们的内在动力。六是提供挑战性的学习任务。适当地给学生提供有挑战性的学习任务，让他们感到学习的过程是充满挑战和成就感的，这样也可以激发他们的内在动力。总之，激发学生学习内驱力需要教师注重学生的情感需求和个性特点，创造积极的学习环境和提供积极的反馈，让学生在学习过程中感到有意义、有价值和有成就感。

其次，培养学生的学习兴趣。培养学生的学习兴趣是激发学生的学习动力、提高学生自主学习能力的重要途径之一。培养学生的学习兴趣不仅可以增强他们的学习动力、提高学习效果，还可以培养他们良好的学习习惯，增强他们的自信心。一是增强学生学习的动力。学习兴趣可以增强学生的学习动力。当学生对学习产生兴趣时，他们会更加主动地学习，而不是被动地接受教育。这可以促进学生的自我发展和成长。二是提高学生的学习效果。学生对学习感兴趣，能够更加专注和投入学习，从而提高学习效果。他们更愿意主动探索和学习新知识，从而更容易取得好成绩。三是培养学生良好的学习习惯。学习兴趣可以帮助学生养成良好的学习习惯。当学生对学习感兴趣时，他们会更加愿意花时间和精力去学习，从而养成良好的学习习惯。四是增强学生学习的自信心。学习兴趣可以增强学生的自信心。当学生对学习感兴趣时，他们会更加自信地面对学习中的挑战和困难，从而更容易取得成功。总之，学习兴趣可以促使学生积极主动地学习。当学生对学习产生兴趣时，他们会更加积极地探索和发现自己的潜力和兴趣爱好，从而更加积极主动地进行自主学习。

最后，掌握自主学习能力提升的有效方法。掌握自主学习能力提升的有效方法，可以使得学生更快更有效地进行自主学习。以下是提升大学生自主学习能力的方法。一是设定学习目标。学生应该根据自己的兴趣和需要设定学习目标,以便更加明确自己的学习方向和目的。二是制订学习计划。学生应该根据自己的学习目标,制订详细的学习计划,包括学习时间、学习内容和学习方法等,以便更好地掌握自己的学习进度和方向。三是寻找更多的学习资源。学生可以通过网络、图书馆等途径寻找各种学习资源,如教材、论文、网课等,以便更好地丰富自己的学习内容和方法。四是提高学习效率。学生可以通过各种学习技巧和方法,如阅读技巧、记忆方法、笔记技巧等,提高自己的学习效率和成果。五是自我评估和反思。学生应该对自己的学习过程和成果进行评估和反思,发现自己的不足和问题,并及时调整自己的学习计划和方法。六是参加学习小组或社区。学生可以加入学习小组或社区,与其他学生分享学习经验和资源,相互学习和帮助,共同努力和进步。总之,提升自主学习能力需要学生不断地探索和实践,不断地完善自己的学习方法和技能,从而更好地提高学习效率和学习效果。

三 创新创造的能力

(一) 创新创造能力的内涵

创新能力是指个体在继承前人创新成果的基础上,运用他自己所掌握的知识、理论和创新技法开展创造性活动,产生新颖独特、有价值或效益的新观点、新发明、新方案、新产品、新成果、新理论的一种综合能力。[1] 它是一个人的创造力、思维灵活性、问题解决能力、创意思维、创新意识和实践能力的综合体现。大学生的创新能力是指他们在学习、生活和实践中,能够独立思考、创新思维、寻找问题解决方案的能力。

创造能力是指人们在各种社会实践中,能充分运用自己的智力产生从未有过的新思维、新发现、新成果的各种能力的总和,主要是指

---

[1] 王章豹:《大工程时代的卓越工程师培养》,上海科技教育出版社2017年版,第236页。

产生新构想的创造性思维能力和产生新成果的创造性技能，其中最重要的是创造性思维能力。创造能力包含在创造过程中克服困难的勇气、坚韧不拔的毅力、抗压能力、抗挫折能力和解决问题的智慧，同时也包含领导力、团队建设能力和号召力。大学生的创造能力是指他们在学习、生活和实践中，能够运用所学理论知识产生新的想法，创造新的产品、新的服务等的能力。

可见，创新能力和创造能力是紧密相关的概念，它们之间存在着相互促进和相互支持的关系。具体来说，创新能力是指在解决问题或面对挑战时，能够以创新的方式思考，提出新的观点和解决方案的能力；而创造能力是指能够创造出新的事物、新的价值和新的经验的能力。因此，创新能力是创造能力的前提。只有具备创新能力，才能够在实践中不断地探索、发现、创造新的事物和新的价值。创造能力是创新能力的体现。创新能力不仅仅是一种思维方式，更是一种实践能力。只有将创新能力转化为实际行动，才能够创造出新的事物和新的价值。创新能力和创造能力相互促进。创新能力可以帮助人们在实践中不断地探索、发现、创造新的事物和新的价值；而创造能力则可以帮助人们将创新能力转化为实际行动，创造出更多的新事物和新价值。创新能力和创造能力相互支持。我们在实践中不断地探索、发现、创造新的事物和新的价值，从而提高我们的创造能力；而创造能力则可以帮助我们将创新能力转化为实际行动，不断地实践和完善创新能力。总之，创新能力和创造能力紧密相连，它们之间存在着相互促进和相互支持的关系。只有同时具备创新能力和创造能力，才能够在实践中不断地探索、发现、创造新的事物和新的价值。作为新时代的大学生，应当具有创新能力和创造能力，简称创新创造能力。

(二) 创新创造能力的重要性

大学生是国家未来高素质的建设者和主力军，创新创造能力应是大学生必备的核心能力，是综合素质的集中体现。创新创造能力不仅对于大学生的成长发展具有重要意义，而且对于社会发展具有重要的推动作用。

创新思维和创造能力是大学生获取知识的关键。在信息爆炸时代，学生最需要掌握的那些涉及面广、迁移性强、概括度高的"核心"知识并非靠言语所能"传授"的，它只能通过学生主动地"构建"和"再创造"而获得，这就需要大学生主动地发挥其创新创造能力。同时，创新思维和创造能力是大学生终身成长发展的保证。随着高等教育规模的不断扩大，高等教育的职能正在由精英教育向素质教育、大众教育转化，学习也正由阶段教育向终身教育转化，学生从学校得到的不仅仅是知识，更重要的是适应未来世界千变万化的综合能力，特别是创新思维和创造能力。在创新创造能力的支撑下，更好地适应社会，为终身学习和成长发展奠定坚实的基础。此外，创新思维和创造能力可以提升大学生的综合素质。创新创造能力不仅需要具备创新思维，还需要具备实践能力、团队合作能力、沟通能力等综合素质。培养创新创造能力可以帮助大学生全面提升他们自己的综合素质，使其更好地适应未来社会的发展需求。同时，创新和创造需要具备实践能力，即将创新想法付诸实践。因此，培养创新创造能力可以帮助大学生不断锻炼他们自己的实践能力，从而更好地将创新想法转化为实际成果。重要的是，创新思维和创造能力还可以推动科技创新和社会进步。创新和创造是推动科技进步的重要力量。具备创新创造能力的大学生能够在各个领域不断创新和改进，为科技创新作出贡献。创新和创造也是推动社会进步的重要力量。具备创新创造能力的大学生能够在各个领域不断创新和改进，为社会进步和发展作出贡献。

（三）提高创新创造能力的方法

大学生具备创新创造能力的重要性不容忽视。大学应该注重培养学生的创新创造能力，为学生提供创新创造的机会和平台，激发学生的创新潜力，培养出更多具备创新创造能力的人才。

大学生提高创新创造能力的途径和方法是多种多样的，他们应该根据自己的实际情况和兴趣爱好选择适合的方式，不断努力和实践，提高自己的创新创造能力。一是注重多元化的学习体验。在教师的指导下，大学生可以参加各种不同的课程、活动、竞赛、实习等，不断拓宽自己的知识面和视野，从而激发创新创造的灵感。二是积极培养创新思维。创新思维是创新创造的基础，大学生可以通过阅读、讨论、思考、辩论等方式培养自己的创新思维，例如运用侧面思考、逆向思维、跳出框架等方法。三是努力增强实践能力。创新创造需要实践能力的支撑，大学生可以通过实践活动、实验课、实习、创新创业等方式增强自己的实践能力，将理论知识付诸实践。四是善于学会合作与沟通。创新创造需要团队合作和沟通协作，大学生可以通过小组讨论、团队项目、合作项目等方式锻炼自己的合作与沟通能力。五是勇于尝试和创新。大学生在学习、生活和实践中应该勇于尝试和创新，敢于挑战自己，不断探索未知领域，从而培养其创新创造能力。六是积极借鉴他人的创新思想。大学生可以通过阅读有关创新创造的书籍、文章、案例等，借鉴他人的创新思想，从而激发其创新灵感。七是建立良好的创新创造环境。大学可以建立创新创造实验室、创业孵化器等创新创造平台，为学生提供创新创造的机会和支持，从而激发学生的创新潜力。

四 独立思考和解决问题的能力

（一）独立思考与解决问题能力的含义

大学生的独立思考与解决问题的能力是指他们在面对学习、生活、活动、社交等各种问题时，能够进行独立思考、分析和解决问题的能力。这种能力包括以下几个方面：一是善于学习的能力。大学生应该具备善于学习的能力，不断学习和积累知识，提高自己分析解决问题的能力。二是自主思考能力。大学生应该具备自主思考的能力，不仅要掌握基本的学科知识，还要有自己的思考方式和方法，能够独立思考问题，理性分析和评估问题的各个方面。三是问题识别能力。

大学生应该具备良好的问题识别能力，能够识别和界定问题，深入挖掘问题的本质和根源，找出解决问题的关键点。四是分析问题的能力。大学生应该善于观察分析，能够对问题进行分析和归纳，将复杂的问题分解为简单的部分，从而更好地理解问题。五是创新能力。大学生应该善于思考分析，能够寻找创新的解决方案，尝试用不同的方法和思路，创造性地解决问题。六是执行能力。大学生应该善于动手，能够将解决问题的方案付诸实践，实现目标并达成预期效果。总之，大学生的独立思考与解决问题的能力是一个人综合运用认知、判断、分析、创新、执行等能力的过程，需要不断实践和提高。

（二）独立思考与解决问题能力的重要性

大学生提高独立思考与解决问题能力的意义重大，主要表现在以下几个方面。首先，可以帮助大学生更好地应对学习和生活中的各种问题。大学生在学习和生活中会遇到各种各样的问题，如果缺乏独立思考和解决问题的能力，就会感到无从下手，甚至会产生焦虑和失落的情绪。而如果能够提高独立思考和解决问题的能力，就能使大学生更加自信和从容地应对各种问题，提高他们的学习和生活质量。其次，帮助大学生更好地适应社会和面对未来的挑战。在现代社会中，人们面临着各种各样的挑战和机遇，只有具备独立思考和解决问题的能力才能更好地应对这些挑战和机遇。大学生如果能够提高独立思考和解决问题的能力，就能更好地适应社会和面对未来的挑战，增强他们的竞争力。再次，有助于大学生培养创新精神。独立思考和解决问题的能力是培养创新精神的重要途径。大学生通过独立思考和解决问题，可以创造性地提出新的想法和解决方案，促进个人的创新能力和创造力的发展。最后，有助于培养大学生的自信心。独立思考和解决问题的能力可以帮助大学生更好地认知他们的能力和优势，增强他们的自信心，提高其自我价值感和自我肯定感。这对于大学生的成长和发展非常重要。总之，大学生提高独立思考和解决问题的能力对于他们的学习、生活、职业发展和个人成长都具有非常重要的意义。

(三) 提高独立思考与解决问题能力的途径

大学生提高独立思考与解决问题能力的途径和方法是多种多样的，下面主要提出一些有针对性的措施。一是鼓励学生多阅读、多思考。大学生应该多读书，不仅仅是专业书籍，还应该涉猎各种不同领域的书籍，如历史、文学、哲学等。通过阅读各种书籍、报纸、杂志、论文等，了解不同领域的知识和观点，拓宽他们的视野，提高他们的思维能力。同时，要学会思考，对所读的内容进行分析、归纳、推理和评价，培养他们自己的思考能力。二是积极参与讨论和交流。大学生可以积极参加各种讨论和交流活动，与他人分享其观点和经验，倾听他人的意见和建议，学会从多个角度看待问题，提高他们的交流和合作能力。三是培养独立思考能力。大学生要学会独立思考，不被他人的观点和意见所左右，勇于表达他们自己的观点和看法，提高他们的独立思考和判断能力。四是提高思考逻辑和推理能力。大学生要学会运用逻辑和推理的方法分析问题，构建思维框架，提高他们的逻辑思维和推理能力。五是提高解决实际问题的能力。大学生可以通过参加各种实践活动，如实习、志愿服务、社会调查等，学习解决实际问题，提高自己的实践能力和解决问题的能力。同时，要学会从实践中总结经验和教训，反思其不足，不断改进其能力。

总之，大学生提高独立思考与解决问题能力的途径和方法是多种多样的，需要通过实践和学习，不断积累经验和知识，不断提高其思维能力和解决问题的能力。

五 人际交往能力

(一) 人际交往能力的含义

大学生人际交往关系是指在日常的生活和学习过程中，为了满足其自身生存和发展的需要，通过一定的交往媒介而与他人建立和发展起来的、以心理关系为主的一种显在的社会关系。大学生人际交往能力就是他们在与老师、同学、朋友、亲人、陌生人之间相互交流信息和情感的活动中，能够有效地交流情感，建立、维护和发展良好关系的能力。这包括沟通、表达、倾听、理解、尊重和包容他人的能力，以及处理冲突、解决问题和合作的能力。大学生的人际交往能力对于他们的心理健康、个人成长、学业发展和人生幸福都有着重要的影响。

（二）提高人际交往能力的重要性

马斯洛的需求层次理论把人的需要分为六个层次：生理的需要；安全的需要；归属的需要；爱的需要；尊重的需要；自我实现的需要。第三层及以上的需要实质上就是人际交往的需要。人际交往是人的一种内在需要，提高大学生的人际交往能力，能帮助他们实现自身发展的需要，具有重要的现实意义。

大学生提高人际交往能力的重要性表现为以下几个方面。一是有助于大学生建立良好的人际关系。大学生是社交生活比较丰富的群体。良好的人际交往能力有助于大学生与同学、朋友、教师、辅导员等建立良好的人际关系，增加彼此的信任和理解，为学习和工作提供支持和帮助。二是有助于促进大学生的心理健康。良好的人际交往能力有助于大学生更好地融入大学生活，扩大人际交往圈，减轻孤独感和交往压力，提高自尊和自信，从而促进心理健康。三是有助于提高大学生的社交能力。大学生的社交生活是非常重要的，良好的人际交往能力有助于他们与同龄人建立友谊和社交网络，更好地享受大学生活。四是有助于增强大学生的职业竞争力。在现代社会，良好的人际交往能力是非常重要的，特别是在未来的职场中，大学生需要与同事、客户、上司等建立良好的关系，才能更好地发挥他们自己的领导力和合作能力，提高职业竞争力。五是有助于大学生顺利实现社会化。大学生的人际交往与大学生的社会化有着密切的联系。人是社会性动物，人的社会化在很大程度上是在人际交往中实现的。良好的人际交往能够相互传递社会信息，使大学生加深对社会的认识和理解，并逐步内化社会行为规范，顺利完成社会化进程。综上所述，提高大学生人际交往能力的意义非常重大，可以帮助大学生在学习、社交和职业发展方面取得更好的成就，提高他们的生活质量和幸福感。

（三）提高人际交往能力的方法

如上所述，提高大学生人际交往能力的重要性不言而喻，大学生应该积极学习和实践，提高他们的人际交往能力。下面介绍一些大学生提高人际交往能力常用的方法。一是积极参加各种社交活动。大学生积极参加各种社交活动，如社团、俱乐部、志愿者活动等，可以扩展人际关系网，增加交友机会，提高社交技巧和人际交往能力。二是争取多与人交流。与人交流是提高人际交往能力的重要途径，可以多与同学、朋友、老师、辅导员等交流，提高沟通能力和表达能力，同时也可以培养倾听和理解他人的能力。三是认真学习社交技巧。有意识地学习一些社交技巧，如如何打招呼、如何引导话题、如何表达自己的意见等，可以帮助大学生更好地与人交流和建立起良好的人际关系。四是多锻炼，提高自信心。自信心是提高人际交往能力的重要因素，大学生可以通过自我锻炼、增加知识和技能、学习积极的思考方式等来提高自信心。五是善于学习倾听和理解他人。倾听和理解他人是建立良好人际关系的关键，可以通过多观察他人、多交流、多了解他人的背景和经历等方法来提高倾听和理解他人的能力。六是建立良好的人际关系。建立良好的人际关系是提高人际交往能力的关键，大学生可以通过尊重他人、关心他人、给予他人帮助等方法来建立良好的人际关系。

综上所述，提高大学生人际交往能力需要从多个方面入手，可以通过参加社交活动、多与人交流、学习社交技巧、提高自信心、学习倾听和理解他人、建立良好的人际关系等方法来实现。

六 自我管理能力

(一) 自我管理能力的内涵

大学生自我管理能力是指大学生通过自我认知、自我调节和自我控制等手段，对自己的行为、情绪、思维和学习等方面进行有效管理的能力。具体内涵包括以下几个方面：一是自我认知能力。大学生需要了解自己的性格、优点、缺点、价值观等方面的信息，对自己的认知能力进行有效管理，从而更好地认识自己、发现自己的优点和不足，为他们个人发展和成长提供有益的指导。二是自我调节能力。大学生需要通过调节自己情绪、行为和思维等方面的表现，使自己的表现更加符合社会和学校的要求，更好地适应环境和人际关系，提高自己的生活和学习质量。三是自我控制能力。大学生需要通过控制自己的行为、思维和情绪等方面的表现，保持自己的稳定性和坚定性，避免因外界环境和他人的影响而迷失其自身，同时也能更好地实现其目标和计划。四是自我反思能力。大学生需要对自己的行为、思维和情绪等方面进行深入的反思和分析，了解自己的问题和不足，及时进行调整和改进，从而更好地提高自己的能力和素质。五是自我激励能力。大学生需要通过自我激励和鼓励，保持积极向上的心态和行为，坚定自己的信念和目标，克服困难和挑战，实现自己的梦想和目标。综上所述，大学生自我管理能力的内涵包括自我认知能力、自我调节能力、自我控制能力、自我反思能力和自我激励能力等方面，这些能力对于大学生的成长和发展具有重要的意义。

(二) 提升自我管理的重要性

大学生提升自我管理能力的重要性在于，有助于促进其个人成长和发展、提高学习和工作效率、增强自我控制和自我约束能力、增强自信和自尊心、提高人际关系和沟通能力等，对于大学生的成长和发展具有重要的意义。

大学生提升自我管理能力的重要性具体表现为以下方面。一是有利于促进个人成长和发展。大学生是人生成长的关键时期，提升自我管理能力可以帮助他们更好地认识自己、发现自己的优点和不足，从而实现其个人成长和发展。二是有助于提高学习和工作效率。大学生需要面对大量的学习和工作任务，良好的自我管理能力可以帮助他们更好地规划时间、调整情绪、控制行为等，从而提高学习和工作效率。三是有助于增强自我控制和自我约束能力。大学生处于一个自由和开放的环境中，需要具备自我控制和自我约束的能力，避免因为外界环境和他人的影响而迷失自己，良好的自我管理能力可以帮助他们更好地实现自我控制和自我约束。四是有助于增强自信和自尊心。良好的自我管理能力可以帮助大学生更好地认识自己、发现自己的优点和不足，从而增强其自信和自尊心，有利于他们在学习和工作中更加自信。五是有助于提高大学生的人际关系和沟通能力。良好的自我管理能力可以帮助大学生更好地控制情绪和行为等方面的表现，提高其人际关系和沟通能力，有利于他们在学校和社会中更好地与人交往和合作。六是良好的自我管理能力是大学生全面提升自己的必备条件。良好的自我管理能力有助于大学生形成良好的学习习惯、树立终身学习的目标、提升自我修养、完善实践操作能力和养成良好的习惯，全面提升其自身的综合素质。

（三）提升自我管理的途径和方法

卡耐基曾说，在纷繁复杂的现代社会里，只有能保持内心平静，懂得自我控制的人，才能真正学会生存的法则。大学生提升自我管理能力具有重要的意义，下面介绍一些行之有效的提升大学生自我管理能力的途径和方法。

一是制订明确的目标和计划。大学生需要制订明确的目标和计划，明确自己的学习和生活目标，制订相应的计划和时间表，按照计划执行，避免拖延和浪费时间，以提高学习和工作效率。二是建立良好的时间管理习惯。大学生需要建立良好的时间管理习惯，合理安排时间，避免时间浪费，提高学习和工作效率。例如，可以使用日程表或时间表来帮助自己规划时间。三是培养自我约束能力。大学生需要培养自我约束能力，保持良好的行为习惯和生活规律，遵守规章制度和道德规范，避免不良行为和不良习惯的影响。四是注重身心健康。大学生需要注重身心健康，保持良好的饮食习惯和运动习惯，避免过度疲劳和情绪波动，保持身心健康和平衡，这样才能更好地实现自我管理。五是学会有效沟通和协调。大学生需要学会有效沟通和协调，与他人建立良好的人际关系，处理人际关系中的冲突和问题，增强团队合作精神和协作能力，这也有助于提升其自我管理能力。六是积极寻求帮助和支持。大学生在自我管理中遇到困难时，可以寻求帮助和支持，例如与家人、朋友、老师或辅导员交流，寻求专业心理咨询等。总之，大学生提高其自我管理能力的途径和方法，主要包括制订明确的目标和计划、建立良好的时间管理习惯、培养遵守纪律和自我约束能力、学会有效沟通和协调、注重身心健康、积极寻求帮助和支持等方面。

七 动手实践能力

大学生的动手实践能力是指大学生在实际操作中解决问题和完成任务的能力。这种能力包括对实际问题的分析、解决方案的制定、实际操作的能力和实验数据的处理能力等。在大学生的学习和生活中，动手实践能力是非常重要的，因为它不仅能够提高学生的实际操作能力，还能够增强学生的创新能力和解决问题的能力。

（一）提高动手能力的重要性

大学生提高动手实践能力的重要性主要体现在以下几个方面。一是有助于学生更好地理解理论知识。理论知识需要通过实践来加深理解和巩固，动手实践可以帮助学生更好地理解和应用所学的理论知识。二是有助于增强学生的实践操作能力。通过动手实践，学生可以更好地理解和掌握所学知识，增强实践操作能力。这种能力对于学生未来的职业发展非常重要，因为许多职业都需要实践操作能力。三是有助于提高学生的创新能力。动手实践可以激发学生的创新能力，帮助他们形成从不同的角度思考问题、运用不同的方法解决问题的能力。这种能力对于学生未来的职业发展也非常重要，因为许多职业需要创新能力。四是有助于培养学生的解决问题能力。动手实践可以帮助学生锻炼解决问题的能力，培养他们的自主学习和解决问题的能力。这种能力对于学生未来的职业发展也非常重要，因为许多职业需要解决问题的能力。五是有助于增强学生的综合素质。动手实践可以帮助学生增强综合素质，如团队合作能力、沟通能力、管理能力等。这些素质对于学生未来的职业发展也非常重要。六是有助于学生更好地融入社会。动手实践可以帮助学生更好地融入社会，了解社会需求和发展趋势，提高他们的就业竞争力。总之，大学生动手实践能力的提高对于他们学业发展和未来的职业发展都具有重要意义。在现代社会中，动手实践能力已经成为一项必备的职业技能。大学生提高自己的动手实践能力，不仅可以提高其就业竞争力，还可以为其未来的发展打下坚实的基础。

（二）提高动手能力的途径

大学生动手实践能力的提高需要通过多种途径实现。首先，学校应该加强实践教学，为学生提供更多的实践资源和实践锻炼的机会。一是加强实验教学，为学生提供充足的实验机会，让学生在实践中学习和掌握知识。二是增加实践项目。学校可以组织实践项目，例如社会调查、科研项目、创新竞赛等，让学生参与到实践中来。三是组织实践活动。学校可以组织实践活动，例如社会实践、志愿者活动、文化交流等，让学生参与到实践中来。四是提供实践实习机会。学校可以安排学生到企业、公司等机构进行实践实习，学习实践经验和技能。五是提供实践指导。学校可以通过实践指导老师、实践指导团队等提供实践指导，让学生得到更好的帮助。六是组织实践交流。学校可以组织实践交流，让学生和其他同学、专家、企业家等进行交流和分享，获得更多的实践经验和启发。七是提供实践资源。学校可以提供实践资源，例如开设实验室、提供实验设备和资金等，让学生有更好的条件进行实践。其次，学校应该加强实践课程的设置，让学生有更多的机会进行动手实践，例如开设实验课、实训课，进行实习等，让学生在实践中学习专业知识和技能。最后，学生也可以通过参加各种实践活动和竞赛，提高自己的动手实践能力。例如，学生可以参加科技创新竞赛、社会实践活动、社团活动、课外活动、志愿者服务等活动，通过实践提高自己的动手实践能力。

第三节 大学生提高能力的途径

大学生提高能力是一个比较复杂的过程，没有捷径可走；如果说有捷径，那就是做到多听、多看、多想、多记、多练，也就是做一个有心人、用心人。

一 多听：善于倾听

善于倾听是指大学生在与他人交往时，在倾听对方说话的同时，尊重和理解对方的观点和思想，主动寻求与他人沟通、交流的机会，以增进彼此之间的了解和信任。善于倾听不只是简单地听取他人的话语，而是需要用心去理解、尊重、支持和接纳他人的思想、观点和情感。通过倾听，大学生不仅可以成为一个真正的倾听者，成为一个更好的沟通者和领导者，同时也可以增进人际关系，增长知识和才干，提高综合素质和能力，从而促进个人更好地成长。

（一）倾听同学、朋友的心声

大学生要善于和同学、朋友交流沟通，倾听他们的心声，这不仅非常有必要而且很重要。首先，倾听同学、朋友的心声可以促进个人更好地成长。同学、朋友具有不同的成长经历和生活背景，掌握的专业知识和技能各有差异，他们通常有与众不同的见解和经验，在与他们的交流中可以获得更多知识和经验。同学、朋友在学习和生活中都会遇到各种问题和挑战，一起解决问题和分享经验可以互相学习，更好地支持彼此。同时，倾听同学、朋友的建议和反馈，可以发现自己存在的问题和不足，帮助自己更快地成长和进步。倾听同学、朋友的经历和故事，可以启发个人思考，激发内在动力，促进个人更好地成长和发展。其次，倾听同学、朋友的心声有助于增进沟通和信任，建立和谐的人际关系。倾听同学、朋友的意见和经验，可以增进人与人之间的理解和沟通，加深彼此之间的交流和信任，有助于建立和谐的人际关系，为日后的发展打下良好的基础。最后，倾听同学、朋友的心声有助于提高自身的能力。倾听同学、朋友的心声，可以获得有价值的反馈，及时帮助自己发现不足和问题，并加以改进。通过倾听他人的思想和经验，可以扩展自己的知识和见识，提高自身的能力水平。总之，大学生倾听同学、朋友心声的必要性和重要性不容忽视。这有助于增加自己的知识和经验，促进社交和互相学习，进而更快地成长和进步。因此，在日常生活中，大学生应该积极倾听同学、朋友的心声，认真对待他们所说的话，通过与他们的沟通、交流，实现自我完善和进步。

大学生在与同学、朋友交流的过程中，应该倾听各种内容，包括但不限于以下几点：一是学习经验和心得。每个人在学习过程中都会有自己的心得和体会，与同学分享经验可以帮助大家更好地掌握学科知识，提高学习效果。二是兴趣和爱好。在大学期间，学生能够结识各路朋友，倾听他们的爱好和兴趣，可以拓宽自己的视野，发现自己的兴趣点，并加以开发和发掘。三是心理状况和情感。在大学生涯中，不可避免地会出现压力和情感波动等问题，与同学交流并倾听他们的心理状况和感受，可以缓解焦虑和压力，找到恰当的解决方法。四是生活经验和技巧。与同学、朋友讨论如何面对生活中的各种问题，如人际关系、情感问题、健康问题、生活技巧等，互相借鉴和分享经验，帮助自己更好地适应大学生活。五是职业规划和前途。在大学期间，很多学生会关注自己的职业方向和未来发展方向，与同学交流，了解他们的职业观念和规划，可以帮助他们更好地谋划职业生涯和未来前途。总之，与同学交流和倾听并不只是一个娱乐活动，而是一个相互学习成长的过程，可以帮助大学生更好地学习、生活和成长，同时加深友谊，建立更为紧密的人际关系。

（二）倾听老师的教导

大学生善于倾听老师教导的必要性在于老师能够帮助学生更快更好地成长和发展，为学生的职业和个人发展提供有价值的指导和帮助。而且，倾听老师的教导也是一种尊重和体谅老师的表现，有助于师生关系的良好互动和互信。

大学生善于倾听老师的教导不仅是必要的，而且是非常重要的。一是有助于提高学生的学习成绩。大学老师是教育领域的专家，他们掌握着许多知识和技巧，他们的教学方法能够帮助学生更好地掌握知识和技能，提高学习成绩。二是有助于开阔学生的视野。每个老师都有自己的专业领域和研究方向，与老师积极交流和讨论，可以了解专业前沿和研究发展趋势，为学生的学术探索提供方向和建议。同时，大学老师具有丰富的学科知识和经验，他们可以向学生传授学科和专业的前沿信息和发展趋势，让学生不断拓宽知识视野和掌握最新的知识技能。三是帮助学生解决问题。老师通常会倾听学生提出的问题，并给予建议和指导，这有助于学生更好地解决问题和克服困难。同时，老师能够在学科和专业领域内为学生提供权威的评价和指导，帮助学生建立正确的职业规划和发展路径。四是有助于提高学生的学习技巧。老师会提供许多有益的学习技巧和方法，比如如何高效记笔记、如何阅读论文、如何进行实验等等。在课堂上认真听取老师的建议和介绍，可以使学生更快地进步和学以致用。五是培养学生的自信。老师鼓励学生思考，帮助他们理解和表达他们自己的观点，这有助于培养学生的自信心，帮助他们更好地应对各种挑战。六是学习提高社交技能。老师不仅能给学生传授学科知识，还能教导学生如何建立和维护良好的人际关系，学到与人沟通、协作等社交技能。总之，大学生倾听老师的建议和意见，有助于学生全面发展。因此，大学生应该尊重老师的知识和经验，认真倾听他们的教诲，积极与老师交流，从中获取更多的知识、技能和经验，为学生自己的未来发展打下更加坚实的基础。

大学生倾听老师的内容和范围是广泛的，大体上可以分为以下几类：一是学科知识。大学生需要认真倾听老师对于所学学科的知识讲解，包括一些核心概念、理论和实践方法等。二是学科方法。老师在授课过程中也会介绍一些学科研究的方法和技巧，如实验设计、数据分析等，这些方法和技巧都是以后进行学术研究和实践应用的基础。三是学习技能。大学生在倾听老师的内容时，还要学习一些学习技能，如阅读技巧、笔记方法、时间管理等，这些技能都可以帮助学生更好地掌握知识。四是学术素养。倾听老师所讲的内容也包括培养学术素养，如如何养成学术规范的表达、如何精确使用术语、如何养成学术诚信等。这些都是大学生必须掌握的素养。五是思维方法。大学生在倾听老师所讲的内容时，还要学习一些思维方法和技巧，如逻辑思维、批判性思维、创新性思维等，这些思维方法可以帮助学生更好地理解知识、解决问题。六是辅导讲解。大学生在学习中可能会遇到一些困难和问题，这时候就需要认真倾听老师和辅导员的讲解和建议。老师和辅导员是专业人员，他们的指导和建议可以帮助学生更好地解决问题、提高学习效率。七是人生经验。大学生可以听取老师的人生经验和感悟，可以学习到一些处理人生问题的宝贵思想、方法和道理，这对于大学生的人生成长有很大的启示作用。总的来说，大学生需要认真倾听老师所讲的内容，积极思考、理解、掌握和记忆所学的知识，这有助于学生在学科领域取得更好的成绩并形成良好的学术素养和思维习惯。

（三）倾听父母的经验

倾听父母的建议和意见可以帮助大学生更好地适应新的生活环境，更清晰地认识自己，更明智地作出决策。父母拥有更多的人生经验和知识，他们的建议和经验可以帮助大学生更加深入地理解事物和生命的意义。

　　大学生倾听父母经验和建议的必要性和重要性有如下方面：一是父母是经验丰富的人。父母拥有比大学生更多的生活、学习和人生经验，他们可以为大学生的成长成才提供许多实践经验和建议。二是父母是大学生的可靠支持者。在学业、生活和就业等方面面对困难和挑战时，父母始终是大学生最可靠的支持者和安慰者。三是父母是大学生的导师。大学生从小到大都是在父母的引领下成长的，父母可以为大学生提供精神和生活上的指导，帮助他们更好地成长。四是父母是最值得信任的对象。大学生在父母那里可以得到最真诚的建议，并获得最贴心的照顾，因而父母永远是大学生最值得信任和依赖的对象。因此，大学生与父母的交流和沟通是非常重要的，因为父母有着丰富的经验和经历，是大学生最可靠的支持者，父母可以帮助大学生更好地成长和面对挑战。

　　作为其成长路上最亲密的家人，大学生应该倾听父母的建议和意见。大学生倾听父母建议的内容包括但不限于以下几个方面：一是生活经验和建议。父母具有较为丰富的生活经验，他们可以为大学生提供一些实用的生活经验和建议，例如如何管理时间、如何建立良好的饮食习惯、如何保持身心健康。二是人生规划。父母可以从其自身的经验出发，为大学生提供一些人生规划的建议和指导，比如如何选取专业、如何规划职业道路等。三是情感建议。父母可以为大学生提供一些关于人际关系和感情方面的指导和建议，比如如何与他人建立良好的关系、如何应对情感问题。四是心理支持。大学生面临着许多心理压力和挑战，父母可以为大学生提供心理上的支持和陪伴，让大学生感到被理解和关爱。五是财务管理。大学生通常需要理财，父母可以为大学生提供一些理财和投资方面的建议和指导，帮助他们规划好他们自己的财务。总之，大学生倾听父母建议的内容十分多元化，这主要取决于大学生的具体需求和父母的经验与知识。

　　大学生在倾听父母建议的时候应该注意以下几个方面的问题：一

是尊重父母的意见。大多数父母都是有丰富人生经验的人，他们的意见和建议都是有价值的。在倾听父母建议的时候，应该尊重他们的意见，认真听取他们的经验。二是确认父母意图。父母有时候可能会表达含糊不清或带有隐含意思的话语，大学生在倾听的同时需要确认他们的意图，避免误解。三是积极沟通回应。在听取父母的意见和建议之后，大学生应该积极沟通回应，表达他们自己的观点和想法，这样可以促进双方之间的沟通交流和理解。四是理性思考。父母的建议和意见不一定完全符合大学生的实际情况和需求，大学生需要理性思考，根据他们自己的实际情况作出合理的决策。五是分辨有益意见。有时候父母的建议和意见可能会与他们自己的想法不一致，大学生需要分辨哪些是有益于他们自己的意见，哪些是需要他们自己斟酌的。总之，大学生在倾听父母建议的时候应该尊重、确认、沟通、理性思考和分辨有益意见，这样可以在成长的过程中更好地和父母交流、获得帮助，并且作出更明智的选择。

（四）倾听社会现实

大学生倾听社会现实是指他们关注社会上发生的各种事件和现象，了解社会变化和发展趋势，积极参与社会建设和公益事业的活动。这不仅是大学生应尽的社会责任和义务，而且是培养其自身社会意识和责任感的重要途径。

大学生倾听社会现实的必要性，主要表现为以下几个方面的内容：一是帮助大学生了解社会。大学生正处于人生的一个重要转折期，他们正在学习和认识人生的方方面面。了解社会的各种事件和变化对他们的成长非常重要，可以帮助他们更好地适应社会。二是有助于提高大学生的社会视野。通过学习和关注社会现实，大学生可以开阔他们自己的视野，更多了解社会的方方面面，提高他们自己的社会认知和社会素养。三是增强大学生的社会责任感。大学生在学习各种理论知识的同时，应该具有一定的社会责任感。完善其自身的知识结构，培养其自身良好的社会意识和责任感，不仅有益于未来的发展，同时也有助于社会的进步。四是帮助大学生更好地参与社会建设。学习进入社会所需要的知识和技能，积极与社会接轨，了解各种社会现象和事件的背后因素，增强大学生的社会意识。通过积极参与社会建设和公益事业活动，大学生可以更好地提高其自身的社会参与度和社会影响力，为社会发展作出更大的贡献。总之，大学生倾听社会现实的必要性在于可以帮助他们更好地了解社会、提高他们自己的社会视野和素养、增强其社会责任感，同时也可以帮助他们更好地参与到社会建设和公益事业活动中来，为他们自己的未来和社会的进步与发展作出积极的贡献。

大学生倾听的社会现实可以涵盖各个方面，主要包括：一是政治方面。了解国内外各种政治事件和政治变化，理解各种政治理论和政策，具有政治参与的意识和能力，关注国家和社会的发展方向与变化。二是经济方面。了解国内外的经济形势和趋势，掌握各种经济理论和知识，关注各种行业和企业的发展动向，掌握如何理智消费和投资，积极学习创业和就业等方面的知识。三是社会生活方面。了解社会的各种现象和事件，关注社会热点问题和社会文化变迁，掌握社会生活中的各种技能和经验，推动社会进步与和谐发展。四是学术文化方面。了解各种学术研究和文化传承，掌握各种学科的知识和方法，关注各种学术和文化交流，努力成为文化艺术的传承者和创新者。五是其他方面。大学生可以根据他们自己的兴趣和爱好，关注各种有价值和有意义的领域和事件，如就业前景、生态发展、文化传承、青年发展、社会潮流等。总之，大学生倾听社会现实的内容是非常广泛和多样的，需要广泛涵盖各个领域和方面，以充分拓宽大学生的视野，提高他们的知识深度和广度，助力大学生成长和进步。

当然，大学生倾听社会现实需要具备以下能力和特质：一是开放的眼界和思维。要善于发现社会中的问题和现象，保持开放的眼界和思维，不断拓展他们的知识面和视野。二是敏锐的洞察力。要关注社会上的重要事件和趋势，了解国家政策和社会发展动态，保持对社会的敏锐洞察力，抓住机遇。三是独立思考和判断能力。对于社会现象和事件，要有自己的独立思考和判断能力，不被外界舆论牵着鼻子走，自己要作出合理的判断和决策。四是积极行动和实践能力。学习和关注社会问题只是第一步，更重要的是通过积极行动和参与实践，推动社会进步和发展，让他们的所学所思所想产生实际作用。总之，大学生倾听社会现实需要具备开放的眼界和思维、敏锐的洞察力、独立思考和判断能力以及积极行动和实践能力，努力将他们的力量和智慧贡献给社会，为社会发展作出积极的贡献。

二　多看：善于阅读和观察

大学生不仅要多听，还要多看；多看主要是指多阅读、多观察。大学生多阅读、多观察具有重要的意义。一是有助于增长知识、提高素质。阅读可以帮助大学生扩展知识面，了解不同领域的信息，提高综合素养。观察能使大学生更加敏锐地感知周围的事物，提高对社会、人类、自然界的认知。这些知识和观察的积累对于培养大学生的综合素质非常重要。二是有助于培养思考能力。阅读和观察能够培养大学生的思辨和分析能力。通过阅读和观察，大学生可以接触到各种不同的观点和思维方式，培养批判性思维和创新力，提高问题解决能力。三是有助于拓宽视野。通过阅读和观察，大学生能够学习掌握更多的理论知识、思想观点、历史文化等，了解不同人们的生活和思维方式，从而拓宽他们的视野，培养宽容和尊重他人的意识。四是有助于扩展和增强逻辑思维能力。阅读和观察能够培养大学生的思维能力和批判思维。阅读可以让人思考和分析问题，激发创新思维；观察可以让人发现事物的细节和变化，培养细致入微的观察力。这对于学习学科知识和解决问题都有很大帮助。五是有助于丰富人生经验。阅读和观察是积累经验的有效方式。通过阅读各种类型的书籍和材料，大学生可以了解不同领域的知识和经验，为他们自己的未来做好准备。

观察周围的人和事,可以从中学习到各种各样的经验,并将其应用到他们自己的生活和学习中。六是有助于提高创造力。多阅读、多观察可以为大学生的创造力提供源泉。阅读和观察能够为大脑提供丰富的素材和灵感,激发创造性思维,促进创新和发现。总之,大学生多阅读、多观察对于知识获取、思维开阔、经验积累、提高创造力都具有重要的意义。

(一)阅读专业书籍

大学生阅读专业书籍具有以下几个重要的意义:一是系统学习专业知识。专业书籍是大学生学习专业知识的重要来源。通过阅读专业书籍,可以系统地学习和掌握该领域的基础理论、方法和技能。这有助于建立扎实的专业基础,为将来的学习和职业发展奠定坚实的基础。二是深入理解专业概念和原理。专业书籍通常会深入讲解相关专业的概念、原理和应用。通过阅读专业书籍,可以加深对专业概念的理解,掌握专业知识的核心要点。这有助于提高对专业问题的分析和解决能力,培养扎实的专业素养。三是了解学科前沿和发展动态。专业书籍通常会涵盖该领域的最新研究成果和发展动态。通过阅读专业书籍,可以了解到学科的前沿知识和最新趋势,跟上学科的发展步伐。这有助于培养大学生的学术敏感性和创新意识,提升研究能力和竞争力。四是拓宽职业发展视野。专业书籍可以帮助大学生了解和探索他们所学专业的各种职业出路和发展方向。通过阅读专业书籍,可以深入了解不同职业领域的需求和要求,为未来的就业做好规划和准备。这有助于培养职业素养和职业适应能力。五是培养批判性思维。专业书籍通常会提供不同观点和理论的讨论和比较。通过阅读专业书籍,大学生可以学会分析和评估不同观点的优劣,并形成自己的独立思考。这有助于培养批判性思维和学术思维,提高问题解决和决策能力。总之,大学生阅读专业书籍对于系统学习专业知识、深入理解专业概念、了解学科发展动态、拓宽职业发展视野和培养批判性思维都具有重要的意义。因此,大学生应该在学习中充分利用专业书籍,并将其作为提升自己专业素养和学业成绩的重要工具。

大学生在阅读专业书籍时,需要注意以下几个方面的问题:一是选择适合自己的书籍。专业领域的知识非常广泛,不同的专业书籍可能针对不同的学习层次和需求。因此,大学生在选择专业书籍时应根据自己的学习目标和程度,选择适合自己的书籍。可以咨询老师或参考推荐书单,以找到最合适的学习材料。二是确定学习重点。专业书籍内容繁杂,有些篇章对于初学者来说可能过于复杂或深入。为了更好地阅读和理解,大学生可以先确定自己的学习重点,关注核心概念和关键理论,逐步深入。不必纠结于细节,而是要确保理解并掌握基础知识。三是培养主动阅读的习惯。专业书籍往往比较严谨和有条理,需要仔细阅读,并进行思考和总结。大学生应该养成主动阅读的习惯,主动思考作者的观点、证据和论证过程,以及与自己已有知识的联系。积极阅读,例如做笔记、写读书摘要或讨论笔记,可以帮助加深理解和记忆。四是积极寻求帮助和交流。阅读专业书籍可能会遇到难以理解的概念或内容。在这种情况下,大学生应该主动寻求帮助,可以向老师、同学或学习小组成员请教。通过交流和讨论,可以共同解决问题,深化对书籍内容的理解。五是结合实践应用。专业书籍上的理论知识需要通过实践应用才能更好地理解和掌握。大学生应该将书本知识与实际问题相结合,思考如何将所学知识应用到实际情境中。可以尝试解决实际案例或进行实验实践,以加深对书籍内容的理解和应用能力。总之,选择适合自己的书籍、确定学习重点、培养主动阅读习惯、寻求帮助和交流,以及结合实践应用是大学生在阅读专业书籍时需要注意的问题。通过合理的学习策略和方法,可以更好地理解和掌握专业知识,提升学习效果。

(二)阅读课外书籍

大学生阅读课外书籍有很多意义和好处,以下是其中几个重要的意义:一是拓宽知识面。大学生通常在学习专业课程的同时,通过阅读课外书籍接触到更广泛的知识。这有助于拓宽他们的知识面,广泛涉猎不同领域的知识，培养全面发展的素质。二是提升思维能力。课外书籍往往更加深入、细致地探讨了一些主题或问题，对大学生的思维能力提出了更高的要求。通过阅读课外书籍，可以培养批判性思维、逻辑思维、创新思维等多种思维方式，提升思考能力和解决问题的能力。三是培养阅读兴趣和习惯。课外书籍可以引发大学生对阅读的兴趣，激发他们的求知欲望。通过阅读，可以培养好的阅读习惯，提高阅读速度和阅读理解能力，使其成为一种持续学习的习惯。四是发展个人兴趣爱好。课外书籍可以满足大学生对特定领域的兴趣与好奇心。通过阅读感兴趣的书籍，大学生可以进一步了解和深入探索他们感兴趣的领域，可以为未来的职业选择、研究方向或者个人发展方向提供启示。五是开拓人文素养。一些文学作品、历史著作、哲学书籍等都涉及人类的思想、文化、历史等方方面面，通过阅读这些书籍，大学生可以提高他们的人文素养，增强对人类社会和文明的理解。六是提升综合素质。课外书籍对大学生的综合素质提升有很大帮助。在阅读过程中，大学生可以提高他们的口头表达能力、书面表达能力、逻辑思维能力、批判性思维能力等，从而全面培养他们的综合素质。总之，大学生阅读课外书的意义是多方面的，可以扩展知识面、提升思维能力、培养阅读兴趣和习惯、发展个人兴趣爱好、开拓人文素养，以及提升综合素质。因此，鼓励大学生多读课外书籍，以丰富他们的学习和成长经验。

大学生在阅读课外书籍时，需要注意以下几个方面的问题：一是选择适合自己的书籍。大学生在选择课外书籍时，可以根据个人的兴趣、专业方向、学习需求等因素进行选择。确保所选择的书籍内容与自己的学习目标和个人发展相契合，能够为自己的知识和能力提升带来积极影响。二是确保读书时间的合理安排。大学生的时间通常较为紧张，需要合理安排读书时间。可以利用零碎时间进行阅读，比如在公交车上、午休时间、晚上休息前等。合理规划时间，避免读书和正式学习的冲突，保持阅读的连贯性与持续性。三是提高阅读效率。大学生可以通过一些阅读技巧提高阅读效率。比如，采用快速阅读的方法，抓住文章的主旨和核心观点；利用标记和摘录重点内容的方式，帮助记忆与理解；研究书籍的目录和索引，有针对性地阅读感兴趣或需要的章节。这些方法可以提高阅读效率，更好地从书籍中获取知识和启发。四是做好读书笔记。在阅读过程中，大学生要做好读书笔记。读书笔记可以帮助他们记录并梳理书中的重要内容及观点，加深对书籍内容的记忆与理解，并方便后续的复习与总结。五是积极进行交流与分享。大学生可以与同学、老师或者读书小组成员进行交流和分享。通过与他人讨论书籍的内容，可以开阔其思路，深化对书籍内容的理解，并获得其他人的观点和反馈。六是不断拓展阅读领域。大学生不仅可以阅读与专业相关的书籍，还应该拓展阅读领域，涉猎多种类型的书籍。这样可以使他们丰富知识储备，拓宽视野，开拓思维。总之，大学生在阅读课外书籍时，要注意选择适合他们自己的书籍，合理安排时间，提高阅读效率，做好读书笔记，进行交流与分享，并不断拓展阅读领域。这样能够更好地享受阅读的乐趣，提升其自身的学习能力和综合素质。

(三) 观察同学

大学生之间相互观察和相互学习经验有着重要的意义。以下几点是关于大学生观察同学的意义：一是相互学习和启发。每个人都有不同的经历和见解，通过观察同学和向同学学习，可以获得新的思维方式、解决问题的方法和技巧。同学之间可以在学习上互相启发，分享彼此的学习经验和成果，激发思考和学习的动力。二是互相支持和帮助。大学生在同学身上可以找到彼此的支持和帮助。在学习上遇到困难或者有疑惑时，可以向同学请教，分享经验和解决方案。同学之间的互相支持和帮助可以提高整体学习氛围和学习效果。三是建立人际关系和拓展社交圈。大学是一个人际交往的重要平台，通过观察和了解同学，可以建立和拓展人际关系和社交圈。与不同背景和专业的同学交流，可以开阔视野，增加人脉资源和文化交流的机会。四是形成合作和团队意识。大学生在与同学共同参与项目、研究和实践活动的过程中，可以培养合作和团队意识。观察同学的学习态度、沟通能力和团队合作精神，有助于其自身能力的提升，并在未来的工作和生活中更好地与他人合作。五是发现自己的优势和劣势。与同学相互比较和观察，可以帮助大学生更好地了解自己的优势和劣势。通过观察同学的表现和成就，可以发现自己的潜力和不足，并有机会进行自我调整和提升。总之，大学生观察和向同学学习经验和观点有助于互相启发、互相支持，建立人际关系和拓展社交圈，形成合作和团队意识，发现其自身的优势和劣势。这样可以促进个人的成长和发展，为未来的学习和职业生涯打下坚实的基础。

　　大学生在观察同学时，需要注意以下几个方面的问题：一是尊重隐私和个人空间。观察同学是一种学习和启发的方式，但不应侵犯他人的隐私和个人空间。注意保持适当的距离，避免过度关注或打扰他人。二是不盲目比较和竞争。在观察同学时，不要产生盲目比较和竞争的心态。每个人都有不同的起点和发展速度，重要的是与自己过去的表现作比较，寻找个人的进步和成长。三是尊重差异和多样性。大学生来自各种背景和专业，拥有不同的观点和经历。在观察同学时，要尊重差异和多样性，接纳不同的观点和思维方式，从中汲取启发和学习。四是避免过度评判和批评。在观察同学时，要避免过度评判和批评他人的行为和表现。每个人都有他的局限和不足，应该以理解和支持的态度来看待同学的行为和表现。五是保持正面和建设性的心态。在观察同学时，保持正面和建设性的心态是非常重要的。关注和学习他人的优点和长处，给予肯定和鼓励，同时也要意识到自己的成长空间和改进的方向。总之，大学生在观察同学时应注意尊重隐私和个人空间，避免盲目比较和竞争，尊重差异和多样性，避免过度评判和批评，保持正面和建设性的心态。这样才能够更好地借鉴和学习同学的经验，促进个人的成长和发展。

（四）观察社会

　　大学生观察社会有许多重要意义和价值，主要表现在以下几个方面：一是增强现实认知。观察社会可以使大学生更好地了解社会的真实状况和运行规律。通过观察社会，学生可以接触到多元化的人群和不同的生活方式，了解社会中的各种问题、挑战和机会，使得他们自己更好地适应社会。二是价值观培养。观察社会可以帮助大学生审视自己的价值观并进行调整。社会是一个多元化的环境，通过观察社会，学生可以接触到各种观点和价值观，借此反思和重新思考自己的价值取向，培养包容、理性和尊重差异的价值观。三是增强社会责任意识。观察社会可以激发大学生的社会责任意识和参与精神。社会中存在着很多问题和难题，大学生可以通过观察社会了解这些问题，并思考如何为社会作出积极的贡献，参与到社会公益、志愿服务和社会创新等活动中。四是指导职业发展。观察社会可以帮助大学生更好地规划自己的职业发展。通过观察社会，学生可以了解各个行业的需求和趋势，掌握一些职场技能和专业知识，同时也可以观察成功人士的经验和智慧，为他们自己的职业发展作出明智的选择。五是促进个人成长。观察社会可以促进大学生的个人成长和自我完善。社会是一个充满机遇和挑战的舞台，通过观察社会，学生可以学到解决问题、应对挑战和适应变化的能力，同时也可以拓宽他们自己的视野和增加其能力。总之，大学生观察社会的意义在于获得现实认知、培养价值观、增强社会责任意识、指导职业发展和促进个人成长。通过观察社会，学生可以更好地了解社会及其自身，并为他们的未来作出明智的决策和规划。

大学生在观察社会时，需要注意以下几个方面的问题：一是注重客观性。在观察社会时应尽量保持客观中立的态度。避免过度主观或带有偏见的观点，要多角度、全面地看待问题，避免过度一厢情愿地解读社会现象。二是认真核实信息。在观察社会的过程中，应当对所得到的信息进行核实和验证。避免抱持不实信息或听信谣言而作出不准确的观察和判断。三是尊重他人。在观察社会时，要保持对他人的尊重和理解。尊重不同的观点、生活方式和价值观，避免过度批判或歧视他人。四是注意关注全局。在观察社会时，不仅应关注个人感受和经历，还要从整体上思考问题。要注意社会的复杂性和多样性，了解问题背后的原因和影响，避免进行片面化或表面化的观察和判断。五是深入研究。观察社会需要进行深入研究和学习。只有通过深入了解相关背景知识和文献资料，才能进行准确的观察和分析，避免浅尝辄止或得出无根据的观点。六是积极行动和参与。仅仅观察社会是不够的，大学生还应积极行动和参与到社会实践中。可以通过参与志愿服务、社会实践、社团组织等方式，亲身体验社会，深入了解问题，积累实践经验。总之，大学生在观察社会时需要保持客观中立的态度，核实信息、尊重他人、关注全局，进行深入研究，并积极采取行动。只有这样，才能更全面、准确地认知社会，为社会的发展作出积极的贡献。

三 多想：善于思考

大学生要善于思考他们听到的、看到的、学到的东西。大学生善于思考具有重要的意义，主要体现在以下几个方面：一是提升解决问题的能力。善于思考的大学生能够主动思考问题的本质、原因和可能的解决方案。他们能够进行深入思考，提出有针对性的问题，并能够自主地寻找答案。这种能力的提升对于解决复杂的学术问题、职业发展问题和生活中的困扰都具有积极的影响。二是培养批判性思维。善于思考的大学生对知识信息持有辩证、批判性的态度。他们能够从多个角度思考问题，辨别真伪，避免盲从和被误导。在信息社会中，批判性思维是培养判断力和自主思考的关键技能。三是增进学习能力。善于思考的大学生具备主动学习的态度和能力。他们能够深入思考学习内容，提出问题，探索知识的深度和广度。他们也能够将所学的知识和理论应用到实际问题中，提高学习的效果和应用能力。四是培养创新意识。善于思考的大学生有探索新观点、新方法和解决方案的意识。他们通过思考和探索，寻找创新的机会，并提出创新的想法。这对于个人的职业发展和社会的进步都具有积极的影响。五是增强决策能力。善于思考的大学生能够评估各种方案的优缺点，并作出合理的决策。他们能够权衡利益、风险和可能的结果，作出理性的选择。在面对人生重要决策时，思考能力的提升可以帮助他们作出更明智的抉择。总之，善于思考对大学生的成长和发展至关重要。它提升了大学生解决问题的能力、培养了批判性思维、增进了学习能力、培养了创新意识、增强了决策能力。这些能力不仅对于个人的学术和职业发展有益，对于社会的进步和发展也起着重要的作用。因此，大学生应该注重培养和提升自己的思考能力，不断追求深度思考和创新思维。

当大学生进行思考时，需要注意以下几个方面的问题：一是思考目标要明确。在进行思考之前，明确你的思考目标是什么。确定你要解决的问题、探索的话题或者分析的情境，这有助于集中注意力并指导思考的方向。二是避免主观偏见。尽量客观地看待问题，不要受到个人情感、信仰或先入为主的观点的影响。努力考虑多个观点，并权衡不同的证据和论证，避免陷入偏见的思维。三是深入挖掘问题。与表面思考相比，深入挖掘问题更有助于获得全面的理解。不要只停留在表面，要逐步追问为什么和如何，发掘问题的本质和相关因素，以及可能的解决方法。四是具有批判性思维。对于提出的观点和信息，要保持批判性思维。质疑其合理性、真实性和逻辑性，寻找可能的漏洞或疑点。这有助于避免盲从和被误导，培养独立思考的能力。五是把经验和理论相结合。将所学的知识与实际经验相结合，使思考更具实践性和可行性。尝试将理论和抽象概念应用到现实生活中，或从实践中总结经验并进行理论反思。六是积极合作和讨论。与他人进行讨论和合作，可以获得不同的观点和思维方式。通过与他人的交流，能够拓宽思维的范围，发现新的角度和解决方案。七是善于反思与总结。在思考完成后，进行反思和总结是很重要的一步。回顾思考的过程、结果和不足之处，从中吸取教训，并思考如何改进思考的方法和技巧。总之，通过注意以上问题，大学生可以提高思考的质量和效果，培养深度思考、批判性思维和创新能力，从而更好地应对生活、学业和职业中的各种挑战。

四 多记：善于记录

大学生要善于记录听到的、看到的、学到的、想到的。大学生善于记录具有重要的意义，主要体现在以下几个方面：一是提高学习效果。记录可以帮助大学生更好地理解和记忆学习内容。对课堂笔记、阅读摘录、思考笔记等加以整理，使之清晰、有条理，可以帮助回顾复习，加深对知识的理解和记忆，提高学习效果。二是掌握学习进度。记录可以帮助大学生了解他们的学习进度。通过记录学习计划、任务进度、作业完成情况等，可以清楚地知道他们自己的学习进展，及时调整学习策略，保持学习的步调和节奏。三是有助于思考和反思。记录可以帮助大学生进行深度思考和反思。把自己的思考、感悟、体会记录下来，有助于促进思考问题的全面性和连续性，帮助找到发现问题和解决问题的方法，促进其个人成长和进步。四是建立知识库，提高学习效率。记录可以帮助大学生建立知识库，方便知识的查找和复习。将学习的知识、重点内容、概念定义、重要公式等记录下来，形成一个系统化的知识库，可以随时查阅、回顾和复习，提高知识的储备和应用能力。五是提升表达能力。记录可以帮助大学生提升表达能力。通过将他们自己的思考和观点记录下来，可以提高文字表达和逻辑思维的能力，培养清晰、准确和有说服力的表达能力，有利于学术写作和表达思想的能力。总之，大学生善于记录对于学习、思考、表达和个人发展都具有重要的意义。通过记录，可以提高学习效果，掌握学习进度，促进深度思考和反思，提高学习效率，以及提升表达能力，从而更好地应对学业和未来的挑战。

大学生在记录时，需要注意以下几个方面的问题：一是高效筛选信息知识。大学生在记录时需要学会筛选信息知识，将重要的内容和关键点记录下来。不要追求完整地记录每一个细节，而要注重记录核心概念和关键观点，以保证记录的精练和有效性。二是组织结构清晰。记录的内容应该有条理、清晰地组织起来。可以使用标题、子标题、数字或列表来整理和分层次地组织记录内容，使之易于理解和回顾。三是注意主观偏好。大学生在记录时，要尽量客观地记录信息，避免个人主观偏好的介入。尽量采用中性、客观的语言表达，不加入个人感情色彩和主观判断，确保记录的客观性和准确性。四是注意归纳总结。记录不仅仅是简单地抄写和摘录，还应该注意归纳总结。将相似的概念和观点进行整理和归类，形成一个有条理和完整的知识框架，方便回顾和复习。五是注重质量而非数量。在记录时应注重质量而非数量。记录内容要准确、有洞察力和思考性，不要为了追求记录得多而牺牲了质量和深度。六是及时复习和修订。及时复习和修订记录内容是很重要的。在复习时，可以补充和修订之前的记录内容，加深记忆和理解。定期回顾和修订记录内容，保持其时效性和准确性。总之，大学生在记录时要注意高效筛选信息、组织结构清晰、注意主观偏好、归纳总结、注重质量而非数量，以及及时复习和修订。这样才能提高记录的效果，有效地辅助学习和思考。

五 多练：善于实践练习

陆游说："纸上得来终觉浅，绝知此事要躬行。""躬行"就是实践练习。大学生的时间管理能力、自主学习能力、动手实践能力、创新创造能力、独立思考和解决问题的能力、人际交往能力、自我管理能力、情绪控制能力等各种能力的提高都离不开实践锻炼。

大学生善于进行实践练习，对于提高其自身的各方面能力、促进学生的成长成才具有重要的意义。一是加深对知识的理解。实践练习可以帮助学生将理论知识应用到实际操作中，加深其对知识的理解。通过实践，学生能够亲身体验和感受，更直观地理解知识的内涵和实际应用。二是增强记忆和记忆持久性。通过实践练习，学生可以进行反复的实际操作和应用，将知识与实际经验相结合，有助于记忆的巩固和持久性。实践可以在大脑中留下更深刻的印象，使知识更持久地保存。三是培养实际技能。实践练习可以帮助学生培养和提升实际技能。通过实际操作，学生可以熟悉并掌握相关技能，例如实验操作、编程、外语口语等，提升其实际能力。四是培养解决问题的能力。实践练习可以帮助学生培养解决问题的能力。在实践中，学生可能会面临各种挑战和困难，需要进行分析、推理和创新，找到解决问题的方法和策略，提升他们的问题解决能力。五是培养团队合作精神。实践练习通常需要学生进行团队合作，共同完成任务或项目。通过实践中的团队协作，学生可以学会与他人合作、沟通、协调和分工，培养团队合作精神和领导能力。六是探索和发现新的兴趣和潜能。实践练习可以让学生接触到不同的领域和实践活动，有助于他们发现自己的兴趣和潜能。通过实践，学生可以尝试并体验各种活动，从中发现并培养自己的特长和兴趣爱好。七是增强就业竞争力。实践经验对于大学生的就业竞争力至关重要。通过实践练习，学生可以积累丰富的实践经验，并在求职过程中展示他们自己的能力和成就，增加就业的机会和竞争力。总之，善于实践练习对大学生的成长成才具有多方面的意义，可以加深知识理解、培养实际技能、增强记忆、培养问题解决能力、培养团队合作精神、探索新的兴趣和潜能，同时还可以增强就业竞争力。因此，鼓励大学生多进行实践练习是非常重要的。

为了鼓励学生多进行实践练习，学校应采取以下几个方面的措施：一是提供丰富的实践机会。学校可以与企业、组织或相关机构合作，为学生提供参与实践项目、实习、兼职等机会。同时，学校也可以组织实践活动，例如实验课、模拟演习、实地考察等，让学生能够亲身参与实践。二是设计实践课程和项目。学校可以设计实践导向的课程和项目，将理论知识与实践操作相结合。通过实践课程和项目，学生可以在课堂上进行实际操作和模拟练习，提升他们自己的实际能力。三是提供导师指导和支持。学校可以配备专业的导师或指导教师，为学生提供实践指导和支持。导师可以帮助学生规划实践计划、提供实践建议、解答问题，并在实践过程中对学生进行指导和评估。四是建立实践基地和实验室。学校可以建立实践基地和实验室，为学生提供实践场所和设备。实践基地和实验室可以为学生提供真实的实践环境，让他们能够进行实际操作和练习。五是引入实践评估机制。学校可以引入实践评估机制，将实践成果列入综合评价体系。通过对学生实践成果的评估和认可，可以激励学生积极参与实践练习，并将实践经验纳入学校的学分制度中。六是提供奖励和荣誉机制。学校可以设立实践奖励和荣誉机制，表彰在实践活动中表现出色的学生。奖励和荣誉可以是奖学金、证书、荣誉称号等形式，激励学生积极参与实践练习，提升实践动力。七是加强实践宣传和意识培养。学校可以加强对实践的宣传和意识培养。通过宣传实践成功案例和实践经验，可以激发学生对实践的兴趣和热情，增强实践意识，并鼓励他们多参与实践练习。总之，通过以上措施的实施，可以帮助学生充分理解实践的重要性，并积极参与实践练习，发挥出他们的潜力和才能。同时也可以为他们的学习和职业发展打下坚实的基础。

第五章 健全独立人格 成为君子之人

教育是养成人格的事业,这是众多教育者的共识。蔡元培说:"教育者,养成人格之事业也。使仅仅灌注知识、练习技能之作用,而不贯之以理想,则是机械之教育,非所以施于人类也。"① 蔡元培主张并坚持的理念是,学校教育的本质和核心是人格教育,否则,就是教育的堕落,继之以人的堕落。德国教育家斯普朗格曾说:"教育绝非单纯的文化传递,教育之为教育,正在于它是一个人格心灵的'唤醒',这是教育的核心所在。"② 中外教育家皆主张教育之本质在于人格养成。现代学者杜时忠认为,教育的终极目的在于人格完善。复旦大学副校长蔡达峰强调,培养人格是教育的基本任务,任何知识的学习最终是培养一个完整的人,高校不要忘记对学生人格的培养。既然教育的根本任务是培养学生的健全人格,因此大学生学习的根本目的亦在于完善健全人格。大学生健全人格的主要标准和内容有哪些呢?笔者认为,儒家所推崇的君子人格符合健全人格的主要标准和要求,因此,有必要在传承创新儒家君子人格的基础上,赋予君子人格新的时代内涵,使之成为新时代大学生应具有的人格品质,从而把大学生培养成为"德才兼备,文质彬彬"的新时代君子。

---

① 蔡元培:《蔡元培散文》,上海科学技术文献出版社2013年版,第53页。
② 邹进:《现代德国文化教育学》,山西教育出版社1992年版,第73页。

第一节　大学生君子人格养成的重要性

新时代大学生君子人格的养成对于个人和社会都具有非常重要的意义，它可以帮助大学生提高自我认知和自我修养，增强社会责任感和公民意识，提高道德水平和文化素养，同时也可以为社会和谐稳定与发展提供支持。

一　提高大学生的自我认知和自我修养

新时代君子人格的养成可以帮助大学生更好地认识他们自己、提高他们的自我修养，塑造良好的个性品质。通过学习君子的思想、品德和行为，大学生可以更好地理解其优点和不足，明确其发展方向，提高其自我认知和自我修养，进而塑造一个具有高度自我意识和自我约束的人格。

新时代大学生养成君子人格对于提高其自我认知和自我修养具有以下几方面的作用。一是帮助大学生认识他们的优点和不足。君子人格的养成可以帮助大学生更好地认识他们的优点和不足。通过学习和实践君子的思想、品德和行为，大学生可以更加清晰地认识到他们自己的优点和不足，进而有针对性地进行自我提升和改进。二是帮助大学生建立正确的价值观。君子人格的养成可以帮助大学生建立正确的价值观。通过学习和实践君子的价值观，大学生可以更好地理解什么是正确的、有价值的观念，从而建立他们自己的正确价值观，更好地指导他们自己的行为和选择。三是帮助大学生提高其自我约束能力。君子人格的养成可以帮助大学生提高其自我约束能力。通过学习和实践君子的行为准则和道德规范，大学生可以更好地理解什么是应该做的、什么是不应该做的，从而更好地约束他们自己的行为，避免犯错和不良行为的发生。四是帮助大学生培养形成良好的个性品质。君子人格的养成可以帮助大学生培养形成良好的个性品质。通过学习和实践君子的品德和行为，大学生可以培养形成诸如诚信、仁爱、谦逊、坚韧等良好的个性品质，从而更好地适应社会的发展和变化，更好地实现他们的价值。

总之，新时代大学生养成君子人格对于提高其自我认知和自我修养具有非常重要的作用，可以帮助大学生更好地认识自己的优点和不足，建立正确的价值观，提高其自我约束能力，培养良好的个性品质，从而更好地实现其个人的发展和价值。

二 增强大学生的社会责任感和公民意识

新时代君子人格的养成可以帮助大学生增强社会责任感和公民意识。通过学习君子的社会责任感和公民意识，大学生可以更好地理解他们的社会责任，提高他们对社会的关注度和关心程度，进而成为具有高度社会责任感和公民意识的社会栋梁。

君子人格是中国传统文化中的一种理想人格，其内涵包括仁爱、正义、诚信、礼让、宽容、智慧等方面。这种人格的养成可以帮助大学生更好地理解和尊重他人，树立正确的价值观念，提升其自身修养和道德水平。首先，君子人格强调道德修养和社会责任。君子人格是儒家的一种理想人格，强调了个人的道德修养和社会责任。通过养成君子人格，大学生能够更好地理解道德原则和社会责任，学会以积极的态度面对社会问题，并为社会的进步作出贡献。其次，君子人格有助于培养良好的品德和行为习惯。君子人格的养成有助于培养大学生良好的品德和行为习惯。这些品德包括仁爱、正义、诚信、礼让、宽容等方面，可以帮助大学生在日常生活中更好地与他人相处，并以其行动为社会的进步作出贡献。此外，君子人格有助于促进个人成长与社会和谐。君子人格的养成不仅可以促进大学生个人的成长，还可以促进社会的和谐稳定与发展。通过君子人格的养成，大学生能够更好地认识到他们自己在社会中的角色和责任，从而更好地适应和融入社会。最后，君子人格还有助于提高公民素质和道德水平。君子人格的养成有助于提高大学生的公民素质和道德水平。这包括对法律和道德规范的遵守，对公共事务的关注和维护，以及积极参与社会公益活动等。通过君子人格的养成，大学生可以成为具有高尚品德和良好行为习惯的公民，从而为社会的和谐稳定与发展作出贡献。

因此，新时代大学生养成君子人格对于增强其社会责任感和公民意识具有重要意义。这需要大学生在学习和生活中注重培养他们的品德和行为习惯，积极参与社会实践和公益活动，同时努力提高他们的知识和技能，为社会的进步作出贡献。

三　提高大学生的道德水平和文化素养

新时代君子人格的养成有助于提高大学生的道德水平和文化素养。通过学习君子的道德观念和文化素养，大学生可以更好地理解道德规范和文化价值，提高他们的道德水平和文化素养，进而在未来的生活和工作中更好地发挥他们的作用。

君子人格是中华优秀传统文化的重要组成部分，是中华民族自古以来所追求的一种理想人格。在儒家传统文化中，君子被视为一个具有高尚品德、深厚学问和卓越能力的人，其人格特点包括仁爱、正义、诚信、礼让、智慧、勇气等。这些特点不仅体现了传统文化的价值观，也具有广泛的道德指导意义。同时，养成君子人格有助于提高大学生的道德水平。君子人格强调个人的品德修养和社会责任感，追求做一个有德行的人。在大学教育中，道德教育是至关重要的一环，而君子人格的塑造可以帮助学生更好地理解和实践道德规范，培养他们良好的行为习惯和道德品质。通过学习君子的品德和行为，大学生能够更好地理解什么是真正的善良、诚信、公正等，从而在个人行为和社会责任上作出正确的选择和决策。此外，养成君子人格也有助于提高大学生的文化素养。君子人格强调个人的修养和学问，追求做一个有文化修养的人。在大学教育中，文化素养的培养是不可缺少的一部分，而君子人格的塑造可以激发学生对知识和智慧的追求，提高他们的审美情趣和文化修养。通过学习君子的学问和智慧，大学生能够更好地理解和欣赏中华优秀传统文化，增强他们的文化自信心和认同感。

总之，新时代大学生养成君子人格不仅有助于提高他们的道德水平和文化素养，还有助于培养他们的社会责任感和人文关怀精神。大学应该注重品德教育、弘扬传统文化、培养社会责任感和激发个人修养等方面的引导和培养，帮助学生成为具有新时代特点和文化内涵的优秀人才。

四　为社会和谐稳定与发展提供支持

君子人格是一种高尚的道德品质和人格魅力，它包括了诚实、守信、仁爱、尊重、责任感等多方面的优秀品质。新时代大学生作为社会的一员，他们的行为和言论对社会的影响力不可忽视。如果大学生能够具备君子人格，就可以在各个方面为社会的和谐稳定与发展作出贡献。大学生是社会的重要力量，他们的思想和行为对于社会的和谐稳定与发展具有重要影响。通过养成君子人格，大学生可以提高其道德水平和文化素养，更好地适应社会的发展和变化，同时也可以为社会和谐稳定与发展提供支持。

新时代大学生君子人格的养成可以促进校园的和谐稳定。君子人格中的仁爱、谦逊、宽容等品质，可以帮助大学生建立和谐的人际关系和社交能力。在一个充满诚信、尊重和包容的环境中，学生之间的相处会更加和谐，减少冲突和矛盾。这有利于创造一个良好的学习氛围，促进学生的健康成长，为未来的社会交往和合作打下坚实的基础。同时，新时代大学生君子人格的养成可以提高社会的道德水平。君子人格中的诚信和守信原则，可以引导大学生树立正确的价值观，遵守承诺，维护信誉，为社会的和谐稳定作出贡献。如果大学生能够在言行举止中表现出诚实、守信、仁爱等优秀品质，这将对社会产生积极的示范作用，带动更多人关注道德修养，提高整个社会的道德水平。此外，新时代大学生君子人格的养成可以为社会的和谐稳定与发展提供重要的支持。在未来的工作和生活中，大学生将扮演重要的角色。如果他们具备君子人格，将在团队合作、人际关系处理、创新发展等方面表现出出色的能力，为社会的进步和发展作出贡献。因此，我们应该重视新时代大学生君子人格的养成，通过教育和实践，培养他们的优秀品质和人格魅力，为社会的发展与和谐稳定作出贡献。

第二节 大学生君子人格的主要内容

君子人格是中国人民自古以来所追求的理想人格之一，是中华民族独特的精神标识，是我们宝贵的精神财富，对于新时代大学生的人格培养具有重要的借鉴意义。我们要在传承创新儒家君子人格的基础上，借鉴现代社会及其他国家的理想人格，并结合时代的需要和要求，塑造新时代君子人格，为大学生人格的培养提供导向性目标，从而促进大学生的全面发展。

一 注重修养：表里如一，身心和谐

《中庸》云："故君子不可以不修身。"[①] 身心修养是新时代大学生君子人格养成的重要保证。儒家强调，修身齐家治国平天下，修身是为人立德之本。身心和谐是君子的不懈追求，以身心的和谐实现人格的和谐，从而激发个人的无限潜能，实现自己的理想抱负。新时代君子人格所强调的身心和谐，并不是清心寡欲，杜绝自己的欲望来达到修身养性的目的，而是倡导人们身心兼修，养成淡泊宁静的心态，从而形成身心和谐的独立人格。

（一）自尊自信，自重自爱

自尊即尊重自己，自我尊重。它代表着个人的基本道德操守，代

---

① 杨润根：《发现中庸》，华夏出版社2008年版，第87页。

表着个人对其自我价值的认可。自尊如同一个人的脊梁，无论何时何地脊梁都不能弯，弯了就再也挺不起身来了，无法做一个大写的人，成为一名真正的君子。孔子曰："君子固穷，小人穷斯滥矣。"① 孔子认为，君子在遭遇贫穷时仍然会毫不动摇地坚守其作为一个高贵人的道德原则，保持他自己的人格尊严，而小人则会丢掉他自己的人格尊严，随波逐流。孔子曰："饭疏食，饮水，曲肱而枕之，乐亦在其中矣。不义而富且贵，于我如浮云。"② 大学生应该时刻保持人格尊严，即使面对困境，也要安贫乐道，锲而不舍地追求自己的目标，坚守心中的道义，愈挫愈勇，做一名真正的君子。

自信即相信自己，肯定自己；它是一种积极的心态，是对自己能力和价值的肯定。"君子求诸己，小人求诸人。"③ 君子的自信来源于对其自身力量的肯定，成败皆由自身，不怨天尤人。小人则从他人身上寻求成功的力量与失败的原因。"人不知而不愠，不亦君子乎？"④ 君子的自信来源于其内心的强大，而不依附于他人的认同和评价，只注重自身的完善和发展。可见，君子对自己的价值有清晰的认知，不会因为外界的评价而动摇。他们相信自己的能力和价值，并以此为信念来前行。君子勇于担当责任，不会因为害怕失败而退缩。他们相信自己的能力和智慧，能够应对挑战和困难。君子坚持自己的原则和信仰，不会因为外界的压力而改变。他们相信自己的道德和伦理，并以此为指导来行事。总之，君子的自信是一种内在的、全面的、稳定的自信，不依赖于外界的因素。他们以自己的品德和人格为自信的源泉，能够应对生活中的各种挑战和困难，并以此为信念勇往直前。

自重即珍重自己，重视自己的人格尊严。大学生的自重是指珍视其身份、地位和名誉，保持其尊严和道德品质，不轻易降低其标准和

---

① 杨润根：《发现论语》，华夏出版社2007年版，第333页。
② 杨润根：《发现论语》，华夏出版社2007年版，第154—155页。
③ 杨润根：《发现论语》，华夏出版社2007年版，第344页。
④ 杨润根：《发现论语》，华夏出版社2007年版，第1页。

要求，不随波逐流，不轻易妥协。《左传》云："君子自重，不可轻自取。"自重有两个基本要求：一是内心端正，将一定的道德规范内化于心。"君子所性，仁义礼智根于心。"① 孟子认为，仁义礼智是一种内在的道德情感，根植于内心，外显于行，作用于一个人的一举一动。君子以仁义礼智之心为动力之源，摒弃杂念，自觉提高个人的道德修养。二是遵循一定的道德准则和规范，不做有损人格、有违身份的事情。"君子不重则不威"②"君子不失足于人，不失色于人，不失口于人。是故君子貌足畏也，色足惮也，言足信也。"③ 君子的仪容仪表、言行举止得体有礼，使人感到稳重可靠、彬彬有礼。如果一个人花言巧语、言而无信、举止轻浮，就很难得到他人的尊敬和信任。大学生应该自尊自重，言谈得体，举止文明，做新时代的君子。

自爱即爱护自己，主要表现为爱护自己的身体、人格和名誉。儒家强调仁者爱人，自爱便是爱人的基础。孟子曰："自暴者不可与有言也，自弃者不可与有为也。"④ 如果一个人自暴自弃，对他自己不负责，也就无法真正地关爱他人，更无法自觉地履行道德义务和道德责任。《礼记》云："君子无不敬也，敬身为大。"⑤ 君子要爱护自己的身体，尊重自己的生命，切不可因贪图片刻的享乐和发泄，而损害自己的身体。君子要爱护自己的人格，"君子坦荡荡，小人长戚戚"⑥，君子光明磊落，心胸坦荡，不做有损人格尊严之事。君子爱护自己的名誉，"君子疾没世而名不称焉"⑦，君子极度忧虑的是当他自己到了就要从这个世界消失的最后时刻，他还没有成就任何一种足以使自己的名字值得为世人一提的事业。

---

① 金良年：《孟子译注》，上海古籍出版社 2016 年版，第 293 页。
② 杨润根：《发现论语》，华夏出版社 2007 年版，第 12 页。
③ 王文锦：《礼记译解》，中华书局 2001 年版，第 801 页。
④ 金良年：《孟子译注》，上海古籍出版社 2016 年版，第 154 页。
⑤ 王文锦：《礼记译解》，中华书局 2001 年版，第 736 页。
⑥ 杨润根：《发现论语》，华夏出版社 2007 年版，第 169 页。
⑦ 杨润根：《发现论语》，华夏出版社 2007 年版，第 344 页。

新时代大学生要做到自尊自信、自重自爱，就要具备独立自主、自信自强的品质，能够自我肯定、自我尊重，同时也要注重自我保护和自我约束。在面对困难和挑战时，大学生要勇于面对，积极寻求解决方案，相信自己能够克服困难并取得成功。同时也要有自知之明，不盲目自信，不断反思自己的不足之处，不断完善自己。在与他人交往时，大学生要自尊自信，不卑不亢，尊重他人的权利和感受，同时也要注重自我保护和自我约束。在与异性交往时，要自重自爱，尊重对方的感受和权利，不作出不负责任的行为。大学生只有做到自尊自信、自重自爱，才能更好地适应社会的发展和变化，成为具有社会责任感、严谨自律和稳重踏实的人才。

(二) 光明磊落，表里如一

君子为人处世光明磊落，心胸坦荡，表里如一。君子在行事上正直无私，坦诚面对自己和他人。他们不会因私欲而歪曲事实，也不会因偏见而隐瞒真相。在与人交往中，君子总是以真诚和善意对待他人，他们言行一致，让人感受到一种坦诚和信赖。同时，君子的内心宽广、豁达。他们不会因为小事而斤斤计较，也不会因为得失而患得患失。相反，君子能够包容他人的不同意见和缺点，以宽广的胸怀接纳和理解这个世界。他们的内心如同明镜一般，清澈透明，没有任何隐瞒和掩饰。

"君子坦荡荡，小人长戚戚"[①]，君子光明磊落，心胸坦荡。君子的心胸宽广，怀揣仁爱之心，由里到外，推己及人，爱父母、爱兄弟、爱朋友、爱万物。"己欲立而立人，己欲达而达人"[②] "君子成人之美，不成人之恶。小人反是"[③]。君子不只关注其自身利益，在提升自我、有所作为的同时，也尽可能地在情感上慰藉他人，在生活上帮助他人，在事业上成就他人。"君子敬以直内，义以方外。敬义立而

---

① 杨润根：《发现论语》，华夏出版社2007年版，第169页。
② 杨润根：《发现论语》，华夏出版社2007年版，第138—139页。
③ 杨润根：《发现论语》，华夏出版社2007年版，第262页。

德不孤。"① 君子光明磊落,心怀道义,用敬义修养身心。可见,君子光明磊落、心胸坦荡,他们不会隐藏自己的真实想法或意图。他们不会说谎或欺骗他人,同时也能够接受他人的批评和意见,以开放和诚实的态度与他人交往。君子心胸开阔,能够包容不同的观点和意见,他们不会因为个人利益或情感而背离真理和道德。相反,他们会坚持原则,为正义和公平而奋斗,不受任何私利或个人情感的干扰。这种心胸坦荡、光明磊落的品质是君子受人尊敬和信任的原因,使他们成为社会中的佼佼者和楷模。

君子是表里如一、言行一致的。他们的思想和行为是相互统一的,不会出现内在与外在的矛盾或不一致。他们能够坚持其信念和原则,不会因为利益或压力而改变其态度和行为。同时,他们也能够对其言行负责,不会作出违背良心或承诺的行为。这种一致性让君子成为社会的榜样和楷模,赢得了他人的尊重和信任。"君子养心莫善于诚,致诚则无它事矣,唯仁之为守,唯义之为行。"② 君子修养身心的最好方式是真诚,不欺心。"莫见乎隐,莫显乎微,故君子慎其独也。"③ 君子始终严格要求自己,慎独自律,谨言慎行,真诚面对自己的内心,无论面临何种境遇都自觉地服从心中的道德律,做到表里如一。

新时代大学生要做到光明磊落、表里如一,这不仅是个人道德修养的体现,而且是对社会责任和担当的践行。光明磊落意味着大学生在思想和行为上都要保持正直无私,坦诚公开。在学习和生活中,要敢于面对挑战和困难,不回避问题,不掩饰错误。同时,在与他人交往时,要真诚待人,不虚伪、不做作,言行一致,让人感受到他的真诚和坦荡。表里如一强调的是内在品质和外在表现的统一。大学生应该注重培养其内在品质,包括正直、善良、勇敢等,同时也要将这些

---

① 黄寿祺、张善文译注:《周易》,上海古籍出版社2007年版,第23页。
② (唐)杨倞注:《荀子》,上海古籍出版社2010年版,第24页。
③ 杨润根:《发现中庸》,华夏出版社2008年版,第1页。

品质外化于行。无论是在学习中还是生活中,都要保持一颗正直之心,不做表面文章,不追求虚荣和名利,而是真正为社会作出贡献。为了做到光明磊落、表里如一,新时代大学生需要不断加强自我修养,提升个人素质。他们可以通过学习优秀传统文化、参加社会实践活动、与优秀人物交流等方式来培养自己的品德和修养。同时,大学生也要时刻保持一颗谦虚谨慎的心,不断反思自己的言行举止,及时纠正自己的错误和不足。总之,新时代大学生要做到光明磊落、表里如一,需要注重个人道德修养和社会责任担当。只有这样,才能成为真正有价值的人才,为社会的繁荣和发展作出积极的贡献。

(三) 谦恭礼让,遵规守礼

谦恭礼让、遵规守礼是新时代大学生君子人格的主要内容。礼作为中国传统文化的核心,是古人为人处世之根本。"不学礼,无以立"[1],礼是人们立身处世的行为准则和规范。"凡人之所以为人者,礼义也"[2],人与动物的最大区别就在于人懂得礼义廉耻,用礼仪规范自己的行为举止,节制自己的欲望,言行举止文明有礼。君子讲原则,守规矩,能自觉做到"非礼勿视,非礼勿听,非礼勿言,非礼勿动"[3],不合乎礼义的事不看、不听、不说、不做。"质胜文则野,文胜质则史。文质彬彬,然后君子。"[4] 一个人需要把他自己的自然的优良本性与后天所接受的优秀的文明教养两者结合在一起并使两者相得益彰,内外兼修,才能成为真正完美无缺、文质彬彬的君子。

君子具有恭敬之心。"君子敬而无失,与人恭而有礼。四海之内,皆兄弟也。"[5] 君子遵规守礼,常怀恭敬之心,时刻保持恭敬的诚意,一举一动都体现出对他人的尊重。孟子曰:"君子以仁存心,以礼存

---

[1] 杨润根:《发现论语》,华夏出版社2007年版,第369页。
[2] 王文锦:《礼记译解》,中华书局2001年版,第909页。
[3] 杨润根:《发现论语》,华夏出版社2007年版,第248页。
[4] 杨润根:《发现论语》,华夏出版社2007年版,第130页。
[5] 杨润根:《发现论语》,华夏出版社2007年版,第251页。

心。仁者爱人，有礼者敬人。爱人者，人恒爱之；敬人者，人恒敬之。"① 君子心存仁爱恭敬之心，言行举止端庄和善，处处体现着对他人的尊敬，因而赢得他人的敬重与爱戴，达到人际关系的和谐。同时，君子具有谦让精神。"让，礼之主也"② "让，德之主也"③，谦让是礼义和道德的本质体现。"是以君子恭敬、撙节、退让以明礼。"④ 君子通过恭敬谦让来展现自己的品质风貌，体现对其自我的严格要求以及对他人的宽容尊重。"敬让也者，君子之所以相接也。"⑤ 君子以谦让作为为人处世的重要准则，当与他人发生冲突时，君子在不违背道义的前提下，主动地谦恭退让，以此消除人与人之间的矛盾，实现人际关系的和谐。

新时代大学生具有君子人格，其谦恭礼让、遵规守礼主要体现在以下几个方面。一是言谈举止得体。君子在言谈中不傲慢、不轻浮、不粗俗，在举止上不狂妄、不冒犯、不挑衅。他们言谈举止得体，体现出高尚的道德品质和优雅的行为举止。二是待人接物恭敬。君子在待人接物中不盛气凌人、不颐指气使，以平等和真诚的态度对待他人。他们对人恭敬，遵守礼仪，展现出一种谦虚和宽容的态度。三是处理问题理智。君子在处理问题时，能够克制自己的情绪，以理智的态度看待问题，不轻易发脾气，不随意发泄情绪。他们能够冷静分析问题，找到合理的解决方案。四是遵守社会规则。君子在社会生活中遵守法律法规，遵守社会规则和道德规范。他们不抢行、不插队、不乱扔垃圾、不随地吐痰等，以身作则，推动社会的文明进步。五是尊重他人意见。君子在与他人发生矛盾和冲突时，不冲动、不生气，而是以平和的心态解决问题。他们善于倾听他人的建议，经过深思熟虑，然后作出明智的决策。六是不骄不躁，虚心学习。君子在学习、

---

① 金良年：《孟子译注》，上海古籍出版社 2016 年版，第 189 页。
② （春秋）左丘明：《左传》，北方文艺出版社 2013 年版，第 370 页。
③ 陈戍国点校：《四书五经》（下），岳麓书社 2014 年版，第 1088 页。
④ 王文锦：《礼记译解》，中华书局 2001 年版，第 3 页。
⑤ 王文锦：《礼记译解》，中华书局 2001 年版，第 944 页。

工作和生活中，不骄不躁，不自满，虚心向他人学习，接受他人的批评和建议。他们持续学习和成长，不断提高自己的能力和素质。七是承担社会责任。君子不仅关注其自身的利益，还积极承担社会责任，推动社会公益事业的发展。他们关注社会公正、公平，为弱势群体提供帮助和支持。总之，大学生谦恭礼让、遵规守礼的行为体现了高尚的道德品质和社会责任感。他们的行为能够促进社会的和谐与进步，为社会树立良好的道德风尚。

二 富有智慧：学思并重，中庸适度

深厚的智慧积淀是新时代大学生君子人格养成的基础，是大学生成才的关键。孔子认为："君子道者三，我无能焉：仁者不忧，知者不惑，勇者不惧。"[①]"仁""知""勇"是君子必备的品格。这里的"知"具有智慧、睿智的含义。真正的君子不仅需要良好的道德修养，还需要深厚的智慧积淀，德才兼备。智慧是一种认知理性，君子只有通过知识的积累、实践的探索、思维的拓展、见识的增长等途径产生深厚的智慧积淀，才能透过现象看清事物的本质，洞悉因果，不被世事所迷惑。

（一）学思并重，知行合一

孔子说："学而时习之，不亦说乎？"[②]《说文》："学，觉悟也。"因此，"学"并不只是指人们通常所说的认识，而是指通过系统的学习所达到的一种理性觉悟的状态。"学"相对于"教"而言，它是指在教师指导下的全面系统的认识和由此所达到的理性的真正觉悟和觉醒。因此"学"是和抽象的思辨与系统的探究研究相联系的。人们从"学"之中所获得的也并不是个别具体的知识，而是要获得一种思辨和探索研究的方法与技能，从而获得知识的新发现的能力[③]。可见，

---

① 杨润根：《发现论语》，华夏出版社2007年版，第319页。
② 杨润根：《发现论语》，华夏出版社2007年版，第1页。
③ 杨润根：《发现论语》，华夏出版社2007年版，第1页。

中国传统文化中的"学"是指一种锻炼和培养人们的逻辑思维能力，并从而使自己获得通过已知的知识获得未知的知识的理性能力的活动。"学"作为人们通过操作活动获得的逻辑思辨能力的活动，它是一种建立在人们的直接感觉和观察基础之上的逻辑推理活动，而不是一种建立在流行的言辞和理论观点基础之上的逻辑推理活动。"学"的目的是人们认识和发现宇宙万物，并在认识和发现宇宙万物之中达到对他们自己的认识和发现。可以说，对于少年儿童来说，"学"的过程就是一种锻炼和培养其逻辑思辨能力的过程，对于成年人而言，就是通过他们自己的逻辑思辨能力探索宇宙万物并从而建构关于宇宙万物的系统理论的过程[1]。荀子说："君子曰：学不可以已。"[2] 荀子认为，君子应学无止境。儒家一直强调"学"的重要性，认为"学"是一个人成人成才的关键。君子要在博学的基础上超越"器"的层面去体悟天道，提高自己的道德境界，促进其自身的全面发展，达到"君子不器"。学习过程中离不开思考，只有不断思考才会锻炼自己的思维，最后学有所得、学有所获。孔子说："学而不思则罔，思而不学则殆。"[3] 学习是思考的基础，思考是深入学习的途径，两者相辅相成、相得益彰，缺一不可。孔子又说："君子有九思：视思明，听思聪，色思温，貌思恭，言思忠，事思敬，疑思问，忿思难，见得思义。"[4] 九思概括了君子言行举止的各个方面，君子要通过认真思考来审视自己的一言一行，使自己的行为文明适度。

孔子说："博学之，审问之，慎思之，明辨之，笃行之。"[5] 君子要广博地学习各种知识，要对学问详加询问，要慎重地思考，要明白地辨别，要切实地力行。非学无以广才，非问无以广识，非思无以穷理，非辨无以决疑，非行无以大道。可见，"学"与"思"是同等重

---

[1] 杨润根：《发现大学》，华夏出版社 2008 年版，第 1—2 页。
[2] （唐）杨倞注：《荀子》，上海古籍出版社 2010 年版，第 1 页。
[3] 杨润根：《发现论语》，华夏出版社 2007 年版，第 33 页。
[4] 杨润根：《发现论语》，华夏出版社 2007 年版，第 366 页。
[5] 杨润根：《发现中庸》，华夏出版社 2008 年版，第 119 页。

要的，是缺一不可的。在学习中，既要博学，又要审问、慎思、明辨、力行。这样才能真正掌握知识，丰富自己，提高自己。"学"与"思"的结合，是知识获取与知识消化的保证。"学"是输入，"思"是加工与内化。"思"以"学"为基础，但并非思考学到的全部知识。只有那些能引起学习者兴趣与注意的知识，才能与其头脑中已存在的知识、经验、体验发生碰撞，产生火花，发生反应，经过一番思考，才能真正纳入学习者的知识体系。

"知行合一"是指客体顺应主体，知不仅是指对事物的认识，也指其内心的良知，行是指人的实践行为，知与行合一是真知的获得与施行合一，按照良知的引导去规范自己的行为，在行动过程中不断反省和磨砺自己的良知。王阳明说："知是行的主意，行是知的工夫；知是行之始，行是知之成。"[①] 知行是相互促进、相互渗透的过程，只有知行并进，才能获得真知，成为具有智慧积淀的君子。"百工居肆以成其事，君子学以致其道。"[②] 君子如果想要成就一番事业，达成君子之道，不仅要通过学习领悟道理，还要身体力行去行道，躬行践履，达到知行合一的境界。因此，学思并重、知行合一是一种强调学习、思考、实践并重的教育理念和目标，也是成为君子的必要条件之一。

新时代大学生只有做到学思并重、知行合一，才能更好地适应社会的发展和变化，成为具有创新精神和实践能力的人才。"学思并重"是指大学生要同时注重理论学习和实践思考，既要掌握专业知识，又要具备独立思考和解决问题的能力。在学习的过程中，大学生要积极思考问题，深入探究知识的内涵和本质，形成自己的见解和观点，同时也要关注社会现实问题，了解社会发展的趋势和方向，为未来的发展做好准备。"知行合一"是指大学生要将所学的知识和实践相结合，做到理论联系实际，将知识转化为行动。在实践中，大学生要积极运

---

① 《王阳明全集》（上），上海古籍出版社2011年版，第5页。
② 杨润根：《发现论语》，华夏出版社2007年版，第416页。

用所学的知识、原理和方法,解决实际问题,推动实践创新;同时也要不断反思、总结实践经验,不断完善自己的知识体系,提高实践能力。

(二) 内省不疚,闻过知改

"故君子内省不疚,无恶于志。君子之所不可及者,其唯人之所不见乎。"① 君子只有通过不断内省,反思自己的思想行为,才能做到心中没有杂念,远离罪恶,从而提升自己的道德修养。内省是一种高度的个人责任意识,是自我约束、自我批评、自我矫正的提升过程。"非礼勿视,非礼勿听,非礼勿言,非礼勿动。"② 礼即社会公德,君子将礼作为其内省的标准,用社会公德自觉地约束自己。人处在社会中,就会有生理、安全、社交需要、尊重和自我实现的需求和欲望,但是君子会在遵守社会公德的基础上,有节制地满足他自己的欲望。君子内省的内容主要分为两类,一是自己的所作所为,二是自己的所思所想。曾子曰:"吾日三省吾身:为人谋而不忠乎?与朋友交而不信乎?传不习乎?"③ 君子每天都应不断地对自己的行为进行反思。同时,君子应反省自己的所思所想,"必欲此心纯乎天理,而无一毫人欲之私,非防于未萌之先,而克于方萌之际不能也"④。要想使心纯然合乎天理,而没有一毫的私欲,就要通过内省在私欲未萌之前加以防范,在私欲萌生时加以遏制。只有内省自己的所作所为与所思所想,才能真正达成君子的目标。

"君子之过也,如日月之食焉:过也,人皆见之,更也,人皆仰之。"⑤ 君子所犯的错误,就像天空中发生的日食月食一样,会引起每一个人的注意,因此对于他所犯的错误每一个人都能看得清清楚楚;当然,当他改正错误的时候,他对自己所犯错误的改正也会像日食月

---

① 杨润根:《发现中庸》,华夏出版社2008年版,第180页。
② 杨润根:《发现论语》,华夏出版社2007年版,第248页。
③ 杨润根:《发现论语》,华夏出版社2007年版,第6页。
④ 《王阳明全集》(上),上海古籍出版社2011年版,第74—75页。
⑤ 杨润根:《发现论语》,华夏出版社2007年版,第423页。

食的消除一样，会受到众人的景仰和注目。"过则勿惮改。"① 君子有时难免犯错，犯错后能直面自己的错误，并及时改正。内省不疚是君子自我完善的第一步，闻过后知改，端正自己的态度，才能实现自我完善。君子发现自己的错误主要有两种途径。一种是前文所提到的内省不疚，"见贤思齐焉，见不贤而内自省也"②，学习他人的长处，通过自我反省，察觉自己的不足，及时改进，变得越来越好。另一种是虚心接受别人对自己错误的提醒和批评。孟子说："子路，人告之以有过则喜。"③ 子路作为君子不掩饰自己的过错，在遇到有人指正时反而高兴，虚心求教。君子精益求精，无论是在学问上还是在道德上，都不断潜心学习、修正自我、提升自我。

新时代的大学生也应该像君子一样，内省不疚、闻过知改，自我反省，知错就改，不断提高自身的素质修养和学识。"内省不疚"是指大学生要具备自我反省的能力，不断审视自己的言行举止，认真反思自己的过错和不足，并从中吸取教训，不断完善自己。在日常生活中，大学生要时刻保持谦虚、诚恳的态度，认真听取他人的意见和建议，勇于承认自己的错误，积极改进自己的不足之处，不断完善自己的人格。"闻过知改"是指大学生在听到别人的批评和建议时，要虚心接受，认真反思自己的问题，并积极采取措施加以改进。在与人交往中，大学生要学会倾听他人的意见和建议，不要过于自我辩护或固执己见，要勇于承认自己的错误和不足之处，并积极采取措施加以改进。大学生要做到内省不疚、闻过知改，才能更好地适应社会的发展和变化，成为具有自我反省能力和接受批评精神的人才。同时，大学生也要不断提高自己的道德素质和人文素养，树立正确的价值观和人生观，为社会的进步和发展作出贡献。

---

① 杨润根：《发现论语》，华夏出版社2007年版，第12页。
② 杨润根：《发现论语》，华夏出版社2007年版，第83页。
③ 金良年：《孟子译注》，上海古籍出版社2016年版，第74页。

(三) 不偏不倚，进退有度

"君子中庸，小人反中庸。君子之中庸也，君子而时中；小人之反中庸也，小人而无忌惮也。"① 君子能够做到中庸，因而行为适度；小人不能做到中庸，做事无所顾忌，容易走极端。孔子说："中庸之为德也，其至矣乎！"② 他认为，中庸是最高的道德标准。何谓中庸呢？朱熹说："中者，不偏不倚，无过不及之名。庸，平常也。"③ 可见，中庸体现了事物之间的一种适中、适度、恰到好处、无"过"与"不及"的状态，这种特定的状态也即平衡、和谐。中庸不是保持中立，也不是模棱两可，而是在坚守道义的精神原则下，随时机、时局而变，而不拘泥于某种僵化的教条。君子做到中庸，体现的是他们不偏不倚，进退有度的大智慧。

君子努力使自己的一言一行都符合中庸之道的要求，在任何情况下都保持不偏不倚，进退有度的风范。在情感上，君子始终保持平和的心态，以中庸之道调节自己的情感，防止自己处于过喜、过怒、过哀、过乐的极端状态之中。过喜、过乐会使人忘乎所以，过怒会使人失去理智，过哀则会伤及身体。这些极端的情感也会使人将行为准则抛诸脑后，产生不可挽回的后果。在言行举止上，君子也以中庸之道要求自己，毫不松懈。在言语方面，君子坚持言而有信，言行一致，不说没有根据的话，不说做不到的事。"巧言令色，鲜矣仁。"④ 君子与小人不同，他不夸大其词，不溜须拍马，不媚不谄。在行为方面，君子"行必中正"，君子以中庸之道校正自己的行为，在坚持自己的原则的情况下，随时而变，随环境而变。在人际关系上，君子也秉持不偏不倚、进退有度的原则。"君子和而不同，小人同而不和。"⑤ 君子具有随和善良的品格，同时又表现出不轻易附和人的独立不羁的个

---

① 杨润根：《发现中庸》，华夏出版社 2008 年版，第 14 页。
② 杨润根：《发现论语》，华夏出版社 2007 年版，第 137 页。
③ 朱熹：《四书章句集注》，中华书局 1983 年版，第 17 页。
④ 杨润根：《发现论语》，华夏出版社 2007 年版，第 6 页。
⑤ 杨润根：《发现论语》，华夏出版社 2007 年版，第 293 页。

性特征；相反，小人表现出轻易附和人的、完全没有自己的独立性的个性特征，而同时又不具有随和善良的品格。与上下级打交道，君子"上交不谄，下交不渎"①。面对上级，君子不是一味地逢迎附和。当上级的言行不合理时，君子会用恰当的方式，向上级提出正确的建议；面对下级，君子也不高高在上，而是平易近人，既坚持原则又具有灵活性。

总之，新时代大学生要做到不偏不倚、进退有度，就要保持公正、中立的态度，不偏袒任何一方，不受个人情感、立场等因素的影响，客观地看待问题。在处理事务时，要坚持公正、公平、公开的原则，尊重事实，尊重他人的权利和利益，不偏袒任何一方，不受任何一方的影响；要掌握好自己的行为尺度，既要有进取心，又要有自制力。在面对困难和挑战时，要勇于面对，积极寻求解决方案；同时也要有自知之明，不要过于冒险或作出不负责任的行为。在与他人交往时，要保持适度，尊重他人的意见和感受，不要过分强求他人或作出不恰当的行为。

三 价值追求：重义轻利，勇于担当

正确的价值追求是大学生君子人格养成的内核，是大学生成长成才的内在需要。价值追求对于人的行为具有导向作用，具有相对稳定性，一旦确定，很难改变。因此，只有确立正确的价值追求，才能很好地把握人生道路的方向。君子的价值追求主要是在与小人的对比中突显的。"君子喻于义，小人喻于利"②"君子怀德，小人怀土"③"君子不可小知而可大受也，小人不可大受而可小知也"④。君子"重义轻利""以和为贵""以天下为己任"的价值取向，对于塑造中华

---

① 黄寿祺、张善文译注：《周易》，上海古籍出版社2007年版，第409页。
② 杨润根：《发现论语》，华夏出版社2007年版，第83页。
③ 杨润根：《发现论语》，华夏出版社2007年版，第81页。
④ 杨润根：《发现论语》，华夏出版社2007年版，第349页。

民族的价值观念发挥了重要作用。

(一) 重义轻利,见义勇为

君子"重义轻利""见利思义",坚持"义以为上"的价值追求。孔子认为,君子的价值取向应是崇尚道义、轻视私利。"君子喻于义,小人喻于利"①,崇尚义或利,是区分君子与小人的标准。"行义"是君子的本质,"君子义以为上。君子有勇而无义为乱,小人有勇而无义为盗"②。因而,在面对义与利的选择时,君子要"义以为上",对不义之财,决不动心。故孔子强调:"不义而富且贵,于我如浮云。"③孔子虽然肯定君子"义以为上"的价值取向,但并没有将"义"与"利"绝对地对立起来,而是要求君子"见利思义"。他说:"见利思义,见危授命,久要不忘平生之言,亦可以为成人矣。"④只有当义利不能两全时,君子才应舍利而取义。君子也爱财,但是取之有道。"富与贵,是人之所欲也,不以其道得之,不处也;贫与贱,是人之所恶也,如以其道得之,不去也。"⑤

君子不仅要重义轻利,而且要见义勇为。"见义不为,无勇也。"⑥"义"主要指的是正义、道义和应当做的事。它强调了君子在遇到不公正、不道德的情况时,应当有勇气和责任感站出来维护正义和道德,作出符合道义和正义的行动。这种行为不仅体现了君子的高尚品质,也有助于引导社会风气向着更加正义和道德的方向发展。"见义勇为"是指遇到应该做的事,就要勇敢地做,不要因为害怕而退缩。它一直被中华民族所推崇,因为它代表了一种高尚的道德品质和社会责任感。君子之所以要见义勇为,是因为他们具备高尚的道德品质和社会责任感。他们深知其行为和言论对于社会的影响,因此会

---

① 杨润根:《发现论语》,华夏出版社 2007 年版,第 83 页。
② 杨润根:《发现论语》,华夏出版社 2007 年版,第 393 页。
③ 杨润根:《发现论语》,华夏出版社 2007 年版,第 154—155 页。
④ 杨润根:《发现论语》,华夏出版社 2007 年版,第 306 页。
⑤ 杨润根:《发现论语》,华夏出版社 2007 年版,第 75 页。
⑥ 杨润根:《发现论语》,华夏出版社 2007 年版,第 44 页。

时刻保持警觉，关注社会动态，积极维护社会正义和道德。当遇到不正义、不道德的行为时，君子会毫不犹豫地站出来进行干预，用他自己的行动和言论来引导社会风气向着更加正义、公平的方向发展。

新时代大学生要培养正确的义利观，处理好利益和道义的关系。大学生应该明确自己的价值观，注重社会和集体的利益，不贪图私利，不损人利己。大学生要注重诚信、正直、善良等品质的培养，以正确的义利观指导自己的行为。大学生还应该积极参与社会实践和公益事业，为社会作出贡献。通过参加志愿服务、支教、社区服务等公益活动，增强社会责任感和担当精神，培养重义轻利的品质。最重要的是大学生应该坚持原则，不以利益作为为人处世的唯一标准。在学习、工作、生活中，要注重道义和良心的指引，不做违背良心和道德的事情。同时，也要尊重他人的权利和尊严，不以个人利益为借口损害他人的权益。

新时代大学生作为时代新人，也应当具有见义勇为的品质。大学生应该具备强烈的社会责任感和担当精神，关注社会热点问题和弱势群体的权益，积极参与公益事业和志愿服务活动，为社会作出贡献。在面对不义之事时，应该勇敢地站出来维护正义，展现出大学生的担当和勇气。大学生还应该树立正确的价值观和道德观念，注重社会和集体的利益，不贪图私利，不损人利己。要尊重法律和道德规范，以正义为准则，勇敢地维护社会公正和良知。通过参与公益事业和志愿服务活动，可以培养诚实守信、正直善良的品质，增强社会责任感和担当精神。同时，大学生应该积极传播正能量和弘扬正气，树立正确的舆论导向。他们要关注社会正义和道德风尚，对于不义之事要敢于发声和抵制。同时，大学生也要积极宣传见义勇为的先进事迹和优秀人物，鼓励更多的人参与到维护正义的事业中来。通过传播正能量和弘扬正气，可以营造良好的社会氛围，促进社会和谐发展。总之，大学生做到见义勇为需要从多个方面入手：增强社会责任感和担当精神、培养正确的价值观和道德观念、学习相关法律知识和技能、积极参与校园和社会实践活动以及传播正能量和弘扬正气。只有这样,大学生才能成为具有社会责任感和担当精神的优秀青年,为社会作出更大的贡献。

(二) 心系家国,胸怀天下

"君子志于泽天下,小人志于荣其身。"① 君子的志向是使自己的恩泽遍及天下苍生;小人的志向则是让自己能够享受到荣华富贵。君子心系家国,胸怀天下,体现了君子的责任意识和担当意识,是君子将其自身发展与家国前途命运、兴衰荣辱紧密相连的生动写照。

心系家国,胸怀天下,体现了君子家国一体的责任意识。君子不仅文质彬彬、品德高尚,而且志向远大、心怀天下。他们不仅关心其家庭和国家的福祉,而且放眼天下,关注人类的共同命运和未来。心系家国,意味着君子要有家庭责任感和社会使命感。他们深知自己是家庭的一员,是国家的公民,有责任为家庭的幸福、国家的强盛贡献自己的力量。他们秉持着爱国爱家的情怀,为家人、为国家默默付出,不计个人得失。胸怀天下,则意味着君子要有宽广的视野和博大的胸怀。他们不仅关注自己身边的人和事,还关心全人类的福祉。他们思考着世界的和平与发展,探索着人类文明的进步与繁荣。君子不仅要有理想和追求,还要有为人类社会进步而奋斗的决心和勇气。君子注重修身,旨在做到"修己以敬""修己以安人""修己以安百姓"。君子修身的目的就是承担起齐家、治国、平天下的社会责任。

心系家国,胸怀天下,体现了君子忧国忧民的忧患意识。"君子谋道不谋食。耕也,馁在其中矣;学也,禄在其中矣。君子忧道不忧贫。"② 君子所追求的是一个国家赖以生存的道德与正义,而不是个人赖以生存的食品与衣物。对于一个肩负着政治家的政治使命的君子来说,他所担忧的是整个国家的道德与正义的沦丧,而不是个人生活的贫寒。可见,君子忧患意识指向的不是个人的生存状况,不是个人生

---

① 吴玉贵、华飞主编:《四库全书精品文存》,团结出版社1997年版,第550页。
② 杨润根:《发现论语》,华夏出版社2007年版,第347页。

活的贫穷或富贵,而是家国理想的实现以及对天下百姓的责任担当。君子"先天下之忧而忧,后天下之乐而乐",以天下的兴亡为己任,视天下的安危为己责,为国泰民安而殚精竭虑。君子懂得"生于忧患,死于安乐"的深刻道理,他们时刻保持忧患意识,常常关心百姓疾苦和国家兴亡,具有对国家现状的危机感和对国家未来的忧虑感。君子深知,如果一个人、一个国家没有忧患意识,沉溺于安逸的生活中,就会招致祸患。"居庙堂之高则忧其民,处江湖之远则忧其君"的忧患意识贯穿中华民族精神的始终,促使人们要居安思危,时刻保持警醒,为美好生活、国家强盛奋力拼搏,不断进取。

新时代大学生要心系家国,胸怀天下,展现出他们的责任担当,做新时代的君子。这意味着他们不仅要关注自己的学习和成长,还要关注国家和社会的发展,了解和思考国家面临的挑战和机遇。首先,新时代大学生应该具备强烈的爱国精神。他们应该意识到自己作为国家未来的栋梁,有责任为国家的繁荣和强盛贡献其力量。他们应该关注国家大事,了解国家政策,积极参与社会实践和志愿服务等活动,为国家的发展作出其贡献。其次,新时代大学生应该具备广阔的国际视野。随着全球化进程的加速,各国之间的联系越来越紧密,国际合作和竞争也越来越激烈。新时代的大学生应该关注国际形势,了解世界各国的发展状况和趋势,学习借鉴国际先进经验和做法,为国家的发展提供有益的参考和借鉴。最后,新时代大学生还应该具备忧国忧民的忧患意识。他们应该时刻关注国家和社会的发展状况,发现存在的问题和挑战,思考如何解决这些问题和挑战。他们还应该关注民生问题,了解人民的需求和期盼,思考如何为人民谋福利、为国家的长远发展谋出路。总之,心系家国、胸怀天下、具有忧国忧民的忧患意识是新时代大学生应该具备的重要品质。这不仅有助于他们个人的成长和发展,也有助于国家和社会的发展与进步。

四 精神追求:自立自强,勇于进取

积极进取精神是新时代大学生君子人格养成的重要支撑,是大学生成长成才的内在动力。"君子终日乾乾。夕惕若厉，无咎。"①君子时时刻刻都应奋发图强和居安思危，且时刻保持警惕，这样才能避免犯错及灾祸。积极进取是一种奋发向上、立志有所作为的精神状态，是中华民族的内在品质，也是中华文化绵延不绝的根本所在。大学生是国家和民族的希望，需要继续发扬积极进取精神，自立自强，乐观通达，勇于开拓，敢于创新，做新时代的君子。

（一）自立自强，乐观通达

"君子求诸己，小人求诸人。"②"求诸己"是指君子自立自省，从自己身上寻找成功的力量与失败的原因。君子获得成功，主要是依靠其自身内在的力量，而非凭借外在的其他力量；当失败的时候，君子主要从其自身寻找根源，而不会怨天尤人、归咎于他人。"求诸人"主要是指小人从他人身上寻求成功的力量与失败的原因。小人想要取得成功，并非靠他自己的努力而只想利用他人的力量；如果失利了，小人就把责任归咎于他人。自立是自强的前提，如果一个人不能自立，就无法对自己的人生负责，更无法对他人负责，无法担起重任，难以成就经天纬地的事业。

"天行健，君子以自强不息；地势坤，君子以厚德载物。"③天的运行刚强劲健、永不停息，君子顺应天道，坚持不懈地奋斗进取，不断地提升自我，以此达到天人合一。"穷且益坚，不坠青云之志。"④君子具有坚强的意志，在任何情况下，都不会放弃自己的志向，反而会越挫越勇。因为君子知道"故天将降大任于是人也，必先苦其心志，劳其筋骨，饿其体肤，空乏其身，行拂乱其所为，所以动心忍性，曾益其所不能"⑤。君子要完成上天所赋予的重任，必须具有坚强的意志，刚健自强。

---

① 韩立平：《周易译注》，生活·读书·新知三联书店2014年版，第3页。
② 杨润根：《发现论语》，华夏出版社2007年版，第344页。
③ 刘大钧、林忠军：《易传全译》，巴蜀书社2006年版，第144页。
④ 吴楚材，吴调侯：《古文观止》，江西教育出版社2020年版，第128页。
⑤ 金良年：《孟子译注》，上海古籍出版社2016年版，第279页。

君子的自立自强，体现了其乐观通达的人生态度。孔子曰："君子，其未得也，则乐其意；既已得之，又乐其治。是以有终身之乐，无一日之忧。小人者，其未得也，则忧不得；既已得之，又恐失之。是以有终身之忧，无一日之乐也。"① 君子没有实现他自己的志向时，就享受过程的快乐；如果实现了志向，就享受得志的快乐。乐观通达的人生态度，使得君子不会患得患失，始终保持积极进取的精神，不断磨炼自己，战胜困难，变得更加坚强。

新时代大学生应具有自立自强、乐观通达的品质，这是他们在人生旅程中取得成功的重要基石。这些品质不仅有助于他们在学业上取得优异成绩，也能帮助他们在未来的职业生涯和社会生活中勇往直前。首先，自立自强意味着大学生能够独立自主地处理生活中的各种问题。他们不再依赖父母和老师的庇护，而是学会了自己做决策、解决问题和承担责任。这种独立性不仅体现在生活自理能力上，还表现在学术研究和团队协作等多个方面。自立自强的大学生能够更好地适应大学生活，充分发挥他们自己的潜能，为未来的成功打下坚实的基础。其次，乐观通达是大学生面对挫折和困难时的重要心态。在成长过程中，他们难免会遇到各种挑战和困境。乐观通达的大学生能够积极面对这些挑战，从容应对困境，不断调整自己的心态和策略。他们相信困难只是暂时的，只要保持努力和坚持，就一定能够克服困难，实现其目标。这种乐观通达的心态有助于大学生在逆境中保持信心，勇往直前。总之，大学生作为新时代君子，需要具备自立自强、乐观通达的品质。通过树立正确的价值观、注重自我修养和积极参与社会实践等方式，他们可以不断提升其素质和能力，为社会作出更大的贡献。

(二) 勇于进取，敢于创新

勇于进取，敢于创新的进取精神是中华民族进步之魂，也是君子

---

① （唐）杨倞注：《荀子》，上海古籍出版社2010年版，第349页。

的显著品质。君子的勇于进取、敢于创新的奋斗进取精神表现为英勇无畏、注重创新。"知者不惑，仁者不忧，勇者不惧。"① 君子将英勇无畏视为应有的品质。"君子有勇而无义为乱，小人有勇而无义为盗。"② 君子之勇并不是鲁莽冲动的匹夫之勇，而是合乎道义的大勇，坚持义以为上，勇于担当。君子坚守道义，勇于进取，在关键时刻则能挺身而出，迎难而上；君子坚守道义，敢于创新，大胆尝试，寻求突破。

君子勇于进取，知其不可为而为之。"子路宿于石门。晨门曰：'奚自？'子路曰：'自孔氏。'曰：'是知其不可而为之者与？'"③ 孔子作为君子的典范，明知世道不可挽救，但仍尽力斡旋于其间，以求改变天下无道的乱局。可见，君子具有知其不可为而为之的开拓精神，勇于挑战"不可能"，即使前方困难重重，也义无反顾地前行。"故不登高山，不知天之高也；不临深溪，不知地之厚也。"④ 不登高山，就不知道天有多高；不靠近深谷，就不知道地有多厚；不直面困难，就无法寻求克服困难的方法。因此，君子勇于开拓，迎难而上，不畏惧，不退缩。

君子敢于创新，敢为天下先。"周虽旧邦，其命维新。"⑤ 周朝虽然是古老的邦国，但是它的使命却在于不断革新，焕发出新气象。可见，中华民族在很早以前就有自我革新的进取精神。《周易》云："穷则变，变则通，通则久。"⑥ 马克思也指出："人不是在某一种规定性上再生产自己，而是生产出他的全面性，不是力求停留在某种已经变成的东西上，而是处在变易的绝对运动之中。"⑦ 万事万物，如果

---

① 杨润根：《发现论语》，华夏出版社2007年版，第206页。
② 杨润根：《发现论语》，华夏出版社2007年版，第393页。
③ 杨润根：《发现论语》，华夏出版社2007年版，第325页。
④ （唐）杨倞注：《荀子》，上海古籍出版社2010年版，第1页。
⑤ 周振甫：《诗经译注》，中华书局2010年版，第367页。
⑥ 韩立平：《周易译注》，生活·读书·新知三联书店2014年版，第262页。
⑦ 《马克思恩格斯选集》第2卷，人民出版社2012年版，第739页。

一味因循守旧而不思变化，就只能僵化致死；反之，如果能够适应环境变化而作出相应调整，就可以绝处逢生，立于不败之地。君子勇于创新，才能打破陈规陋习，破除条条框框的束缚，使其自身发展永葆生机。

新时代大学生要勇于进取，敢于创新。我们所处的时代是一个快速发展、变化莫测的时代，充满了无限的可能性和挑战。只有那些敢于冒险、勇于尝试新事物的人，才能在这个时代中脱颖而出，实现他们自己的价值和梦想。勇于进取意味着要有积极向上的心态和行动。大学生应该保持对知识的渴望和对未来的憧憬，不断努力学习，提升自己的能力和素质。同时，也要敢于面对困难和挑战，不畏惧失败和挫折，以坚韧不拔的精神去迎接每一个挑战。敢于创新则是新时代大学生必备的素质之一。创新是推动社会进步的重要动力，也是个人成长的关键。大学生应该具备创新思维和创新能力，敢于打破常规，尝试新的方法和思路。无论是在学术研究、科技创新还是社会实践等方面，都应该勇于探索、敢于实践，创造出更多的新成果和新价值。当然，勇于进取和敢于创新并不是一蹴而就的，需要大学生在日常学习和生活中不断积累和实践。大学生可以通过参加各种课外活动、社会实践、科研项目等来锻炼自己的能力和积累经验。同时，大学生也要保持开放的心态和谦虚的态度，不断学习和吸收新知识、新技能，为自己的未来发展打下坚实的基础。总之，新时代的大学生要勇于进取、敢于创新，以积极向上的姿态迎接未来的挑战和机遇。只有这样，才能在激烈的竞争中脱颖而出，成为社会的栋梁之材。

五 待人真诚：诚信友善，和而不同

真诚的待人之道是君子人格的重要体现。君子，自古以来便是道德楷模和人格典范，他们的行为准则和处世态度往往被社会所推崇。君子待人接物以真诚为核心，尊重、理解、宽容、包容、诚信和守诺等品质共同构成他们高尚的人格。这种人格魅力不仅让君子在人际交往中脱颖而出，也为人们树立了一个值得学习和追求的道德典范。

（一）尊重他人，平等待人

君子尊重他人，平等待人，这是君子人格的核心要义，也是君子在人际交往中所秉持的重要原则。尊重他人是君子人格的基本特征。君子深知每个人都是独特且不可替代的个体，因此他们对待每一个人都充满敬意，尊重他人的尊严、权利和选择。他们不会因他人的身份、地位或背景而有所偏见或歧视，而是以平等的心态对待每一个人。这种尊重不仅体现在言语上的礼貌和谦逊，更体现在行动上的关心和照顾，让人感受到温暖和尊重。平等待人是君子人格的又一重要体现。君子认为，每个人都应享有平等的权利和机会，不应因任何外在因素而受到不公正的待遇。他们不会因自己的地位或权力而傲慢对待或欺凌他人，也不会因他人的弱势或无助而轻视或忽视他们。在君子看来，每个人都是平等的，都值得被尊重和被重视。这种平等的态度让君子在人际交往中保持公正和客观，避免了偏见和歧视的产生。君子尊重他人、平等待人的态度不仅赢得了他人的尊重和信任，也树立了良好的社会风尚。他们的行为示范着一种健康、和谐的人际关系，引导着人们向着更加文明、进步的社会迈进。

新时代大学生作为社会的精英和未来的领导者，肩负着推动社会进步和发展的重要使命。因此，他们应该积极践行尊重他人、平等待人的原则，以树立良好的个人形象，促进和谐的人际关系，并为社会的进步贡献力量。首先，尊重他人是大学生应具备的基本素质。每个人都有自己的独特性和价值，而无论其背景、身份或地位如何。大学生应该尊重他人的尊严、权利和选择，避免使用贬低或歧视性的言语和行为。他们应该学会倾听他人的意见和想法，理解并接纳不同的观点和立场。通过尊重他人，新时代大学生能够建立起积极、健康的人际关系，并为社会的和谐稳定作出贡献。其次，平等待人是大学生应坚守的原则。平等是社会公正和进步的基础，每个人都享有平等的权利和机会。大学生应该摒弃偏见和歧视，不以身份、地位或财富来评判他人。他们应该尊重每个人的差异和多样性,并为创造一个包容和平等的社会而努力。在校园内,新时代大学生应该积极参与平等、公正的活动,倡导和践行平等主义的理念。

为了做到尊重他人、平等待人,大学生可以采取以下具体行动:首先,加强自我教育和修养,培养自己的道德观念和人文素养。通过阅读经典著作、参加社会实践等方式,提升自己的思维水平和道德素质。其次,积极参与志愿服务和社会实践,深入了解社会现象和问题,培养自己的社会责任感和同理心。在与他人交往中,保持开放的心态和谦虚的态度,尊重他人的观点和选择,避免过度强调其自我。总之,大学生应做到尊重他人、平等待人,这不仅是个人品德的体现,也是推动社会进步和发展的重要力量。通过践行这些原则,大学生能够树立起良好的个人形象,促进形成和谐的人际关系,并为社会的繁荣稳定作出积极贡献。

(二) 和而不同、宽容待人

"礼之用,和为贵。"[1] "和为贵"是中华传统文化的核心思想之一,是中华民族的优良品质。君子以"和为贵"作为人际交往的价值追求,秉承和而不同,宽容待人的交往原则,在保持自己独立人格的前提下,宽以待人,帮助他人,以达到人际关系的和谐。

和而不同、宽容待人的交往原则体现了君子的独立品质。"君子和而不同,小人同而不和。"[2] 君子与他人保持和谐融洽的关系,但能保持自己独立的个性,持有自己独立的见解,而不是人云亦云,盲目附和;小人只求表面与别人一致,但实际上不讲原则,不具有独立性,不会真正与他人保持和睦。君子保持独立的品质,并不是说君子固执己见,把自己的观点和意见强加在别人身上,也不是一味地满足于别人对他的盲从,而是坚持他自己的理想和道义,在维护道义的基础上作出理想选择,判断是非曲直,辨别美丑善恶。君子在坚持自己

---

[1] 杨润根:《发现论语》,华夏出版社2007年版,第17页。
[2] 杨润根:《发现论语》,华夏出版社2007年版,第293页。

意见的同时，也尊重他人的意见，善于吸收、听取各方面的不同观点和意见，以弥补其自身的不足。在与他人的交往中，只有互相尊重，畅所欲言，吸取和接纳不同意见的合理成分，做到"和而不同"，才有可能实现真正的和谐一致。

和而不同、宽容待人的交往原则体现了君子包容的心态。君子秉承宽以待人的交往原则。"己所不欲，勿施于人。"① 君子不会将自己不喜欢做的事情强加给他人，也不会强迫他人接受自己的想法。"躬自厚而薄责于人，则远怨矣。"② 君子严格要求自己，经常反躬自问，作自我批评，而不是经常指责他人，这样就可以使他远离悔恨与仇怨。面对他人的错误或对他自己的伤害，君子不会"以怨报怨"，将矛盾冲突激化，而是选择"以直报怨"，尽量宽恕他人的错误，给他人提供改正错误的机会。

君子所秉持的和而不同、宽容待人的交往原则，不仅仅体现为一种人生态度，更是一种为人处世的智慧。"和而不同"强调了人与人之间的和谐共处，同时保持各自的独特性。在多元化的社会中，每个人都有自己的思想、观念和价值观。君子能够在保持个人立场的同时，尊重他人的差异，不强行将自己的观点强加于人。他善于倾听和理解，愿意与他人进行开放和平的交流，共同寻求共识和合作。这种和谐共处的态度，不仅有助于个人成长和进步，也能够推动社会的和谐稳定。"宽容待人"则体现了君子的宽广胸怀和仁爱之心。宽容是一种高尚的品质，它要求人们在面对他人的缺点、错误或不同意见时，能够保持冷静和理智，不轻易发脾气或指责他人。君子懂得每个人都有其长处和不足，能够以包容的心态去接纳他人的不完美，给予他人改正错误和进步的机会。同时，君子也善于从他人的角度思考问题，理解他人的处境和难处，给予他人关心和帮助。这种宽以待人的态度，能够增进人与人之间的理解和信任，促进人际关系的和谐与

---

① 杨润根：《发现论语》，华夏出版社2007年版，第249页。
② 杨润根：《发现论语》，华夏出版社2007年版，第342页。

对于新时代的大学生来说,践行"和而不同、宽容待人"的原则具有重要意义。首先,这有助于他们建立积极健康的人际关系。在大学生活中,同学们都具有不同的生活习惯和文化背景,拥有不同的性格和观念。如果能够以和而不同的态度对待他人,尊重并接纳彼此的差异,就能够减少冲突和误解,增进友谊和信任。其次,这有助于培养他们的团队合作精神和领导能力。在未来的工作和生活中,团队合作是不可或缺的一部分。通过践行这一原则,大学生能够学会在团队中发挥自己的优势,同时尊重他人的贡献,共同推动团队的发展和进步。此外,君子和而不同、宽容待人的原则也符合新时代社会发展的需求。在全球化、信息化的背景下,社会变得越来越开放和多元。人们需要学会在多元文化中保持自己的独特性,同时尊重他人的文化和价值观。这种跨文化的交流和理解能力,对于个人的成长和社会的进步都具有重要意义。

因此,新时代的大学生应该深刻理解和践行君子"和而不同、宽容待人"的原则。在日常生活中,他们应该积极培养自己的包容心和开放性思维,尊重并接纳他人的差异和不同意见。同时,他们也应该注重提升其沟通能力和团队合作精神,以更好地适应未来社会的发展需求。通过践行这一原则,大学生不仅能够建立起积极健康的人际关系,还能够为社会的和谐稳定与发展进步贡献自己的力量。

(三) 内诚于心,外信于人

诚信是中华民族的传统美德,也是君子应具有的良好品质。"诚"与"信"虽然同义,但语义侧重有所不同,具体表现是内诚于心、外信于人。"诚"侧重内心根基,指内心真实无妄、本真如一的纯真本性。《中庸》云:"诚者,天之道也;诚之者,人之道也。"[1] 真实无妄(诚)是宇宙之特性;以诚为本,是宇宙赋予人的特性,是人的本

---

[1] 杨润根:《发现中庸》,华夏出版社2008年版,第114页。

质规定性。人只有意识到这一点，自觉存养内心的至诚本性，诚之行为才会显现于外。故荀子说："君子养心莫善于诚，致诚则无它事矣。"① 君子养心重在存养诚意，如果诚心处世，则万事皆备于我。《大学》亦云："欲正其心者，先诚其意。"② 其意真诚无妄，其心方能端正。"信"侧重于外在言行举止方面，指言而有信、信守诺言、讲究信用。孔子说："古者言之不出，耻躬之不逮也。"③ 孔子认为，古人之所以不轻易说话，是因为担心他们自己的行动不能和他们自己说的话保持一致，也就是言行不一、言不由衷、害怕说到做不到。因此，他要求弟子"谨而信"，即谨慎地、严肃认真而又诚实无欺地对待他们自己的一言一行。《春秋穀梁传》亦云："言之所以为言者，信也。言而不信，何以为言？"④ 言语真实、言而有信是言语的根本属性，言而无信不是真言。可见，"诚""信"密不可分，诚于中，信于外，内诚于心，方能外信于人。

"诚者物之终始，不诚无物。是故君子诚之为贵。"⑤ 诚是宇宙万物生存发展的根本，是万事成败的关键，所以君子将诚作为宝贵的品德。"人而无信，不知其可也。"⑥ 讲究诚信、信守诺言、言行一致、表里如一是君子做人的基本原则，也是人际交往的重要准则。一个人如果不讲诚信，不信守诺言，在社会上就难以立足，将会寸步难行。只有"言忠信，行笃敬"⑦，才能更好地立足于社会。同时，只有诚实守信、信守诺言，才能赢得别人的信任。君子把信作为通行天下的五条原则之一，"信则人任焉"。只有当你用自己的所作所为证明你是一个诚实守信的人时，大家才会信任你，才会把大事托付给你。因

---

① （唐）杨倞注：《荀子》，上海古籍出版社 2010 年版，第 24 页。
② 杨润根：《发现大学》，华夏出版社 2008 年版，第 11 页。
③ 杨润根：《发现论语》，华夏出版社 2007 年版，第 86 页。
④ 陈戍国点校：《四书五经》（下），岳麓书社 2014 年版，第 1511 页。
⑤ （汉）郑玄：《礼记注》（下），中华书局 2021 年版，第 690 页。
⑥ 杨润根：《发现论语》，华夏出版社 2007 年版，第 42 页。
⑦ 杨润根：《发现论语》，华夏出版社 2007 年版，第 335 页。

此，君子认为，要取得人们的信任，你自己首先必须做诚信之人。

诚信是君子交友之基。言而有信、信守诺言、言行一致、表里如一是君子做人的基本原则，也是君子交友的前提。曾子曰："吾日三省吾身：为人谋而不忠乎？与朋友交而不信乎？传不习乎？"① 曾子认为，君子每天必须经常不断地进行反思的有三件事，其中之一就是当你与朋友交往的时候，你自己的言语行动是不是诚实可信的。子夏曰："与朋友交，言而有信。"② 子夏认为，君子作为非常具有教养的人，在与朋友的交往中应当做到言而有信、言行一致、诚实无欺。可见，君子认为，交朋友只有言而有信、言行一致、诚实无欺，才能做到"朋友信之"，才能使彼此推心置腹、肝胆相照、无私帮助。交朋友如果不交心，不能开诚布公，友谊就难以持久。彼此之间如果口是心非、相互欺骗或充满虚伪，就绝不会有真正的友情。

新时代大学生要如君子一般做到诚信，需要从多个方面入手，包括思想认知、行为表现以及社会实践等方面。首先，大学生要在思想上充分认识到诚信的重要性。诚信不仅是中华民族的传统美德，也是现代社会的基本道德规范。大学生作为社会的一分子，应该树立正确的价值观和道德观，将诚信作为为人处世的基本原则。要时刻牢记诚信的重要性，明确诚信对个人成长和社会发展的意义。其次，大学生要在行为上践行诚信原则。在日常学习和生活中，要言行一致，遵守承诺，不撒谎、不作弊、不抄袭。在与他人交往中，要坦诚相待，不欺骗、不隐瞒。同时，要尊重他人的知识产权和劳动成果，不侵犯他人的合法权益。此外，大学生还可以通过参加社会实践活动来培养诚信品质。例如，可以参加志愿者服务、社会实践等活动，通过实际行动来践行诚信原则，增强社会责任感和使命感。在这些活动中，要遵守规则、尊重他人、诚实守信，以良好的表现赢得他人的信任和尊重。最后，大学生还应该加强自我监督和管理，时刻提醒自己要做一

---

① 杨润根：《发现论语》，华夏出版社2007年版，第6页。
② 杨润根：《发现论语》，华夏出版社2007年版，第11页。

个诚实守信的人。在面对困难和挑战时，要坚守诚信原则，不逃避、不推诿，勇于承担责任和解决问题。总之，大学生要做到诚信，需要从思想认知、行为表现以及社会实践等多个方面入手。通过不断努力和实践，大学生可以培养起诚信品质，成为一个值得信赖和尊重的人，为社会的和谐稳定与发展贡献自己的力量。

第三节 大学生君子人格养成的路径

新时代大学生君子人格的养成是一个多方面、长期的过程，需要个人不断努力，以及家庭、社会和学校的共同支持。通过个人加强道德修养、注重学习与实践、培养自律和慎独的品质、建立良好的人际关系以及学校和社会的支持，大学生可以逐步养成君子人格，成为具有高尚品德和优秀素质的人才。

一 发挥学生自身的主体能动作用

新时代大学生作为君子人格养成的主体，要意识到君子人格养成的重要性，调动其自身的主观能动性，通过坚持自我省察、注重礼仪文化、找准价值定位、加强心理防御等途径，促进其自身君子人格的养成。

（一）坚持自我省察，做到表里如一

曾子曰："吾日三省吾身：为人谋而不忠乎？与朋友交而不信乎？传不习乎？"[1] 自古以来，自省就是中国人修身养性的重要方法，也是养成君子人格的重要途径。大学生要坚持自我省察，做到表里如一，这是一个既需要内在自觉又需要外在实践的过程。通过深入反思自己的行为和思想，大学生能够更好地认识自己，发现其自身的不足，进而调整自己的行为和态度，实现内心的和谐与统一。

首先，大学生应该建立正确的自我认知。这意味着大学生要全

---

[1] 杨润根：《发现论语》，华夏出版社2007年版，第6页。

面、客观地了解自己的优点和不足，认识到其行为和思想是否一致。通过反思自己的言行举止，大学生可以发现其言行是否真正符合自己的价值观和道德观。如果发现自己的言行不一，就需要深入思考原因，并努力调整其行为和态度。其次，大学生需要培养批判性思维和独立思考的能力。在自我省察的过程中，大学生应该勇于质疑自己的观念和行为，不盲从、不随波逐流。通过独立思考和深入分析，大学生能够发现那些可能隐藏在表面之下的真实想法和情感，进而实现真正的表里如一。同时，大学生应该注重日常生活中的实践。自我省察不仅仅是一个思考的过程，更是一个实践的过程。大学生应该在日常生活中积极践行其价值观和道德观，通过实际行动来体现其内心世界。例如，诚实守信、尊重他人、关爱社会等行为都是表里如一的具体体现。此外，大学生还可以借助外部资源来帮助自己实现自我省察和表里如一。例如，与同学、朋友或导师进行交流，听取他们的意见和建议；参加社会实践活动或志愿服务活动，了解社会需求和自己的责任；阅读相关书籍或参加讲座，提升自己的认知水平和道德修养等。最后，大学生需要保持耐心和坚持。坚持自我省察和做到表里如一是一个长期的过程，需要持之以恒地努力。大学生应该保持积极的心态，勇敢面对自己的不足和挑战，不断追求进步和完善。

总之，大学生要坚持自我省察，做到表里如一，需要建立正确的自我认知、培养批判性思维和独立思考的能力、注重日常生活中的实践、借助外部资源以及保持耐心和坚持。通过这些努力，大学生可以不断提升自己的品德修养和人格魅力，成为具有高尚品质和良好行为的新时代君子。

（二）注重礼仪修养，做到谦恭有礼

大学生要注重礼仪修养，做到谦恭有礼，这不仅是个人品德的体现，也是社会文明进步的标志。礼仪修养是人际交往的润滑剂，是展现个人素质和教养的窗口，能够增进人与人之间的理解和尊重，有助于构建和谐的社会环境。通过提高礼仪修养，大学生可以更好地与人相处，建立良好的人际关系，为未来的职业发展和社会交往打下坚实基础。因此，大学生应当充分认识到礼仪修养的重要性，并付诸实际行动。

首先，大学生应该了解并遵守基本的礼仪规范。这包括在公共场合保持安静、遵守秩序，在与他人交流时使用礼貌用语，尊重他人的权利和感受等。通过遵守这些基本规范，大学生能够展现出自己的文明素养和良好教养。其次，大学生要注重学习礼仪知识。可以通过阅读相关礼仪书籍、参加礼仪讲座或培训等方式，了解礼仪的基本原则和规范，掌握不同场合下的礼仪要求。同时，也可以关注他们身边的优秀榜样，学习榜样的待人接物之道，不断提升自己的礼仪水平。再次，在日常生活中，大学生要时刻注意其言行举止。要保持谦虚谨慎的态度，尊重他人，不轻易打断别人的发言，不随意插话。在与他人交流时，要面带微笑，语气和缓，用词恰当，避免使用冒犯或不礼貌的语言。同时，要注重个人形象的塑造，保持整洁干净的外表，穿着得体大方，展现出良好的精神风貌。此外，大学生也要学会倾听他人的想法和需求，给予积极的回应和关注。这种尊重他人的态度不仅能够增进彼此之间的友谊和信任，也有助于提升大学生的社交能力。最后，大学生应该积极参与礼仪实践活动。通过参加各种社交场合和礼仪活动，如学术研讨会、文化交流活动等，大学生可以锻炼自己的礼仪修养和社交能力。在实践中，大学生可以不断总结经验教训，提升自己的礼仪水平。总之，大学生要注重礼仪修养，做到谦恭有礼。相信通过不断努力和实践，大学生可以逐渐形成良好的礼仪习惯，成为具有良好修养、谦恭有礼的新时代君子。

（三）增强心理素质，做到乐观通达

君子"是以有终身之乐，无一日之忧"[①]，具有乐观通达的人生态度，他们内心足够强大，所以能将压力和挫折视为停下来欣赏沿途

---

① （唐）杨倞注：《荀子》，上海古籍出版社2010年版，第349页。

的风景，调整自己状态的机会，在状态调整好后再继续奋进。大学生要增强心理素质，实现乐观通达，这是面对大学生活和未来社会挑战的重要任务。良好的心理素质不仅有助于大学生应对学习压力、人际关系等方面的挑战，还能促进他们的全面发展，更好地实现其个人的长期发展目标。大学生增强心理素质，培养乐观通达的态度，需要从以下方面努力。

首先，大学生应该建立积极的自我认知。通过反思和自我评价，了解自己的优点和不足，并接受自己的独特性。同时，要学会调整自己的心态，避免过于消极或自我否定。积极的自我认知有助于增强自信心和自尊心，为面对挑战提供心理支持。其次，培养乐观的生活态度。乐观是一种积极的心理品质，它能够帮助大学生更好地应对困难和挫折。大学生可以通过积极关注生活中的美好事物、与乐观的人交往、学习乐观的思考方式等方法来培养乐观的生活态度。在面对挑战时，保持乐观的心态能够激发其内在的潜能，增强应对困难的能力。此外，大学生还应该学会有效的情绪管理技巧。情绪管理是心理素质的重要组成部分，它能够帮助大学生更好地控制自己的情绪，避免情绪失控对学习和生活造成负面影响。例如，可以通过深呼吸、冥想、放松训练等方式来缓解紧张情绪；通过积极沟通、寻求支持等方式来处理负面情绪。同时，大学生需要主动拓展人际交往能力。良好的人际关系是心理健康的重要保障，也是实现乐观通达的重要途径。大学生应该积极参与各种社交活动，结交不同背景的朋友，学习与人相处的技巧。在与人交往中，要学会倾听、理解和尊重他人，建立良好的沟通和互动关系。最后，大学生可以通过参加心理健康教育和辅导活动来进一步提升心理素质。学校通常会提供相关的课程和咨询服务，帮助大学生了解心理健康知识，掌握心理调适的方法。大学生可以积极参与这些活动，提升自己的心理素质和应对能力。

总之，大学生要增强心理素质，实现乐观通达，成为新时代自立自强的君子，需要建立积极的自我认知、培养乐观的生活态度、学会有效的情绪管理技巧、拓展人际交往能力，并积极参与心理健康教育和辅导活动。通过这些努力，大学生可以不断提升自己的心理素质和应对能力，为未来的生活和职业发展奠定坚实的基础。

（四）找准价值定位，明确责任担当

青年兴则国兴，青年强则国强。青年代表着国家的未来和民族的希望，是一个国家和民族长盛不衰的动力。新时代的大学生要找准自己的价值定位，从君子文化中汲取家国一体的责任意识和忧国忧民的忧患意识，将个人的发展融入国家的发展之中，做心系家国、胸怀天下的新时代君子。

在当今日益复杂多变的社会环境中，大学生需要明确自己的价值观，找准个人在社会中的定位，同时承担起应有的责任，为社会的进步和发展贡献他们的力量。首先，大学生要深入思考和明确自己的价值观。价值观是个人行为的指南针，它决定了我们如何看待世界、如何对待他人以及如何作出决策。大学生应该通过自我反思和学习，明确自己的核心价值观，如诚信、正直、尊重、创新等。这些价值观将成为他们未来生活和工作的基石，指导他们在不同情境下作出正确的选择。其次，大学生要找准自己在社会中的价值定位。作为新时代的大学生，他们应该认识到自己不仅是家庭的希望，而且是国家和民族的未来。他们应该积极投身于社会实践，了解社会需求和发展趋势，结合自己的专业知识和技能，为社会的发展贡献力量。通过参与志愿服务、实习实践、创新创业等活动，大学生可以更好地了解社会、认识自我，实现个人价值与社会价值的统一。同时，大学生要明确其责任担当。作为社会的一分子，他们应该承担起对家庭、对社会、对国家的责任。在家庭中，他们应该孝敬父母、关爱家人；在社会中，他们应该遵守法律法规、尊重他人、维护公共秩序；在国家层面，他们应该关注国家发展、积极参与国家建设、为国家的繁荣富强贡献力量。此外，大学生还应该不断提升其综合素质和能力水平。通过不断学习新知识、掌握新技能、培养新能力，他们可以更好地适应社会的发展变化，更好地履行其责任。同时，他们也应该注重培养团队协作精神、创新思维能力和解决问题的能力，以便更好地应对未来的挑战和机遇。

总之，大学生要找准价值定位，明确责任担当，这是他们成长成才的必由之路。通过深入思考和明确自己的价值观、找准社会中的价值定位、明确责任担当以及不断提升自己的综合素质和能力水平，大学生可以更好地实现个人价值和社会价值的统一，为社会的进步和发展贡献力量。

二　发挥家庭教化的基石作用

家庭是孩子的第一所学校，对孩子的行为举止、思想观念、价值观念和人生观念起着潜移默化的作用。家长要通过转变教育理念、秉承中庸之道、注重言传身教、传承优良家风来发挥他们的言传身教的作用，促进大学生君子人格的养成。

（一）转变教育理念，确立正确的义利观

家长要转变教育理念，帮助孩子确立正确的义利观，首先需要深刻认识到家庭教育在孩子成长过程中的重要性和独特性。目前，一些家长过分注重知识的灌输和成绩的提升，而忽视了孩子品德和价值观的培养。因此，家长需要积极调整自己的教育理念，注重培养孩子的道德品质和社会责任感。

家长转变教育理念，培养孩子正确的义利观，需要从以下方面做起。首先，家长自身要树立正确的义利观。家长作为孩子的第一任教育者，其自身的言行和观念都会深深地影响孩子。因此，家长应该明确义利之间的正确关系，即义是行为的准则，利是行为的结果。在追求利益的同时，必须遵循公平正义原则，不能为了私利而损害他人的利益。其次，家长要引导孩子正确理解义利关系。在日常生活中，家长可以通过具体的事例，让孩子明白什么是正确的义利观。比如，可以讲述一些历史上的英雄人物，他们是如何在关键时刻选择坚守道义，而不是谋求个人私利的。同时，也可以结合现实生活，让孩子看到那些为了私利而不顾他人利益的人的最终下场。此外，家长要教育孩子认识到他们自己的社会责任和义务，让他们明白他们的行为不仅关系到自己，还关系到他人和社会。通过参与公益活动、志愿服务等方式，让孩子亲身体验到为社会做贡献的快乐和成就感。再次，家长要鼓励孩子将正确的义利观念付诸实践，让他们在面对实际问题时能够作出正确的选择。可以让孩子参与家庭决策、管理自己的零花钱等，培养他们的实践能力和责任感。最后，家长要与学校和社会形成合力。学校和社会也是孩子形成义利观的重要场所。家长可以与学校老师保持沟通，了解孩子在学校的表现，同时也可以带他们参与一些社会公益活动，让孩子在实践中体验和理解正确的义利观。

总之，家长要转变教育理念，帮助孩子确立正确的义利观念，需要从其自身做起，引导孩子正确理解义利关系，培养孩子的道德情感，与孩子进行深入交流，并与学校和社会形成合力。这样，才能让孩子在成长过程中形成正确的价值观，帮助孩子确立正确的义利观。这不仅有利于孩子的个人成长和发展，还有助于培养出一代又一代具有高尚品德和正确价值观的优秀人才。

(二) 秉承中庸之道，构建和谐关系

"君子之中庸也，君子而时中。"[①] 中庸之道是君子一以贯之的行为原则，它体现了君子不偏不倚、进退有度的智慧。家长也要借鉴君子的中庸之道，既不要过分压迫孩子，也不要过分溺爱孩子，松紧有度，构建和谐的亲子关系，让孩子在幸福的家庭环境中成长，从而养成其乐观通达的人生态度，使其正确应对挫折，成为新时代的君子。

中庸之道强调平衡、和谐与适度。家长在家庭教育中秉承中庸之道，就要把握好各种关系的平衡，营造出和谐的家庭氛围。首先，家

---

① 杨润根：《发现中庸》，华夏出版社2008年版，第14页。

长要秉持中庸之道，处理好与孩子的关系。在家庭教育中，家长要避免过度溺爱或过于严厉，而是要寻找一种适中的教育方式。既要关心孩子的成长，给予他们足够的关爱和支持，又要注重培养孩子的独立性和自主性，让他们学会处理问题的方法。其次，家长要注重家庭成员之间的和谐共处。家庭成员之间难免会有意见不合的时候，但家长要秉持中庸之道，以平和的心态处理这些矛盾。要学会倾听和理解家人的想法，尊重彼此的差异，通过沟通和协商找到解决问题的办法。这样不仅能维护家庭的和谐氛围，还能让孩子学会如何与人相处、解决矛盾。此外，家长还要注重与社会的和谐关系。家庭是社会的基本细胞，家庭的和谐与否直接关系到社会的稳定和发展。因此，家长要教育孩子尊重社会规则、遵守法律法规，培养他们的社会责任感和公民意识。同时，家长也要积极参与社会公益活动，以身作则，为孩子树立良好的榜样。最后，家长要不断提高其自身的素养和能力。中庸之道不仅是一种教育理念，也是一种生活态度。家长要不断学习、反思和实践，提高他们自己的教育水平和综合素质，以更好地践行中庸之道，构建和谐家庭。

总之，家长要秉承中庸之道，构建和谐关系，需要在处理与孩子的关系、使家庭成员之间和谐共处、培养与社会的和谐关系以及提高其自身素养等方面下功夫。这样才能为孩子营造一个健康、和谐、幸福的成长环境，使孩子成长为温和谦让、举止有度的新时代君子。

(三) 注重言传身教，敦促表里如一

家长要注重言传身教，敦促孩子做到表里如一，这是家庭教育中至关重要的一环。言传身教意味着家长不仅要用言语来教育孩子，更要通过他们自己的行为来做示范和引领。表里如一则要求孩子不仅在言语上表达正确的观念，而且要在行动上体现出来，做到言行一致。

首先，家长要认识到言传身教的重要性。孩子天生就具有很强的模仿能力，他们会模仿家长的行为和态度。因此，家长要时刻注意自己的言行举止，确保他们的行为符合道德规范和正确的价值观。只有这样，孩子才能从家长身上学到正确的行为方式和态度。其次，家长要在日常生活中做到言行一致。家长要遵守承诺，做到言出必行。同时，也要在尊重他人、关心他人、诚实守信等方面作出榜样。当孩子看到家长能够言行一致时，他们也会受到启发，逐渐养成表里如一的好品质。此外，家长还要关注孩子的言行举止，及时纠正他们的不良行为。当孩子出现言行不一的情况时，家长要耐心地进行引导和教育，帮助他们认识到问题的严重性，并引导他们找到正确的行为方式。同时，家长也要给予孩子足够的鼓励和支持，让他们在积极向上的氛围中成长。最后，家长要引导孩子树立正确的价值观和道德观。家长要与孩子进行深入的交流，了解他们的想法和需求，帮助他们明确正确的价值观和道德观。同时，也要注重培养孩子的独立思考能力和自我约束能力，让他们能够在面对诱惑和挑战时坚守自己的原则和价值观。总之，家长要注重言传身教，敦促孩子做到表里如一。这不仅有助于培养孩子的良好品质和行为习惯，还能够促进家庭和谐与社会稳定。因此，家长应该时刻注意自己的言行举止，为孩子树立良好的榜样，促使孩子成为表里如一的新时代君子。

（四）传承优良家风，唤醒家国担当

家长要传承优良家风，唤醒孩子的家国担当，这是家庭教育的重要使命。优良家风是一个家庭的文化底蕴和精神支柱，它包含着家族的智慧、品德和价值观，对于孩子的成长具有深远的影响。而唤醒孩子的家国担当，则是培养孩子具有爱国主义情怀和社会责任感的关键。

家长要传承优良家风，唤醒孩子的家国担当，需要做到以下几个方面。首先，家长要深入了解家族的历史和文化，明确家族的传统美德和价值观。通过讲述家族的故事、传承家族的习俗等方式，让孩子了解家族的荣誉和使命，激发他们对家族的认同感和归属感。其次，家长要在日常生活中注重培养孩子的品德和习惯。例如，教育孩子要诚实守信、尊老爱幼、勤俭节约等，这些都是优良家风的重要组成部分。通过家长的言传身教和孩子的亲身实践,逐渐形成良好的家庭氛围和家风。同时,家长要引导孩子关注国家和社会的发展,培养他们的家国情怀。可以带孩子参观历史博物馆、革命纪念地等,让他们了解国家的历史和文化;可以关注国家大事,与孩子一起讨论社会热点问题,引导他们树立正确的价值观和世界观;还可以鼓励孩子参与社会公益活动,培养他们的社会责任感和奉献精神。此外,家长要注重培养孩子的独立思考能力和创新精神。鼓励他们勇于探索、敢于尝试,不断挑战自我、超越自我。这样,孩子才能在未来的人生道路上勇敢地承担起家国重任,为实现中华民族伟大复兴的中国梦贡献力量。最后,家长要以身作则,成为孩子学习的榜样。家长自己要有良好的品德和行为习惯,要有坚定的信仰和追求。通过家长自身的努力和奋斗,为孩子树立一个积极向上、心系国家的榜样,让他们从小就懂得家国担当的重要性。

总之,传承优良家风、唤醒孩子的家国担当是家长的重要责任。家长要以身作则、言传身教,引导孩子树立正确的价值观和人生观,培养他们的爱国情怀和社会责任感。这样,孩子们才能成为有担当、有情怀的新时代君子,为国家和社会的繁荣发展贡献他们的力量。

三 发挥学校教育的主导作用

学校是大学生学习和生活的主要场所,学校的教育和引导对学生的成长成才起着主导作用。学校要通过营造守礼氛围、优化实践环节、注重心理健康、构建评价体系来促进新时代大学生君子人格的养成。

(一) 明确教育目标,注重人格培养

高校作为培养未来社会栋梁的重要场所,明确教育目标,将培养大学生的君子人格作为重要任务,具有深远的意义和重大的价值。通过加强思想政治教育、人文素质教育、实践育人环节以及营造良好的校园文化氛围等措施的实施,可以有效促进大学生君子人格的养成。

首先，学校需要清晰界定君子人格的内涵及其在教育体系中的地位。君子人格，涵盖了诸如诚信、仁爱、礼让、智慧、勇毅等诸多优秀品质，是中华优秀传统文化的精髓。学校应将君子人格的培养融入整体教育规划，作为育人的核心目标之一，确保每一位学生在接受教育的过程中都能受到君子文化的熏陶。其次，学校应构建以君子人格培养为核心的教育体系。这包括在课程设置、教学内容、教学方法等方面进行系统的改革和创新。例如，可以开设与君子人格相关的课程，如《君子之道》《中国传统文化与道德修养》等，让学生系统学习君子文化的理论知识；同时，通过案例教学、小组讨论、角色扮演等教学方法，引导学生深入理解君子人格的内涵，并将其内化于心、外化于行。此外，学校还应注重营造有利于君子人格培养的教育环境。通过举办各类讲座、文化活动、社会实践等形式，让学生亲身感受君子文化的魅力，增强他们对君子人格的认同感和追求欲。同时，学校应倡导师生共同践行君子之道，形成尊师重教、友爱互助、和谐共处的良好氛围。最后，学校应建立科学的评价机制，对君子人格培养的效果进行定期评估和反馈。通过设立相应的考核指标和评价标准，对学生的道德修养、行为表现等进行全面评价，激励他们在君子人格的培养上不断取得进步。同时，学校应及时总结经验和教训，不断优化教育方案，提高君子人格培养的针对性和实效性。

总之，学校明确教育目标，将培养大学生的君子人格作为重要任务，不仅是传承和弘扬中华优秀传统文化的需要，也是培养高素质人才、推动社会和谐发展的必然要求。学校应积极探索和实践有效的教育方法和途径，为培养具有君子人格的优秀人才贡献力量。

(二) 营造守礼氛围，弘扬敬让之道

"是以君子恭敬、撙节、退让以明礼。"[①] 谦恭敬让、待人以礼是君子的基本修养，体现了君子对他人的尊重。当前，以恭敬之心和

---

① 王文锦：《礼记译解》，中华书局2001年版，第3页。

谦让精神为核心的礼仪文化仍没有过时，它对于人们提升自我修养、构建和谐的人际关系、传承中华优秀传统文化起着至关重要的作用。高校作为培养高素质人才的重要场所，理应认识到礼仪修养的重要性，营造守礼氛围，弘扬敬让之道，促使学生养成新时代的君子人格。

高校要营造浓厚的守礼氛围，需要从以下方面做起。首先，高校应加强对学生的礼仪教育。通过开设礼仪课程、举办礼仪讲座等形式，向学生传授基本的礼仪知识和行为规范，引导他们养成良好的行为习惯。同时，学校还可以组织礼仪比赛、礼仪展示等活动，让学生在实践中感受礼仪之美，增强对礼仪的认同感和遵守意愿。其次，高校应注重营造守礼的校园文化氛围。通过校园宣传栏、广播、校报等渠道，广泛宣传守礼的重要性，表彰在守礼方面表现突出的师生，树立守礼的榜样。此外，学校还可以举办以守礼为主题的文化活动，如书法比赛、诗词朗诵等，让学生在参与中感受传统文化的魅力，增强对礼仪文化的理解和认同。再次，高校应倡导敬让之道，培养学生的谦让品质。通过课堂教学、实践活动等方式，引导学生学会尊重他人、关爱他人，培养他们的感恩之心和奉献精神。同时，学校还可以设置志愿服务岗位，鼓励学生积极参与志愿服务活动，通过实际行动践行敬让之道。最后，高校应建立健全守礼敬让的奖惩机制。对于在守礼敬让方面表现突出的师生，给予表彰和奖励；对于违反礼仪规范、缺乏敬让精神的行为，进行适当的批评和教育。通过奖惩机制的建立，形成守礼敬让的良好风气，推动校园文化的健康发展。

总之，高校要营造守礼氛围，弘扬敬让之道，需要从多个方面入手，加强礼仪教育、营造守礼文化氛围、倡导敬让品质以及建立奖惩机制等。通过这些措施的实施，可以培养大学生的道德品质和人格魅力，为社会的和谐发展作出贡献。

（三）注重品德教育，培养担当意识

高校作为培养未来社会栋梁的重要基地，确实应该注重品德教育，以培养大学生的担当意识。品德教育不仅仅是传授知识，更重要的是塑造人的品格，培养具有高尚道德情操和强烈社会责任感的人才。首先，品德教育是大学生担当意识形成的基石。一个人的品德决定了他的行为方式和价值取向。只有具备高尚品德的人，才能在面对困难和挑战时，勇于承担责任，积极采取行动。因此，高校应该通过品德教育，引导大学生树立正确的价值观和道德观，培养他们的道德品质，为担当意识的形成奠定坚实基础。其次，品德教育有助于提升大学生的社会责任感和使命感。通过学习和了解社会公德、职业道德、家庭美德等方面的知识，大学生能够深刻地认识到他们自己在社会中的角色和责任。他们会意识到自己的行为不仅关系到个人的成长和发展，更关系到社会的和谐与进步。因此，他们会更加积极地参与社会实践活动，为社会作出贡献，体现他们的担当精神。此外，高校还可以通过多种形式加强品德教育。例如，开设品德教育课程，将品德教育内容融入专业课程中；组织社会实践活动，让学生在实践中体验社会责任和担当精神；加强校园文化建设，营造积极向上的氛围，引导学生树立正确的价值观和人生观。最后，高校教师和管理人员也应在品德教育中发挥积极作用。他们应以身作则，践行高尚品德，为学生树立榜样。同时，他们还应关注学生的品德发展，及时给予指导和帮助，引导学生形成良好的品德习惯。

总之，高校应注重品德教育，培养大学生的担当意识。这不仅有助于大学生的个人成长和发展，更有助于社会的和谐与进步。因此，高校应积极探索有效的品德教育方法和途径，为培养具有高尚品德和强烈担当精神的新时代大学生而努力。

(四) 关注心理健康，培养乐观心态

"天行健，君子以自强不息"①，君子在面对挫折时，不会轻易地被挫折打败；他们认为，挫折只是对人生的考验，因而他们越挫越

---

① 刘大钧、林忠军：《易传全译》，巴蜀书社2006年版，第144页。

勇，迎难而上。君子这种百折不挠的精神，体现了他们自立自强的乐观心态。调查显示，目前大学生经常会遭遇学业、就业、人际交往等方面的挫折，如果他们无法正确应对这些挫折，就容易产生焦虑、抑郁等心理问题，甚至走向极端，更不要提君子人格的养成了。高校作为培养人才的摇篮，不仅要注重知识传授和能力培养，也要关注学生的心理健康。乐观的心态对于大学生的成长和发展至关重要，它有助于学生在面对困难和挑战时保持积极态度，更好地应对生活中的各种压力。

高校应致力于培养学生的乐观心态，为他们的全面发展奠定坚实基础。首先，高校应建立专业的心理健康辅导团队，为学生提供全方位的心理健康服务。这个团队应由经验丰富的心理咨询师组成，能够针对学生的不同需求提供个性化的辅导。通过开设心理健康课程、举办讲座和工作坊等形式，向学生普及心理健康知识，帮助他们了解自己的心理特点和应对策略。其次，高校应构建积极向上的校园文化氛围，培养学生的乐观心态。通过举办丰富多彩的文化活动、体育比赛和社会实践等，让学生感受到校园生活的美好和充实。同时，鼓励学生积极参与社团活动、志愿服务等，培养他们的社会责任感和团队合作精神，从而增强他们的自信心和乐观情绪。此外，高校还应关注学生的学习和生活压力，提供必要的支持和帮助。在学业方面，可以设立学习指导中心，为学生提供学习方法和技巧的指导，帮助他们提高学习效率，减轻学业压力。在生活方面，可以建立学生关爱机制，关注学生的生活需求和困难，提供必要的帮助和支持，让学生感受到学校的温暖和关怀。同时，高校教师应关注学生的情感需求，及时给予关爱和支持。在课堂上，教师可以通过分享其经历、讲述励志故事等方式，激发学生的积极情感，培养他们的乐观心态。在课后，教师应主动与学生交流，关心他们的生活和学习情况，帮助他们解决问题，缓解压力。再次，高校还应引导学生参与社会实践和志愿服务等活动。通过这些活动，学生可以接触社会、了解社会，增强社会责任感和使命感。同时，实践中的成功经验和挑战也能让学生更加坚定他们自己的信念，培养其乐观向上的心态。最后，高校应关注学生的个体差异，提供个性化的心理支持。每个学生都有他自己的特点和需求，高校应根据学生的实际情况，制定个性化的心理支持方案，帮助他们更好地应对心理挑战，培养乐观心态。

总之，高校应关注学生心理健康，通过多种途径培养学生的乐观心态。这将有助于学生在面对未来生活和职业挑战时保持积极态度，实现个人价值和社会价值的双赢。

（五）加强诚信教育，增强诚信意识

"人而无信，不知其可也。"[①] 君子将诚信作为自己的立身之本，努力做到内诚于内，言信于外。他们清楚一个人若没有诚信，则难以在社会上立足，也无法做成其他事情。调查显示，目前大学生在学习、就业、交往、经济等方面出现了一定程度的失信问题，这阻碍了他们新时代君子人格的养成。高校作为培养高素质人才的重要阵地，应当加强对大学生的诚信教育，以增强他们的诚信意识。诚信不仅是个人品质和人格的重要体现，也是社会和谐稳定发展的基石。

高校在培养大学生的过程中，应将诚信教育放在重要位置，努力营造诚信为本的校园文化氛围。首先，高校应构建完善的诚信教育体系。这包括将诚信教育纳入课程体系，使其成为大学生必修的课程内容。通过课堂教学、专题讲座、案例分析等多种形式，向学生传授诚信的重要性、诚信的内涵以及诚信行为的标准。同时，高校还应结合不同学科的特点，将诚信理念融入专业教学中，使学生在学习专业知识的同时，也能深刻理解诚信对于个人成长和社会发展的重要意义。其次，高校应创新诚信教育方式方法。传统的课堂讲授虽然重要，但已难以满足现代大学生的学习需求。因此，高校应积极探索新的教育手段和方法，如利用网络平台开展在线诚信教育，通过微信公众号、

---

① 杨润根：《发现论语》，华夏出版社2007年版，第42页。

微博等社交媒体推送诚信知识和案例，以及组织学生参与诚信主题的社会实践活动等。这些方式能够激发学生的学习兴趣和积极性，使他们在轻松愉快的氛围中接受诚信教育。此外，高校还应加强诚信教育师资队伍建设。教师是诚信教育的主体，他们的言传身教对学生具有深远的影响。因此，高校应选拔具有高尚师德和丰富教学经验的教师担任诚信教育课程的主讲教师，并加强对他们的培训和指导。同时，高校还应建立诚信教育激励机制，对在诚信教育中表现突出的教师进行表彰和奖励，以激发他们的工作热情和创造力。最后，高校应营造良好的诚信氛围。校园文化对于大学生的成长具有潜移默化的影响。高校应通过举办诚信主题演讲比赛、征文比赛、知识竞赛等活动，以及开展诚信签名、诚信承诺等实践活动，让诚信理念深入人心。同时，高校还应建立诚信榜样机制，表彰和宣传在诚信方面表现突出的学生和教师，发挥榜样引领作用。

总之，高校加强对大学生的诚信教育是一项长期而艰巨的任务。通过构建完善的诚信教育体系、创新教育方式方法、加强师资队伍建设以及营造良好的诚信氛围等措施的实施，高校可以有效增强大学生的诚信意识，培养出一批具有高尚品德和良好信用的优秀人才，为社会的和谐稳定与发展作出积极贡献。

四 发挥社会的引领示范作用

新时代大学生君子人格的养成，需要发挥社会的引领示范作用。君子人格作为中华民族传统美德的集中体现，对于培养具有高尚品德、优秀才能和强烈社会责任感的大学生具有重要意义。社会作为大学生成长的重要环境，其引领示范作用对于大学生君子人格的养成具有不可忽视的影响。

（一）弘扬君子文化，提供文化滋养

社会应当积极倡导和弘扬君子文化，为大学生君子人格的养成提供深厚的文化滋养。君子文化作为中华优秀传统文化的精髓，蕴含了丰富的道德智慧和人生哲理，对于塑造大学生的道德品质、提升他们的精神境界具有不可替代的作用。

倡导和弘扬君子文化有助于引导大学生树立正确的价值观。君子文化强调诚信、仁爱、正直、谦虚等品质，这些品质是大学生成长成才所必备的基本素质。通过学习和践行君子文化，大学生能够深刻理解这些品质的内涵和价值，从而将其内化于心、外化于行，形成正确的价值观。而且，弘扬君子文化有助于培养大学生的社会责任感和奉献精神。君子文化注重个人修养与社会责任的统一，强调个人应为社会作出积极贡献。通过弘扬君子文化，可以激发大学生的社会责任感和奉献精神，使他们能够积极投身于社会公益事业，为社会的和谐稳定发展贡献力量。同时，弘扬君子文化可以为大学生提供丰富的精神食粮。在快节奏的现代社会中，大学生面临着各种压力和挑战，容易产生迷茫和焦虑。君子文化所倡导的自强不息、厚德载物等精神，能够激励大学生在困境中保持积极向上的心态，勇于面对挑战，不断提升自我。此外，社会通过倡导和弘扬君子文化，可以营造崇德向善的社会风尚。当君子文化成为社会的主流文化时，人们会更加注重道德修养、诚信守约，形成良好的社会风气。这种风尚对于大学生的成长环境具有积极影响，能够潜移默化地促进他们君子人格的养成。为了有效地倡导和弘扬君子文化，社会可以采取多种措施。例如，开展君子文化宣传活动，通过媒体、网络等渠道广泛传播君子文化的理念和故事；组织君子文化讲座、论坛等活动，邀请专家学者进行深入解读和探讨；将君子文化融入校园文化、社区文化等各个领域，使其成为社会生活的重要组成部分。

总之，倡导和弘扬君子文化对于大学生君子人格的养成具有重要意义。通过深入挖掘君子文化的内涵和价值，创新传播方式，我们可以为大学生提供丰富的君子文化滋养，帮助他们塑造独立人格、培养优秀品质、实现人生价值。

(二) 加强舆论引导，唤醒责任担当

君子"先天下之忧而忧，后天下之乐而乐"①，以天下的兴亡为己任，视天下的安危为己责，具有强烈的责任意识和忧患意识。目前，部分大学生只顾个人享乐，而将民族国家责任抛诸脑后，阻碍了新时代大学生君子人格的养成。面对这种状况，社会应该加强舆论宣传引导，唤醒大学生的责任担当意识。在新时代背景下，大学生作为国家的未来和希望，肩负着重要的历史使命和社会责任。因此，通过舆论宣传引导，激发大学生的责任担当意识，塑造大学生独立健全的君子人格，对于推动社会进步和发展具有重要意义。

首先，社会舆论宣传应突出强调大学生的社会责任和使命。通过广泛传播国家发展大局、社会热点问题以及民族复兴的伟大梦想，让大学生深刻认识到自己作为新时代青年所肩负的重任。同时，也要宣传那些勇于担当、积极作为的先进典型，用他们的事迹激励大学生积极投身社会实践，为国家和人民作出贡献。其次，舆论宣传应树立榜样，发挥先进典型的引领作用。通过深入挖掘和宣传在各个领域具有突出表现的优秀大学生，展示他们的先进事迹和崇高精神，激发广大大学生的学习热情和责任担当意识。同时，媒体和社交平台应积极转发、评论这些正面信息，形成强大的舆论声势。再次，舆论宣传应关注大学生的成长需求和困惑。针对大学生在成长过程中可能遇到的迷茫、困惑和挑战，社会舆论宣传应提供积极的引导和支持。通过分享成功经验、解析人生哲理、传授实用技能等方式，帮助大学生明确人生目标、提升其自我认知、增强解决问题的能力。此外，社会还应营造良好的舆论氛围，为大学生责任担当意识的觉醒提供有力支持。通过正面报道、客观评价、理性讨论等方式，传递正能量，引导大学生树立正确的价值观和人生观。与此同时，也要加强对网络舆论的监管和引导，防止不良信息对大学生的负面影响，确保他们在健康、积极

---

① 《岳阳楼记》，《范文正公文集》（卷八），《范仲淹全集》，凤凰出版社 2004 年版，第 169 页。

的环境中成长。最后，高校、家庭和社会应形成合力，共同推动大学生责任担当意识的形成。高校应加强思想政治教育和实践活动，帮助大学生增强社会责任感和使命感；家庭应注重培养孩子的独立性和自主性，引导他们积极参与家庭和社会事务；社会则应提供丰富的实践、志愿服务等机会和平台，让大学生在亲身实践中体验责任担当的重要性，并在实践中锻炼成长、承担责任。

总之，社会加强舆论宣传引导是唤醒大学生责任担当意识的重要途径。通过突出强调社会责任、关注成长需求、营造积极氛围以及形成合力共同培养等措施的实施，我们可以有效激发大学生的责任担当意识，塑造大学生独立健全的君子人格，推动他们积极投身社会实践，为实现中华民族伟大复兴的中国梦贡献青春力量。

(三) 倡导崇德向善，提供精神滋养

社会应营造崇德向善的良好氛围，为大学生君子人格的养成提供精神滋养。一个崇德向善的社会环境，不仅能够塑造大学生的道德品质，还能够激发他们的道德情感，使他们在内心深处真正认同和追求君子人格。

崇德向善的氛围有助于培养大学生的道德意识。在一个注重道德、崇尚美德的社会中，大学生会潜移默化地受到熏陶和影响，逐渐树立起正确的道德观念和价值观。他们会更加关注自己的道德修养，注重培养自己的道德品质，从而在日常生活中展现出君子之风范。同时，崇德向善的氛围能够为大学生提供道德榜样和力量。社会中涌现出的道德模范和先进典型，他们的行为和事迹是对大学生最好的教育和激励。这些榜样所展现出的高尚品德和崇高精神，能够激发大学生的敬仰之情，并促使他们努力向榜样看齐，不断提升他们自己的道德境界。此外，崇德向善的氛围还能够增强大学生的社会责任感。在一个充满正能量的社会中，大学生会更加关注社会问题，积极参与社会公益事业，为社会的发展贡献力量。他们会将个人的成长与社会的进步紧密联系在一起，以实际行动践行君子人格所蕴含的社会责任。

为了营造崇德向善的良好氛围，社会各方应共同努力。政府应加强对道德建设的引导和推动，制定相关政策法规，弘扬社会正气，惩治不道德行为。媒体应发挥舆论引导作用，广泛宣传道德模范和先进事迹，传播正能量。学校和家庭也应加强对大学生的道德教育，培养他们的道德情感和道德判断力。同时，社会各界还应该采取一系列具体措施。例如，加强媒体对道德模范和先进事迹的宣传报道，让正能量在全社会广泛传播；开展形式多样的道德教育活动，如道德讲堂、志愿服务等，让大学生在实践中感受道德的力量；同时，还要加强对网络空间的监管和引导，防止不良信息的传播，维护网络空间的清朗和健康。总之，营造崇德向善的良好氛围对于大学生君子人格的养成具有重要意义。通过全社会的共同努力和持续推动，我们可以为大学生创造一个更加健康、积极、向上的成长环境，促进他们成为具有高尚品德和优秀才能的新时代君子。

（四）健全奖惩机制，建设诚信社会

社会应健全奖惩机制，建设诚信社会，培养大学生的诚信意识，从而为大学生君子人格的养成奠定坚实基础。这一举措不仅有助于推动社会的道德进步，而且能促使大学生形成健全的人格，为他们的未来发展提供有力保障。

健全奖惩机制是建设诚信社会的关键所在。通过明确的奖励和惩罚措施，社会能够向公众传递出明确的道德导向，鼓励诚实守信的行为，同时惩戒失信行为。这种机制能够强化人们的诚信意识，推动社会形成崇尚诚信、鄙视失信的良好风气。同时，培养大学生的诚信意识是塑造君子人格的重要一环。诚信是君子人格的核心要素之一，它体现了个人对道德规范的遵守和对社会责任的担当。通过加强诚信教育，引导大学生树立正确的价值观和道德观，可以帮助他们形成诚实守信、言行一致的品质，为君子人格的养成打下坚实基础。

为了有效培养大学生的诚信意识，社会应采取多种措施。一方面，可以通过开展诚信教育活动、宣传诚信典型等方式，增强大学生对诚信重要性的认识。另一方面，可以建立健全信用记录体系，将大学生的诚信行为纳入信用记录，作为评价其综合素质的重要依据。同时，对于失信行为，应给予相应的惩罚和警示，让大学生深刻认识到失信的严重后果。此外，建设诚信社会也需要全社会的共同努力。政府应加强对诚信建设的引导和监管，制定相关政策法规，为奖惩机制的健全提供有力保障。媒体应加强对诚信文化的宣传和推广，营造诚信社会的良好氛围。企业和社会组织也应积极参与诚信建设，共同推动社会的道德进步。

总之，健全奖惩机制，建设诚信社会，培养大学生的诚信意识，从而为大学生君子人格的养成奠定坚实基础。这一举措的实施需要社会各方的共同努力和持续推动，只有这样，我们才能培养出更多具有高尚品德和优秀才能的人才，为社会的繁荣和发展作出积极贡献。

第六章　提高思想觉悟
　　　　达到精神成人

　　立德树人是教育的根本任务，党的十八大以来，以习近平同志为核心的党中央始终把"培养什么人"作为教育的首要问题，强调五育并举，坚持德育为先，促进人的全面发展。然而，在新时代社会生产力迅速发展使大学生的物质生活水平进一步提升的同时，市场经济过度逐利竞争、功利主义等不良思潮的传播等消极因素的影响也逐渐显现。部分大学生价值取向功利化，相对忽视自我精神文化生活的追求，其人格发展也存在多种缺陷。虽然他们在生理和法律层面上达到了"成人"的标准，但是在心理素质、道德修养、价值追求、思想精神等维度上却远没有达到"精神成人"的要求。因此，有必要明晰新时代大学生"精神成人"的内涵，厘清"精神成人"在不同维度上所表现出的具体内容，引导大学生达到"精神成人"的标准，努力完成由学生向成熟社会人的角色转化，真正肩负起"精神成人"所应承担的社会责任，努力成长为堪当民族复兴大任的时代新人，更好地实现人之为人的生命价值。

　　"精神成人"不仅是指人在生理意义上发育完全，也不仅是在法律意义上达到成年的标准，拥有相应的权利与义务，而且更关键的是在价值意义上成长成熟，能创造并实现自我生命价值。价值意义上的成人与"精神成人"这一概念紧密相连，国内首次界定"精神成人"这一概念的夏中义认为，"成人"更关键的就在于其价值意义上。他从人文教育的角度出发，提出精神成人是"强调一个普通的大学生应在本科期间初具'独立精神、自由思想'之潜质"①。精神成人的过程就是在对"如何做人"这一终极人生命题的持续追问和践履中不断提升自我精神境界的过程。在精神成人的过程中人们要处理好人与自我、人与国家以及人与世界的关系，将生理意义上的"个体"生命转化为价值意义上的"主体"角色，要不断培育独立精神和自由思想等人文潜质，在不断升华自我的过程中创造更有意义的人生。

第一节 大学生实现精神成人的意义

新时代大学生实现精神成人对于个人成长、社会进步和国家发展都具有重要意义。因此，家庭、高校和社会应共同努力，为大学生提供丰富的精神教育资源和实践机会，促进他们实现精神成人的目标。

一 有利于大学生形成健全的人格品质

随着经济和科技的高速发展，新时代大学生的物质生活愈加充实，然而，在快节奏、高压力、强竞争的时代，大学生的精神文化空间变得相对狭小，精神文化生活的发展也相对减缓，在这种物质和精神文化生活发展相对不平衡的环境下，部分大学生的人格发展也处于不平衡和不稳定的状态，更难以形成健康、和谐、稳定的人格品质。大学生实现精神成人，对于他们形成健全的人格品质具有深远的影响。

精神成人的过程，不仅是知识的积累，而且是内心世界的成长与蜕变，它涉及对自我、他人和世界的深入理解和接纳，这种成长对于塑造健全的人格品质至关重要。首先，精神成人有助于大学生建立自我认知和自我接纳。在精神成长的过程中，大学生会不断反思自我，

---

① 夏中义：《大学人文读本·人与自我》，广西师范大学出版社2002年版，第5页。

了解自己的优点和不足，接受并尊重自己的独特性。这种自我认知和自我接纳能够让他们在面对挑战和困难时保持自信，不轻易受到外界评价的影响，形成稳定的人格基础。其次，精神成人意味着大学生具备了独立思考和自主决策的能力。他们不再盲从他人，而是能够根据自己的价值观和生活经验，对事物进行独立的判断。这种独立思考的能力，有助于他们在面对复杂多变的社会环境时，保持清醒的头脑，形成独特而健全的人格。再次，精神成人有助于大学生培养坚韧不拔的毅力和积极的生活态度。在成长的过程中，大学生会遇到各种困难和挫折。精神成人的他们能够以积极的心态面对这些挑战，从中汲取经验，不断成长。这种坚韧不拔的毅力和积极的生活态度，有助于他们形成乐观、自信、勇敢的人格品质。此外，精神成人能够培养大学生的道德品质和社会责任感。精神成人的过程是一个道德自觉和社会化的过程。在这个过程中，大学生会学习并内化社会规范和价值观念，形成正确的道德判断和行为准则。他们会更关注社会公正和公共利益，积极参与社会公益事业，为社会和谐与发展贡献力量。最后，精神成人还有利于大学生提高情绪管理能力和人际交往能力。他们能够更好地控制自己的情绪，避免出现冲动和偏激的行为；同时，也能够更好地与他人相处，建立和谐的人际关系。这些能力对于塑造健全的人格品质同样至关重要。

  总之，大学生实现精神成人，有利于他们形成健全的人格品质。通过培养独立思考能力、坚韧不拔的毅力、正确的道德观念和价值观以及良好的情绪管理和人际交往能力，大学生能够形成更加成熟、完善的人格，为未来的生活和事业奠定坚实的基础。

二　有利于大学生更好地实现人生价值

  受功利主义、物质主义等不良思潮的影响，部分大学生的价值取向较为功利化，他们只顾追求其自我价值的实现，并且只顾追求其自身的物质利益，往往忽视自身精神文化生活的建设，有的甚至将他们自己的私利置于公共利益之上，社会责任感欠缺，难以真正做到无私奉献他人与社会，因而也难以实现其自身的社会价值。大学生精神成人的过程，不仅仅是知识的积累和技能的提升，更重要的是内在的成长和蜕变，使大学生在思想、情感和道德层面都达到成熟的状态。这种成熟状态将为他们实现人生价值提供坚实的基础。

精神成人让大学生拥有清晰的人生目标和追求。通过深入思考和自我认知，他们能够明确自己的兴趣、优势和价值观，进而确定自己的人生方向和目标。有了明确的目标，大学生就能更加专注地投入学习和实践中，不断提升自己的能力和素质，为实现人生价值打下坚实的基础。同时，精神成人也赋予大学生坚韧不拔的毅力和积极的生活态度。在追求人生价值的道路上，难免会遇到各种困难和挑战。精神成人的大学生能够以乐观、自信的态度面对这些挑战，用坚定的信念和不懈的努力去克服它们。他们明白，人生的价值在于不断追求和奋斗，只有在克服困难中才能实现真正的成长和进步。重要的是，精神成人还使大学生具备高尚的道德品质和强烈的社会责任感。他们关注社会公正和公共利益，愿意为社会的和谐与发展贡献他们的力量。通过参与志愿服务、社会实践等活动，大学生能够将个人的追求与社会的需要相结合，实现个人价值与社会价值的统一。此外，精神成人有助于大学生建立健康的人际关系和广泛的社会网络。他们懂得尊重他人、理解他人、与他人合作共事的重要性，能够与他人建立良好的沟通和合作关系。这种良好的人际关系和社会网络将为大学生提供更多的资源和机会，有助于他们更好地实现人生价值。总之，大学生实现精神成人，有利于他们更好地实现人生价值。通过明确人生目标、培养坚韧毅力、提升道德品质、建立健康人际关系等方式，精神成人的大学生将能够在人生的道路上不断前行，实现他们自己的梦想和追求，为社会和国家作出积极的贡献。

三 有助于大学生更好地应对人生挑战

大学生实现精神成人，对于他们更好地应对人生挑战具有至关重要的作用。精神成人的过程，实际上是一个心理成熟和内在力量增强的过程，它帮助大学生在面对生活的种种挑战时，能够保持冷静、坚定和自信。

精神成人意味着大学生具备了独立思考和解决问题的能力。在大学阶段，学生会遇到各种各样的学术问题、生活难题以及人际关系的挑战。精神成人的大学生不再轻易依赖他人，而是能够独立思考，分析问题的本质，并寻找有效的解决方案。这种能力使他们能够在复杂多变的环境中保持清醒的头脑，灵活应对各种挑战。同时，精神成人有助于大学生培养坚韧不拔的毅力和良好的心态。人生道路上难免会遇到困难和挫折，而精神成人的大学生更能够保持积极的心态，勇敢地面对困难，并坚持不懈地努力。他们明白，挑战是成长的催化剂，只有经历过磨砺，才能更加坚强和成熟。这种心态和毅力使他们在面对挑战时能够保持信心，不断向前。此外，精神成人还能够帮助大学生建立正确的人生观和价值观。在应对人生挑战的过程中，大学生会不断思考和探索生活的意义和价值。精神成人的他们更能够明确自己的目标和追求，坚定自己的信念和原则。这种正确的人生观和价值观将成为他们应对挑战的精神支柱，使他们在困境中保持清醒和坚定。总之，大学生实现精神成人有助于他们更好地应对人生挑战。通过培养独立思考能力、坚韧不拔的毅力和正确的人生观价值观，精神成人的大学生能够在面对挑战时保持冷静、坚定和自信，从而克服困难，实现他们的自我成长和发展。

四　有助于高校落实立德树人的根本任务

立德树人是教育的根本任务，也是高校思想政治教育的目标导向，大学生精神成人的实现与思想政治教育立德树人的目标导向相一致。精神成人的过程不仅关乎大学生的个人成长和发展，而且与高校的教育目标和使命紧密相连。

精神成人强调大学生的内在成长和品质塑造，与立德树人的根本任务高度契合。立德树人旨在培养具有高尚道德品质和坚定理想信念的人才，而精神成人正是这一目标的体现。通过实现精神成人，大学生能够形成健全的人格品质，具备独立思考、批判性思维和社会责任感等关键能力，从而可以更好地履行社会责任和担当起民族复兴大任。同时，精神成人的实现有助于推动高校教育教学的改革和创新。为了实现精神成人的目标，高校需要注重培养学生的综合素质和创新能力，推动课程体系的优化和教学方法的改进。这有助于打破传统的教学模式，引导学生主动参与学习和实践，培养他们的创新精神和实践能力，从而更好地适应社会的需求和挑战。此外，精神成人的大学生在高校中能够发挥积极的示范和引领作用。他们的行为表现和道德风范将对其他学生产生积极的影响，带动整个校园文化的提升和氛围的改善。这种积极向上的校园氛围将进一步促进立德树人根本任务的落实，推动高校整体教育质量的提升。

总之，通过采取多种措施帮助大学生实现精神成人，有利于提升高校思想政治教育对大学生人格培养的重视程度，将关注视角进一步集中于大学生的实际生活，促进大学生的个性化和全面化发展，从而进一步落实立德树人的根本任务。

五　有助于促进社会更加和谐

大学生实现精神成人，对于促进社会和谐具有显著而深远的影响。精神成人的大学生具备更加成熟、理性和包容的心态，能够更好地融入社会、理解他人，并在社会生活中发挥积极作用，从而推动社会的和谐与进步。

精神成人的大学生具有更强的社会责任感和公民意识。他们关注社会公共利益，积极参与社会公益事业，愿意为社会的发展和进步贡献他们的力量。这种责任感和公民意识有助于增强社会的凝聚力和向心力，促进社会的和谐稳定。同时，精神成人的大学生能够更好地处理人际关系，化解社会矛盾。他们具备更强的沟通能力和同理心，能够站在他人的角度思考问题,理解他人的需求和感受。这有助于减少冲突和误解,增进人与人之间的互信和合作,为社会的和谐营造良好的氛围。此外,精神成人的大学生具备更高的道德素质和伦理观念。他们遵守社会规范,尊重他人的权利和尊严,具备正直、善良、诚信等优秀品质。这些品质在社会生活中发挥着示范和引领作用,能够带动更多的人遵守道德规范,共同维护社会的和谐与稳定。与此同时,精神成人的大学生还具备较强的创新能力和创业精神。他们能够敏锐地把握社会变革的机遇,勇于尝试新事物,为社会的发展提供新的动力。这种创新精神和创业能力有助于推动社会的进步和发展,为社会的和谐创造更多的可能性。

总之,大学生实现精神成人,有助于促进社会更加和谐。通过增强社会责任感、提高人际处理能力、提升道德素质以及发挥创新精神和创业能力,精神成人的大学生能够为社会的和谐稳定作出积极贡献,推动社会的持续进步与发展。

第二节 大学生精神成人的主要内容

新时代大学生精神成人的主要内容涵盖了心理成熟、崇德向善、自由思想、独立人格、批判思维、创造意义、社会责任感、自主选择能力,以及全面的道德和情感发展等多个方面。这些内容的实现,有助于大学生更好地应对人生挑战,实现其自我价值,并促进社会的和谐与进步。

一 心理成熟,意志坚定

身心健康是人们从事一切活动的基础和保障,精神成人不仅意味着人的身体机能发育完全,而且更重要的是人能在心理层面成长成熟,拥有健康的心理素质,真正确立自我同一性,对自我认知更加清晰,能够协调处理自我与外界的关系,真正实现自我身心的和谐健康发展。

(一) 拥有健康稳定的心理状态

在当前竞争激烈的社会大环境下，身心发育尚未完全成熟的大学生在面对来自外界的重重压力时，极易在心理情绪上产生剧烈波动，焦虑、不安、迷茫等消极情绪也随之产生。如果这些消极情绪无法排解，大学生正常的学习和生活节奏会被扰乱，长此以往，甚至会导致大学生产生抑郁、焦虑等心理疾病，严重影响大学生的身心健康发展。因此，精神成人在心理层面的表现就是大学生具有健康的心理素质，并且能通过各种方式自觉保持这种健康的心理状态。新时代的社会发展日新月异，大学生不能只是被动地接受、被迫地改变，而要根据社会发展实际快速调整自我，积极主动地学习新事物、新思想，磨炼自己的意志，使自己拥有一颗更加健康强大的心灵，不轻易为外界事务所干扰。

健康心理状态的维持与成熟稳定的情绪情感密切相关。在情绪情感方面，大学生的情绪状态饱满、情感体验丰富，但同时他们也是敏感、冲动、善变的。在日常的学习和生活过程中，受其自身以及外界各种不良因素的干扰，大多数学生往往不会一帆风顺，经常会遇到一些难以应对的挫折和挑战，紧张、苦闷、悲伤等不良情绪也会随之产生。这些不良情绪不断积累会给大学生带来持续性的或者过度性的消极情绪体验，不利于大学生身心健康发展。因此，新时代大学生精神成人也内含着大学生在情绪情感方面实现"成人"的要求，而实现情绪成人意味着大学生要学会体察并合理表达他们的情绪，提高其自我调控能力，及时调节和控制不良情绪，保持一种相对稳定的情绪状态。情感是情绪的本质内容，情感与人的社会需要紧密相关，体现着人特有的强烈生命气息与活力，它作为一种感性存在，渗透于人精神世界的方方面面，对人的成长与发展起着十分重要的作用。"情感成人即是情感走向成熟的表现"[①]，因此大学生要努力实现情感成人，学

---

① 李成福：《论大学生精神成人的内涵》，《长江丛刊》2019年第12期。

会更加自由自觉地控制自己的情感，发挥积极健康的情感因素对人的感染和激励作用，为大学生精神成人的实现提供更多的情感支持和动力保障。

（二）努力探索并确立自我同一性

所谓自我同一性，是指"青少年对他们自己的本质、信仰和一生中的重要方面前后一致及较完整的意识，也即个人的内部状态与外部环境的整合协调一致"①。大学生自我同一性的确立意味着大学生能够形成正确的自我意识，对其自身的优点和不足有清晰的认知，在这个基础上努力取长补短，不断完善和发展自我。大学生自我同一性的确立还表现为大学生能够正确认识并协调处理自我与他人、社会的关系，实现人际关系的和谐融洽，真正凭自己的力量立足于现实社会。人的本质是一切社会关系的总和，人的生存和发展离不开他人和社会，大学生精神成人的实现也必须在社会交往中进行。因此，大学生要真正确立自我同一性，将自己的过去、现在和将来组成一个有机整体，明确自己的人生目标和发展方向，努力在社会中实现人之为人的本质和价值。

在现实生活中，由于部分学生在中学时期面临着巨大的升学和考试压力，他们没有过多的时间去思考和解决"我是谁""我将要成为什么样的人"等一系列关乎自我同一性形成和发展的问题。因此，探索这些问题的答案以及建立自我同一性的重要任务也被延缓到大学时期来继续完成。除此之外，大学生还面临着由稚嫩的学生向成熟的社会人身份转换的任务，为了顺利完成身份转换，大学生需要对自己未来的"成人"角色有清晰的认知，需要在全新的社会环境中综合各种不同的社会角色，独立地作出决定并为自己的言行负责，只有这样才能真正担当起"成人"之责任，为养成"成人"之人格品质奠定坚实的基础。

---

① 时蓉华：《社会心理学》，浙江教育出版社2004年版，第169页。

(三) 实现自我心理过程的和谐统一

在心理健康层面，拥有健康稳定的心理状态只是大学生实现精神成人的一个前提和基础，更为关键的是大学生在确立自我同一性的过程中要将自己的正确认知、成熟情感、坚定意志等有机结合在一起，实现认知、情感、意志等心理过程的和谐统一，并最终将其落实于实现理想价值目标的实际行动之中。

首先，从认知过程来看，大学生要想对自我、他人以及社会形成全面正确的认识，就必须发挥他们的知性潜能，不断学习新知。孔子认为"成人"要有"臧武仲之知"，他从"成人"人格的普遍意义出发，认为智慧是养成"成人"人格的一个重要品质。荀子说："凡以知，人之性也。"[1] 他认为，有认识客观事物的能力是人的一种本性。总之，儒家秉持"学以成人"的观点，他们认为人只有在人文教化中不断学习，才能真正确定自己的人生价值方向，最终实现成德、成人的目标。这些对于新时代大学生精神成人的实现仍具有十分重要的借鉴意义。大学生必须更加重视认知过程的重要作用，不断开发知性潜能，为精神成人的达成奠定坚实的知识基础。

其次，从情绪情感过程来看，大学生要做到合理控制自己的情绪，发挥积极健康的情感因素对人的感染和激励作用。积极情感因素的培养离不开人文修养和审美情趣的提升，高雅的人文修养和审美情趣能促进人心灵的净化和情感的升华。因此，大学生要加强自我的人文审美教育，不断充实自己的精神世界，以更加积极向上的生活态度面对他人与社会，为精神成人的达成提供更多积极的情感支持和动力保障。

最后，从意志过程来看，大学生在实现理想价值目标的过程中，除了要提高认知水平并发挥积极情感因素的动力作用之外，最关键的是要磨炼坚强意志，提升自我思想韧性，不断克服前进道路上的困

---

[1] （唐）杨倞注：《荀子》，上海古籍出版社2010年版，第256页。

难。在意志过程中产生的行为就是意志行为，意志坚定与否直接关系到人们的行为能否顺利进行，大学生精神成人的达成和人生价值的实现都离不开意志过程的重要作用。因此，大学生要从心出发，坚定内心理想信念，树立远大志向，充分发挥自己的主观能动性，以顽强意志克服重重困难，一步步实现精神成人的理想价值目标。

二 崇德向善，勇于担当

在生理成人的基础上实现心理成人，拥有一个健康成熟的身心，这些都是新时代大学生精神成人的基础内容，而精神成人的核心在于实现道德成人。作为社会化的人，除了满足基本的生存需要和物质追求之外，还应该有自己的道德和精神追求。这种道德和精神追求是人对其自我的超越，它需要人养成高尚的道德品质，不断实现自我道德的提升。

（一）具有优良的道德品质

儒家认为，每个人都应有自己的人格，影响人格形成的关键因素就是道德本性，而由于每个人的道德本性的显隐程度及其发挥程度不同，因此导致其人格境界也有高低之别。因此，有学者认为"从小人到士君子，再到贤人、仁人、最高的理想人格圣人，这是儒家的人格进路"[1]。在儒家看来，德性始终贯穿于不同层次的人格之中，人格的根本内涵就是德性，"成人"就是要成就其自己高尚的人格。因此，只有加强自我道德修养，不断地培植和扩充德性，才能在人格层面不断成长进步，真正养成高尚的人格品质，在道德层面达到"成人"的标准。然而，部分现代人过分看重物质生活，相对忽视精神文化生活，他们对幸福和人生的意义缺乏科学的理解，更有甚者，其价值观念发生严重扭曲。这种不健全的人格在思想道德领域的表现尤为突出，部分人对社会道德问题态度冷漠、道德认知与道德行为脱节、为

---

[1] 唐凯麟、陈仁仁：《成人之道》，山东教育出版社2011年版，第61页。

获取个人物质利益而肆意践踏社会道德底线等等。儒家在涵养人的道德德性、完善人的道德情操方面提出了许多有益的观点，对今天大学生在道德领域达成"成人"目标、提高自我道德修养等具有重要的借鉴价值。

在新时代，精神成人意味着大学生能够在道德层面实现自我完善与提升，这需要大学生培养高尚道德品质，不断强化德性意识，努力克制感性欲望的过度膨胀，从而促进内心精神世界的充实与丰盈。高尚道德品质所涉及的内容十分丰富，具体来说，在国家层面，新时代的大学生应做到明国家之大德：筑牢马克思主义理想信念，坚定不移听党话、跟党走，弘扬民族精神，厚植爱国情怀，担当历史使命，为国家富强和人民幸福贡献出他们的力量；在社会层面，新时代的大学生应做到守社会之公德：自觉遵纪守法，待人团结友爱，与人和谐相处，为建设文明和谐的社会环境而不懈奋斗；在个人层面，新时代的大学生应做到严个人之私德：严格约束自己的操守和行为，尤其是在独处时更要加倍自律，自觉接受外界的监督，加强自我道德修养。加强道德修养需要大学生在"心"与"行"上协同发力，一是要存养一颗善良之心，通过存心养性使善心更加强大，使为善意识更加自觉；二是要不断积累善行，积善才能成德，以实际行动践行优良道德品质，努力在道德层面做到知行合一。

(二) 实现道德认知与行为的统一

在现实生活中，大学生在实现道德成人的过程中表现出双重特点。一方面，大学生通过不断学习，自我道德认知进一步提升，道德理性进一步增强；在道德情感方面，积极稳定的道德情感体验日趋丰富，为善意识进一步增强；在道德价值取向方面，虽然大学生群体中存在着多元化的道德价值取向，但是义利结合的价值取向仍占据主流地位。另一方面，大学生缺乏足够的道德自律，在面临道德选择时往往会犹豫迷茫，无法将正确的道德认知应用于道德实践中，造成日常道德行为的失范；在大学生群体中，功利化的道德价值取向更加明显,他们往往更关注个人利益的实现,相对忽视对他人和社会所应承担的责任。因此,必须在多元文化和多样化的价值取向中引导大学生实现精神成人,帮助大学生养成知行合一的"成人"人格,努力实现道德认知与道德行为的和谐统一。

实现道德认知与道德行为的和谐统一需要人们以道德修养为基础。心存善念、有正义感,不为名利所诱惑,坚持真善美的道德准则,并且努力以实际行动践行他们自己的道德准则,真正做到知行合一。实现精神成人,意味着大学生要不断加强自我德性修养,不仅要了解社会道德规范的相关理论知识,还要在这个基础上进行理性分析,作出正确的道德判断和道德选择,并自觉自律地将其运用于具体的道德实践中。一方面,大学生要充分学习中华优秀传统文化等人类文化成果中凝结出来的道德知识和道德智慧;另一方面,大学生要充分重视道德教育的关键作用,自觉加强德性养成,促使德性成为自觉的意识、自身的习惯和自动的要求,最终实现道德认知与道德行为的和谐统一。在这个过程中,最关键的就是要将伦理精神与社会道德规范内化于自己的心灵之中,从内心深处真正认同这些伦理精神与道德规范。只有这样,大学生才能自觉遵守道德规范、自觉践行伦理精神,并将其转化为个体的道德习惯,从而真正在道德维度上不断提升自我,实现精神成人。

(三)在道德实践中践行责任担当

儒家认为,人要"成人"必须有以天下为己任的责任与担当。孔子认为"三十而立",人要自立于社会就必须树立起一颗承担责任的心,"五十知天命"更体现了孔子对整个人类社会的使命与担当;孟子的"成人"的理想人格是"大丈夫",这种"大丈夫"人格的突出特点就是刚毅浩然、自强任道,具有强烈的历史使命感和责任担当精神;王夫之认为,"成人"就是要追寻人生意义、超越生命价值,而追寻生命的意义就要将个体归于自然、归于社会,使其置身于社会活动中,这是强调人的主体性与责任担当。总之,儒家在社会理想方面的目标就是将个人价值与社会理想相结合，要求人们在社会中实现价值。儒家知识分子以"立德、立功、立言"作为他们的人生追求，在实现个人身心修养的同时，进一步实现其自身的担当和社会责任，做到"达则兼济天下"，做到"修身齐家治国平天下"，做到"为天地立心，为生民立命，为往圣继绝学，为万世开太平"。

儒家所强调的成人之责任担当在新时代仍具有重要意义，因为在道德实践中承担社会责任是大学生将伦理精神与社会道德规范外化于行的具体表现。新时代大学生精神成人的一个最主要标志就是责任意识强，能积极践行担当精神并勇于承担责任。大学生不仅要对自己的言行负责，而且更重要的是自觉主动地肩负起对他人和社会的责任，这意味着大学生要培养一颗责任之心，将外在的他律转化为内心的自觉，不断磨炼自我意志，坚守他们自己的责任，不轻言放弃，通过自己的努力去奉献他人、回报社会。儒家秉持"学以为己"的观点，认为求知学习恰是为了成就他们自己真实的德性，而不是为了求取外在的名利。因此，大学生要通过学习不断修养自己的德性，在人生追求上真正摆正人与他人、与万物的价值关系，只有这样才能在人们的心灵中自然地升起对自己、对他人无限的责任感，真正养成一颗责任之心。

对于责任担当问题，习近平总书记曾指出："青年一代有理想、有本领、有担当，国家就有前途，民族就有希望。"[1] 因此，新时代的青年大学生必须坚定理想信念、磨炼过硬本领，必须坚持砥砺奋斗，努力培养自己的责任意识和担当精神，不仅要在道德实践中努力担当责任，做到知行合一，而且要在日常生活的点滴小事中践行责任意识与担当精神，努力成长为堪当民族复兴重任的时代新人。

三　志存高远，崇尚价值

价值成人是新时代大学生精神成人的一种价值旨向，实现价值成

---

[1] 《习近平谈治国理政》第3卷，外文出版社2020年版，第54页。

人需要大学生树立起科学的人生价值观，正确认识自我价值与社会价值的关系，在这个基础上作出正确的价值判断，从自己的精神生活需要出发，选择符合实际的理想价值目标，在个人理想追求和社会价值实现的双向互动中成就自我，坚持砥砺奋斗，让其人生更有意义。

（一）正确认识自我价值与社会价值

人生价值包括自我价值与社会价值两个方面，二者既相互联系又相互区别，必须辩证地看待二者的关系。人生的自我价值是指自我、社会和他人创造的价值对个人自我需要的满足、对个人的尊重以及肯定评价，人生自我价值的实现离不开社会，它需要社会提供必要的物质支持以及精神上的认可与激励。人生的社会价值是指个人对他人和社会所作出的贡献，人生的社会价值在人生价值中是更为重要的一方面，如果没有每个个体对他人和社会的付出与贡献，那么整个社会就不可能继续存在和发展，人生自我价值的实现也就失去其现实基础。但是，这并不意味着人生自我价值的实现是不重要的，因为如果个人无法从社会或他人那里获得物质和精神上的满足，那么他不仅会丧失生存和发展的必要条件，而且会失去继续前行的精神动力，更无法实现其人生的社会价值。

新时代的大学生必须清晰地认识到，人生的自我价值与社会价值是辩证统一的，人的社会性决定了人生的社会价值是人生价值的基本内容，对一个人的人生价值进行评判，关键是看这个人通过劳动对他人和社会作出了多大的贡献。新时代大学生要在价值层面实现"成人"，关键是要努力创造并实现人生的社会价值，努力为国家富强和人民幸福贡献力量。

（二）将个人理想寓于社会价值实现

大学生要真正实现价值成人，最关键的是要将个人理想追求与社会价值实现结合起来，将个人理想寓于社会价值实现。具体来说，大学生应该将个人的职业生涯规划与新时代全面建设社会主义现代化国家的新征程结合起来，在追求个人理想价值目标的过程中兼顾社会责任与担当，勇敢地肩负起实现中华民族伟大复兴的历史重任。

实现个人理想追求与社会价值实现的双向互动的最好方式就是将个人的理想追求寓于社会价值实现之中，即大学生所确立和追求的个人理想价值目标应该与整个社会的总理想价值目标相一致。这就需要大学生明确"国家和社会的总理想价值目标是什么""大学生在社会理想价值目标实现的过程中应该承担起怎样的责任"等问题，只有对这些问题有清晰的认知和判断，大学生才能找到正确的前进方向，树立起高远志向，担当起他们自己所应承担的责任。新时代大学生的理想信念并不是处于一种缺失的状态，绝大部分大学生都有其自己的理想价值目标，只不过有一部分大学生的理想价值追求较为功利化，"其理想信念状况同样展现出双重价值意义上的混合"①。在学习方面，他们往往更重视专业知识与技能的学习，相对忽视人文素养的提升；在职业选择上，他们更关注职业待遇，轻视职业对于人生价值实现的重要意义。还有一部分大学生存在着理想目标不切实际、理想信念不坚定、个人意志薄弱等问题，这些问题的存在意味着大学生养成"成人"人格必须加强理想信念教育，要正确认识并协调处理自我与社会的关系以及个人理想与社会理想的关系，确立高远的、切合实际的理想价值目标，真正在奉献他人与社会的过程中实现人生价值。

(三) 坚定理想信念并为之不懈奋斗

实现价值成人的目标不是一蹴而就的，首先，大学生要正确认识自我价值与社会价值的关系，依据其自身和社会发展实际作出正确的价值判断和价值选择；其次，大学生要将自我理想追求与社会价值实现相结合，确立高远的理想价值目标；最后，大学生要坚定理想信念并为之不懈奋斗，要在生活实践中磨炼顽强意志，充分发挥他们自己的主观能动性，在追寻理想目标的过程中不断为他人和社会作出贡献，从而真正实现价值成人。

---

① 黄聘、李辉：《大学生精神成人的现代特征与教育指向》，《江苏高教》2012年第6期。

有无理想价值目标、有怎样的理想价值目标对大学生"成人"人格的养成意义重大，因为在选择和确立理想价值目标的过程中，大学生会对"我应该成为什么样的人""我应该如何学习和发展才能成为自己理想中的人"等问题有深入的思考。在这个基础上，大学生才能够进一步正确认知自我，缓解自我心理压力，不断调整自己前进的方向，最终才有可能实现其社会认同与自我认同的和谐统一，为"成人"人格的发展与完善提供更大的精神力量。然而，确立理想价值目标只是实现价值成人的第一步，关键在于大学生如何去实现自己的理想价值目标。理想价值目标的实现过程是充满艰难曲折的，它需要大学生以顽强的意志、坚定的信念和不懈奋斗的精神一步步朝着目标努力，在拼搏奋斗中不断充实提升自我，将青春小我融入祖国大我，努力在实干奋斗中实现人生价值。

四　独立思考，思想丰富

新时代大学生精神成人的达成不能止步于道德成人的实现，思想境界是大学生思想文化生活的重要体现，大学生要不断丰富自己的精神文化生活，就需要善于思考学习，不断升华其思想境界。

（一）发挥知性潜能，丰厚思想土壤

丰厚自我思想土壤即是增强自我思想厚度，思想的厚度代表了一个人的智慧和见识，拥有深厚的思想可以帮助人们更好地理解问题的本质和内在联系，从而更好地作出明智的判断、选择和决策。然而，增强思想厚度并非轻而易举之事，它需要大学生充分发挥自己的知性潜能，通过不断的学习新知来充实自己的头脑。

学习新知意味着大学生一方面需要不断拓宽自己的知识面，另一方面则需要深度的反思和思考。拓宽知识面可以通过多样化的阅读来实现，大学生除了要阅读与他们专业相关的书籍，更重要的是还要拓宽自己的视野，广泛涉猎各种不同领域的书籍文章，增强其自我人文素养。深度的反思和思考需要大学生在实践活动中反复进行，"人的批判认知的产生、形成和发展依赖于实践源泉的给养"①，在深度的反思和多角度的思考过程中，大学生的批判性思维也逐步形成。同时，通过自我反思，大学生也会更加清楚自己的言行是否达到了其内心的标准，在反躬自问的过程中使自己的内心更加强大而坚定，从而更加明善向善，为实现自己的人生价值找准前进的方向。

（二）提升审美情趣，提高思想层次

部分大学生的思想层次仍处于较为功利的阶段，学校给予他们的科学价值观教育与现实生活中的某些具体实际相割裂，大学生在这种理想和现实割裂的状态下，自身也处于矛盾状态，而这种状态所导致的思想境界必然是有限的和功利的。提升大学生的审美境界可以由侧面的价值观教育入手，而更为直接的方式就是提升大学生的审美情趣，不断丰富他们的情感世界，不断陶冶他们的情操。

大学生提升审美情趣包含以下几个方面：一是学习美学理论，培育审美观念。美学理论的学习和审美观念的培育都属于对审美认知方面的学习，要了解一些基本的美学概念，在此基础上形成健康的、积极向上的审美观。二是培养健康情趣，提高审美趣味。审美趣味受人的精神境界制约，因此它有健康、病态或高尚、低级之分。大学生应加强审美修养，首先要从培养健康的生活情趣入手，然后在此基础上多培养高雅的情趣，少接触低级庸俗的事物。三是通过参加相关的艺术活动，增强审美判断。审美判断是一种对美的理解、辨别以及评价能力，它是主体思想境界、理论深度、人生阅历等素质的体现，大学生可以通过参加各种艺术表演、鉴赏活动等增强自己的审美判断能力。

（三）磨炼顽强意志，增强思想韧性

杨国荣认为："自我之所以虽知其善，却不能付之于行；虽知其

---

① 魏锡坤、林君敏：《"微时代"大学生"精神成人"教育旨向研究》，《顺德职业技术学院学报》2019年第2期。

恶，却仍行而不止，常常便是由于缺乏坚毅的意志。"① 因此，从知善知恶到为善去恶，必须克服意志的软弱。大学生实现精神成人的过程也是如此，不仅需要丰厚自我思想土壤、提高自我思想层次，还需要不断提升自我控制能力，在磨炼顽强意志的过程中增强自我思想韧性。真正在精神层面成人的大学生必然是思想坚定的人，他们不会轻易被外物所迷惑和动摇，坚守自己内心的道德准则，从容不迫地应对多变的社会环境和人际交往关系，成为"能定能应"的成熟完美之人。"能定能应"一词出自荀子，荀子曾言："德操然后能定，能定然后能应。能定能应，夫是之谓成人。"② 他认为，有德行和操守的人才能做到坚定不移，只有在坚定不移的基础上才能做到随机应变，这样坚定不移并且能随机应变的人才是真正的"成人"。这里的"能定"就代表了一种坚定顽强的意志，"能应"则是"成人"具有思想韧性的重要体现。人并非生来就是"成人"，"成人"之路必然充满了艰难险阻，人们需要在后天不断学习，逐步培养起顽强意志，努力克服各种成长困难和烦恼，同时也要学会循序渐进和量力而行，不断调整自己以逐步适应瞬息万变的外部环境，从而真正实现自我成长、自我发展与自我完善。

五 精神独立，勇于创新

大学生精神成人不仅表现在心理素质、道德修养、价值追求、思想境界等层面上，还表现在更深层次的人的精神世界的充盈与提升方面。精神世界是大学生价值与力量的体现，大学生只有在精神层面上成长成熟，养成独立自主、追求自由、自尊自信等优良精神品质，才能真正实现精神成人。

（一）具有独立自主之精神

大学生精神成人首先应该是一种独立的人格，这种独立不仅仅

---

① 杨国荣：《杨国荣讲王阳明》，北京大学出版社2005年版，第57页。
② 张觉：《荀子译注》，上海古籍出版社2012年版，第10页。

是一种不需要依赖他人而凭其自己的力量去进行必要的物质生活的能力，更关键的是要实现精神生活的独立自主。实现精神独立，首先要求大学生撑起一片属于自己的精神天空，建立起自己的精神支柱，这意味着大学生要有坚定的理想信仰，在科学理想信仰的指引下自觉努力前行，创造出自己的精彩人生。其次，大学生要有客观正确的主体意识，要认识到人是自己命运的主人，只有积极发挥主观能动性才能克服前进路上的挫折，在一步步实现理想目标的过程中，人才能获得更大的自由，不断实现其自身的全面发展。最后，大学生在形成正确的自我意识的基础上，还需要理性地进行自我体验和自我调节。自我体验是指大学生能够拥有自己的精神世界，并且当他们独处时可以感受到其精神世界的快乐所在；自我调节是指大学生能够在他们自己的精神世界里进行自我反思、自我疗愈，在一次次的经受考验中不断增强其心理承受能力，筑牢其精神支柱，进一步增强其精神力量。

大学生养成独立自主的精神品质的重要表现之一就是具有较强的生活实践能力，因此，大学生要牢牢把握接触和了解社会的机会，积极参与社会实践活动。社会实践活动的形式是丰富多样的，大学生既可以参与学校集体组织的实习训练、志愿服务以及社会调查等活动，也可以在日常的学习和生活中锻炼实践能力。在参与实践的过程中，大学生要亲力亲为，亲身体验和感受，在开阔眼界的同时磨炼自己的意志，提升自己独立应对问题的能力，不断升华自己的思想境界，在思想精神层面真正有所成长。

(二) 养成追求自由之精神，敢于批判创新

大学生精神成人所追求的自由更多地指向一种精神和意志的自由，而这种自由精神和自由意志在大学生身上通常表现为其具有独立的人格，能够自主地判断和选择，能够自由地表达、自觉地担当责任等。因为人们是通过语言来表达其内心的真实想法和根本需要的，所

以"自由表达是自由意志的核心要素"①。但是自由表达的前提是自由思考,因此大学生首先要学会自由思考,自由地放飞他们的心灵和思想,在日常的生活和学习过程中做个有心人,善于发现问题、提出问题,遇到问题多多开动脑筋,在保持思想积极性的同时增强思想专一性,努力克服外界不良因素的干扰和影响。

自由地表达自己的思想观点需要大学生养成批判思维,敢于批判并不断开拓创新是大学生自由表达的内在动力。大学生在培养批判思维的过程中需要注意以下几点:第一,任何的批判质疑都是要有事实依据和理论逻辑的,以批判的思维面对世界并不是没有任何理由地怀疑一切。第二,大学生要养成批判思维,不仅要批判性地看待他人和外界的一切事物,还要学会批判自我,要彻底地剖析自我,加强自我反省,不断实现自我提升。第三,培养批判性思维并不断开拓创新的根本目的是追求真理和科学,大学生在运用批判性思维解决问题时要遵循一定的原则和程序,以科学的方法进行批判,努力做到有理有据,这样才能更好、更自由地表达他们自己的思想观点。但是,自由表达并不是一种绝对的自由,大学生在表达思想观点时必须遵循基本的法律和道德规范,不得损害他人权益,不得危害社会秩序,要学会以科学合理的方式表达他们自己的诉求和观点,这也是大学生在思想精神层面"成人"的重要表现。

(三) 养成自尊自信之精神,积极面对人生

精神成人不仅表现为大学生拥有人格尊严,能够实现人格层面的独立自主,而且更重要的是大学生要有精神尊严,不屈服于权威,不人云亦云,勇于提出并坚持自己的观点,有自己的原则和态度。为此,大学生要在日常的生活、学习等各个层面努力培养自尊精神,真正做到自尊自重,对自己的人生负责,为实现其人生价值而不懈奋斗。大学生培养自尊精神的基础是自信,自信意味着相信自己,不仅

---

① 张笑涛:《大学生精神成人:为何与何为》,《现代教育管理》2011 年第 9 期。

包括相信自己所具有的能力，也包括相信自己对于他人和社会的意义和价值。自信才能自立，自立而后才能自强，因此，大学生要努力培养自信精神，坚定信念、艰苦奋斗，凭借他们自己的力量立足于社会之林，真正成长为独立而有尊严的成熟之人。

大学生养成自尊自信之精神意味着他们能以理性平和、积极乐观和奋发进取的人生态度应对生活中的困难和挑战，这不仅有利于大学生人生境界的提升，而且有助于大学生人生价值的实现，是大学生在社会实践中获得本质力量的表现。大学生之所以要养成独立自主、追求自由、自尊自信等精神品质，就是因为要在其思想和精神层面有所提升，从而真正实现精神成人。在为人处世的过程中能够保持积极进取的人生态度，成长为一个人生境界高尚的人，理应是大学生精神成人的重要价值目标和追求导向。

第三节 大学生实现精神成人的途径

大学生精神成人的达成不能仅凭知识传授，它不仅需要大学生发挥其自身积极性，坚持在学习、思考和实践中实现精神成人，而且需要学校、家庭、社会三个主体协调配合，进一步提升对大学生精神成人教育的重视程度，发挥教师和家长的人格榜样示范作用，引领大学生树立正确的价值导向，以更加积极向上的精神风尚激励大学生努力实现自己的理想人格目标。

一 学以成人：大学生在"学"中达到精神成人

"学以成人"是先秦儒家传统核心观念的一种体现，它对于促进新时代大学生精神成人的达成意义仍然重大。儒家经典《论语》以"学而"章为首篇，整部经典对于"学"这一问题所谈甚多，可见"学"对于儒家教育的重要意义。但是在今天，"学"的内容绝不仅仅是对"礼、乐、射、御、书、数"等具体文化传统的学习，更重要的是要通过对包括传统经典在内的文化知识的学习和反思，将其贯穿于大学生自身的道德和社会实践中，通过其终身的学习和努力，由自然人转化为成熟的社会人，最终达到精神成人。

（一）博学多识，提升人文素养

精神成人的实现首先就要有一定的认知基础，而认知水平的不断提升离不开学习。但是学习和求知的立足点在于自身，不是为了知识而求知，也不是为了考试而学习，而是真正为了自己的生命成长而学习。因此，大学生应努力做到博学多识，要通过广泛的学习不断增长自己的见识，在不断学习新知的过程中对所学的东西有所理解和感悟，从而触发内心的感觉，这种思想共鸣以一种"隐默"的形式沉积下来，最终发展成为一种稳定的心理状态，影响着人一生的成长与发展。

"人只有在创造文化的活动中才成为真正意义上的人，也只有在文化活动中，人才能获得真正的自由。"[1] 大学生的学习过程是创造文化活动中的重要一环，因此其学习范围绝不能仅仅局限于专业知识的学习，更重要的是要学习各种人文知识，培养自我人文精神，提升自我人文素养，在持续深入的学习过程中不断塑造自我。中华优秀传统文化中的各种文化典籍就内含着十分丰厚的人文精神养料，新时代的大学生必须重视传统典籍对于人成长发展的重要意义。但是，新时代的大学生对许多优秀传统文化典籍了解的不是很多，或许他们可以知道经典的一部分内容，但却很难理解它的真正意义。并且"知之"只是学习或认知的起点而不是终点，关键是要做到"行之"，将典籍中的人文精神、品德规范用于日常生活，并且能够真诚地、身体力行地践行所学的内容，只有这样大学生才能真正理解所学内容。

除此之外，大学生还要努力学习各种生活技能，不断积累独立生活的人生经验。大学生提升生活技能的方法主要包括以下几个方面：

---

[1] ［德］恩斯特·卡西尔：《人论》，甘阳译，上海译文出版社2004年版，第6页。

一是可以通过阅读相关书籍来学习各种生活常识，为提高生活能力奠定一定的认知基础；二是要培养他们自己的独立意识，从小事做起，自己动手解决问题，锻炼自理能力；三是要分清优先次序，学会在复杂的环境中理清思路，做到有条不紊；四是要做好时间管理，制订个人日程计划，在时间控制和任务安排上进行规划与调整；五是要保持学习的态度，面对新事物要保持好奇心，以积极向上的心态主动获取信息，不断提高知识面和技能水平。大学生作为独立自主的个体，最终要以成熟的社会人的身份独自面对生活中的风雨考验，因此他们在进入社会之前就需要掌握基本的生存技巧，不断提升他们的自我生活技能，培养其自身的独立品格。大学生的独立品格应具有全面性、和谐性，不仅仅表现为在物质生活中不依赖外物与他人，更表现为精神上的独立自主，勇于追求真理、不断解放思想，通过自己的努力牢牢把握自己的命运。只有先学会做人并努力实现人自身的生命价值，才能真正把事情办好、把学问做好，在"成人"之路上走向成才。

（二）学思结合，加强自我反省

每个人天生的智力水平和身体素质可能存在着一些差异，但是人与动物不同，人有自己的主观能动性，可以在后天的学习过程中不断缩小这种差距，使人从本然形态转化为"知明而行无过矣"的君子境界，不断发扬人性的价值，这实质上就是学以成人的过程。以"学"来改变人包含两方面的内容：一是"博学"，二是"参省"。荀子说："君子博学而日参省乎己，则知明而行无过矣。"[1] 博学就是要广泛地学习知识经验，不断积累知识，真正掌握知识；参省就是要在自身体验的基础上加强自我反省和自我教育。在整个"学"的过程中博学和反思相互统一，这是两个相互关联、不可分割的环节，只有自觉地将这两个方面相结合，才能真正践行所学知识而无过失。

古人讲的"博学而参省"实质上就是学思结合。"学"与"思"

---

[1] （唐）杨倞注：《荀子》，上海古籍出版社2010年版，第1页。

的关系,从逻辑层面来看,广义上的"学"包含着"思"的内容,而狭义上的"学"则与"思"是相对的关系。但从根本上来说,无论是从哪方面来看,"学"与"思"都不可能完全分离,"学"对知识的把握为自由思考提供了前提和基础,通过自由而深入的"思",人才能够产生更多创造性的认识成果,不断丰富人所"学"的内容。总之,只有将学和思相结合,才能使两者相互促进,人才有机会成为既有思想又有学识的全面发展之人。大学生在学习过程中也要掌握学思结合的方法,加强自我反省与自我教育。首先,学习是一个长远的过程,要学会温故知新,学会放慢脚步去总结和回顾。如果一味地埋头向前冲,总想着学习更多的新知识,长此以往,不仅对学过的知识把握不牢,而且会产生挫败感和倦怠感,难以达到最优的学习效果。因此,大学生在经过一段时间的学习后,要回顾这一阶段所学的知识,在牢记的基础上,加深理解,在不断反省的过程中有新的认知与提升。其次,要"善假于物",学会借助前人积累起来的知识成果,善于利用已有的各种外部条件,在此基础上与时俱进,不断扩展自己的知识面。在自我反省的过程中,大学生可以用已学到的知识去理解和解释正在学习的知识,让已经掌握的知识真正发挥作用,最终达成与时俱进、为我所有的目标。最后,大学生要学会在实践中调动自己的多个感官,通过视觉、听觉、触觉、嗅觉等去感受知识的本来面目,要尝试用自己的语言和行动去表达自己的见解,形成自己的逻辑和思想观点。"学"的过程是站在巨人的肩膀上获取知识的过程,而"思"的过程则需要大学生融入自己的经历和经验,将两者结合起来才能真正把知识学明白,从而在自我教育的过程中不断获得新的发展与提升。

(三)以心治性,培养顽强意志

"心者,身之主也。"[①] "心"是发挥主体力量的内在基础,它能

---

① 王晓昕、赵平略:《阳明先生集要》,中华书局2008年版,第211页。

在自我选择的基础上发挥个体的意志力，深刻影响个体最终的行为选择。"学以成人"是一个长期而艰苦的过程，大学生精神成人的实现需要个体建立起强大的理想信念，以顽强的意志努力实现自我人生价值。以心治性就是以顽强的意志克服过多的私欲，促使人坚守内心的德性，发扬善行、抑制恶念，坚持在向善向上的人生方向上实现其自身的生命价值。杨国荣认为："如果脱离人格的内在基础，单纯强调个体在社会性中的人格塑造，就容易把成人过程理解为一种外在灌输"①，因此，大学生精神成人的实现过程必须重视"心"的基础性作用，发挥大学生自身的主体能动性，努力以自觉自愿的方式养成"成人"的德性人格。

　　人是意志与情感相统一的整体，并且意志的作用力对人的影响更大。顽强意志是个体由心出发所作出的自主选择，换言之，"心"承载着个体的顽强意志。因此，在具备坚定意志心的前提下树立远大志向是"成人"人格养成的重要一环。意志包含着意向与志向两个方面的内容，两者密切相关，"仅仅根据内心意向而采取行动容易产生方向的偏离，志向的引导才能纠正因为意向产生的错误倾向"②。王阳明说："夫学，莫先于立志。"③ 在学习做人的过程中，首要的是立志。这里的立志并不是指具体的人生理想，而是要确定我应该成为一个什么样的人，我为什么要活着，我最终安身立命在何处。新时代的大学生应将他们自己置身于广阔的社会生活之中，确立追寻人间正道的远大志向，在志向的导向作用下，以顽强意志担当起自己的责任，努力实现人的生命意义与价值。大学生顽强意志的培养可以从以下几个方面做起：首先，提升意志力的关键是要集中精力改掉一个坏习惯，努力改掉坏习惯的过程也是意志力渐渐提升的过程。虽然习惯一旦养成

---

　　① 杨国荣：《善的历程：儒家价值体系研究》，北京师范大学出版社 2018 年版，第 125 页。
　　② 吴新颖、严培：《成人的三个维度——王夫之成人思想新探》，《湘潭大学学报》2022 年第 4 期。
　　③ 王晓昕、赵平略：《阳明先生集要》，中华书局 2008 年版，第 313 页。

就很难改变，但只要从小事做起，足够坚持、肯下苦功夫，那么人就会真正有所改变，从而继续向着更加积极向上的方向发展。其次，必要的行为监控对于目标的达成和意志力的培养意义重大。因此，大学生可以利用各种外部条件来监督或抑制自己的不良行为。最后，意志力的培养并不是一件轻松简单的事情，有时可以通过对一些小事的刻意练习来提升我们的意志力。一个有效的练习方法就是坚持做一些我们不习惯做得好的事情。总之，坚定意志之心的培养不是一蹴而就的，大学生可以从生活中的小事做起，不断磨炼顽强意志，在努力实现理想目标的过程中实现精神成人。

（四）修身养性，提升道德修养

修身养性的本意是通过自我省察，使身心达到完美的境界。大学生所应做到的修身养性更多的是从道德意义上而言的，通过修养的功夫将外在的伦理精神和社会道德规范内化于大学生的心中，并逐渐积淀成为一种稳定的心理状态。孔子所认为的"成人"既表现为内在的德性，又外化为具体的行为过程，并且只有追求并确立以仁道为内涵的人格，才能一以贯之地保持行为的善。荀子认为，一个合格的"成人"应是"能够凭借其心理背景始终以一定的方式应对事物，而不是随波逐流，无所凭依"[①]的，这种心理背景的形成是一个潜移默化的过程。但是"成人"人格并不仅仅是一种社会意义上的普遍人格，它更是一种具体的、充满个性化的人格品质，作为一种内外通达的人格品质，大学生在实现精神成人的过程中既不能忽视对社会道德规范的把握，更不能忽视其自身内在德性的提升。因此，大学生要不断提升其自我道德修养，启发其内在的良心善性，带着一颗仁心去学习，努力成为既具有内在生命活力，又能主动承担社会责任的人，从而真正使其人格在道德层面有所提升。

新时代的大学生成长在社会大发展、大变革的时期，受市场经济

---

① 冯晨：《孔子"成人"的人格特质及其对人格养成的意义》，《理论学刊》2016年第2期。

条件下不良社会风潮和网络信息技术等的困扰,他们对外在物质的依赖和索取越来越多,往往容易忽视对其自身的审视,其道德生活淡漠、精神境界难以提升等问题较为突出。因此,大学生在实现精神成人的过程中必须重视其自我道德修养能力的提升。"真正的成人之道,乃是人性本身的成长与舒展,其极致就是仁。"① 孔子认为,"成人"与"成仁"密切相关,并指出仁学路径的两方面内容:一是仁道之境界与意义,二是勉励勤学有恒。因为人确立一时的目标也许并不难,难的是为了实现志向而持之以恒地勤学苦练,而只有在实践中恒常持守、改过迁善,才能不断实现德性进步。对于大学生而言,提升其自我道德修养的方法主要有以下几个方面:一是学习古今中外的优秀文化思想,用这些优秀的精神食粮丰富自己的文化内涵,逐渐培养自己高尚的道德情操;二是树立正确的三观,使自己的行为准则和判断标准符合群体大众和社会的普遍道德标准,确立加强个人道德修养的准绳;三是培养道德自觉性的自我学习和约束,努力由他律转化为自律,自觉主动地践行道德准则;四是要积极参加社会实践,身体力行地将所学所思运用到实际行动中,在知行合一的实践中不断提升其自我道德修养。

(五)躬身践履,实现人生价值

人要成为真正意义上的人,就必须以他自己的生命活动去创造生而为人的条件,在创造现实生存世界的过程中实现自我的发展与超越。因此,人只有在社会中、在学做人的躬行实践中,才能真正成其为"人",成为真正有个性、有价值的人,而不只是"类"的样品。同样地,在教育过程中,高尚人格的养成、美好德性的培养、对他人的教育和感化,最终也都要落实到具体的实践中来。因此,新时代大学生"成人"人格的养成也必须在实践层面上下功夫,只有真正立足社会、躬身践履,为他人和社会作出他们的贡献,才能真正实现价值

---

① 董卫国:《学以成人——孔门之"学"的基本精神》,《当代中国价值观研究》2019年第5期。

意义上的"成人"。

将美好德性转化为实际德行并不一定表现为惊天动地之举,相反,它更多地内在于细小而不起眼的行为。大学生躬身践履,在实践中创造并实现有价值的人生,可以从以下几个方面入手:其一,大学生可以积极参与社会实践活动,如参与志愿服务、社会调研、专业实习、到贫困地区支教等活动,通过参与这些社会实践活动,大学生能够亲身体验社会生活,从而增强他们的社会责任感和社会认知能力;其二,大学生可以积极参加各种社团组织,在社团活动中锻炼自己的组织能力和团队协作能力,学习不同领域的各种知识和技能,不断拓宽自己的视野;其三,构建良好的人际交往关系,在人际交往的过程中坚守自己的独特性,在帮助他人、服务他人的过程中,感受自己人生的温度,实现自己的社会价值;其四,在对人生际遇的反思和总结中形成自己独立的人格,在广泛的阅读和深入的思考中确立自己的坚守和信仰;其五,在追求理想目标的过程中,以坚定的意志努力实现自己的成就和价值。

二 立德树人:高校应加强精神成人教育

立德树人是教育的根本任务,高校应坚持将立德树人融入心理健康教育、个人品德教育、理想信念教育、人文审美教育以及社会实践教育的各个环节,促使大学生在各个层面达到精神成人的标准。

(一) 加强心理健康教育,促进心理成熟

新时代大学生的生活和学习竞争更加激烈,人际交往关系更加复杂多变,他们在许多现实性问题上都面临着困难和挑战,导致其在心理层面或多或少地承受着不同程度的压力。高校应及时了解和判断大学生的心理状况和精神状态,并对他们进行正确的引导和调节,这就要求高校必须加强对大学生的心理健康教育,培养大学生正确处理自我与他人、自我与社会等关系的能力,使之实现自我和谐、人际和谐,以更好地适应和融入社会,促使大学生实现心理成熟的目标。

高校教育者应将促进大学生心理成熟，作为高校心理健康教育课程的出发点和归宿。针对新时代大学生的心理特性和心理发展问题，尤其是在自我认知、人际交往、压力应对、情绪管理以及生命教育等方面，教育者必须将其作为重点内容加以关注和研究。首先，在教学方式上，教育者可以采用课堂教育、个别教育、网络教育等相结合的方式，让大学生对心理成人的内涵及意义、心理成人的实现途径等有较为系统的了解，让大学生明白：心理健康教育课程的目标就是让大学生拥有健康的身心，帮助他们在心理层面实现"成人"，进而养成"成人"的人格品质。其次，除了专门授课的方式之外，教育者还可以在各种课外的团体活动中渗透心理健康教育的内容，多方结合、相互渗透，发挥集体活动的育人功能。最后，高校还要做好相关的心理咨询工作，对于已经存在心理问题或障碍的学生应对其进行个别咨询，缓解他们的压力、解决他们的困惑，帮助他们学会自我调节，促使其身心健康发展。为此，高校必须加大心理健康教育的宣传力度，让学生在思想上重视自己的心理健康，鼓励学生积极解决自身存在的问题。同时，高校还要健全心理咨询机构，畅通大学生参与心理咨询的渠道，丰富心理咨询的形式，进一步减少大学生解决心理问题的各种阻碍，努力做到"预防为主，治疗为辅，防治结合，调适学生心态、优化心理品质"[1]，最终促使大学生心理成熟。

(二) 加强个人品德教育，促进道德品质提升

"道德教育的本质就是人文，是人类自觉地将个体类化的行为。"[2] 道德教育本身就是一种使人成为文明人的教育，它的关键在于培养人的道德自律和道德自觉。新时代大学生整体的道德认知水平有所提升，他们普遍具有较强的向善和为善意识，但是却缺乏道德自觉性和道德自律性，难以肩负起他们所应承担的道德责任，最终造成道

---

[1] 黄聘：《大学生精神成人的现实图景与实现方式》，《学校党建与思想教育》2020年第8期。

[2] 许敏：《道德教育的人文本性》，中国社会科学出版社2008年版，第31页。

德认知与道德行为的错位，在道德层面上难以达到"成人"的品格标准。因此，高校必须加强对大学生的个人品德教育，将大学生的德性培育作为重点内容，引导大学生自觉加强德性养成，让德性成为大学生自觉的意识及其自身的习惯，在道德实践中不断提升其自我道德修养，促使大学生道德品质提升。

高校对大学生进行个人品德教育，不仅要传授基本的道德规范知识和伦理道德精神，而且需要帮助大学生养成理性分析、冷静判断和自律实践的主体性能力。知识的传授可以依靠传统的课堂教学来完成，但是能力的习得却需要大学生在实践中锻炼。因此，高校教育者在对大学生进行品德教育时，更多地需要以浸润、熏陶等教育方式来进行，让伦理道德规范在潜移默化中扎根于大学生内心，尤其是可以利用中华优秀传统文化中所蕴含的丰富道德知识和道德智慧来启迪大学生的心灵。如教师可以将仁义礼智信、温良恭俭让、忠孝勇恭廉等传统美德与新时代的社会发展实际相结合，赋予传统美德新的时代内涵，让道德教育真正植根于中华优秀传统文化的沃土，使大学生在优秀传统文化的熏陶下自觉践行道德规范，不断提升自我道德修养。

在新时代条件下，我国市场经济发展水平进一步提升，多元文化深入发展，社会结构转型升级，这些发展与变革进一步拓展了大学生的道德实践范围和领域，对高校的道德教育也提出了新的要求。高校道德教育要在提升大学生道德认知水平的基础上，有针对性地解决大学生自身存在的心理、情感、意识、思想等的矛盾和问题，增强他们明辨是非对错善恶的道德判断能力，不断丰富其健康的道德情感，最终促成大学生良好道德习惯的形成。另外，高校要注重培育大学生的道德自律性和主体责任精神，尤其要关注大学生在虚拟网络交往过程中出现的道德失范问题，增强大学生的网络道德自律，让大学生理性地对待网络，遵循诚信、安全、互助等基本网络道德原则，促使大学生在网络生活等公共生活领域中形成关爱他人的公共精神，最终实现其自我认同与社会认同的有机统一。

(三) 加强理想信念教育,提高价值追求

理想信念不仅是大学生精神发展的重要标识和人生道路上的动力之源,而且是一个民族凝聚人心的力量源泉。新时代的大学生大多具有一定的理想目标且十分注重其自我价值的实现,但是他们的理想信念往往较为薄弱,在实现理想目标的道路上意志不够坚定,且相对忽视对于社会价值的追求。因此,高校应加强大学生的理想信念教育,发挥思想政治理论课的主渠道作用,帮助大学生正确认知自我价值与社会价值的关系,引导大学生将个人职业生涯规划与新时代的社会发展需要结合起来,勇担时代赋予的责任和崇高使命,在奉献他人与社会的过程中实现人生价值。

高校加强理想信念教育可以从以下几个方面着手:第一,要丰富新时代大学生理想信念教育的内容。理想信念教育的内容应包含对大学生的"信仰、信念、信心"教育,习近平总书记指出:"新时代中国青年要树立对马克思主义的信仰、对中国特色社会主义的信念、对中华民族伟大复兴中国梦的信心……让理想信念在创业奋斗中升华,让青春在创新创造中闪光!"[1] 因此,高校应进一步加强马克思主义信仰教育,让大学生对"马克思主义为什么好""马克思主义为什么行"等理论问题有更深层次的认知,帮助大学生掌握并灵活运用马克思主义的立场、观点和方法解决现实中的问题,引导大学生树立坚定的马克思主义信仰;要进一步加强中国特色社会主义信念教育,让大学生深刻理解"中国特色社会主义为什么好""中国共产党为什么能"等问题,促使大学生在党的领导下更加坚定地沿着中国特色社会主义道路而不懈奋斗;要加强中华民族伟大复兴的信心教育,增强大学生实现中华民族伟大复兴中国梦的信心,引导大学生将其自身的理想目标与时代赋予大学生的责任使命结合起来,在创新奋斗中不断实现他们的生命价值。第二,要完善新时代大学生理想信念教育的方

---

[1] 习近平:《在纪念五四运动 100 周年大会上的讲话》,人民出版社 2019 年版,第 7 页。

法。一方面，高校教师要增强其自身理论素养，深入讲解理想信念的理论知识；另一方面，教师要坚持理论联系实际，结合生动的时代案例，以鲜活的语言讲透、讲活理想信念，让大学生真正将理想信念入脑入心。要不断丰富理想信念教育的教学形式，通过开展课堂讨论、小组汇报、经典诵读、实践调研等教学形式，发挥大学生的主观能动性，让大学生在亲身参与、深入思考的过程中深刻地认识到他们作为新时代的中国青年所肩负的责任与使命，将对理想信念的理论知识外化为实际的行动付出。

（四）加强人文审美教育，提升思想精神境界

加强人文修养和提升审美素质是大学生实现精神成人的需要，因为"高雅的人文修养和审美素质最终能促使大学生实现感情的升华、心灵的净化、胸襟的开阔、精神的平衡、气质的和谐与人格的完善"[①]。新时代大学生的精神文化生活更加丰富，思想更加开放包容，但是其相对忽视人文知识的学习，在精神文化生活方面缺乏自主性，其精神境界仍有待提升。因此，高校必须进一步加强人文审美教育，不断提升大学生的思想精神境界，促使大学生实现精神成人。

高校思想政治教育要进一步渗透人文审美教育，注重大学生人文精神和审美素质的培养，加强对大学生的人文关怀和心理疏导。这不仅需要引导大学生积极探求科学文化知识，而且要帮助大学生树立正确的理想与奋斗目标，在健康身心的基础上不断提升人文素养，促进其全面发展与进步。首先，教师要发挥"成人"榜样示范作用，不断加强自身人文素养。教师的一言一行体现了其自身的文化修养和人格风范，其言行中所展现的强烈责任感、崇高敬业精神等对大学生人文精神的塑造起着潜移默化的作用。因此，广大教师要加强其自身的人文修养，把人文素质教育渗透到教学的各个环节，以平等尊重的态度对待一切学生，用心倾听学生成长过程中经历的挫折与苦闷，及时化

---

① 李文英：《论思想政治教育与大学生精神成人》，《思想政治教育研究》2011 年第 6 期。

解学生的不良情绪，包容他们的过失，引导学生在现实生活中积极奋进，让他们的心灵充实愉悦，为未来的幸福生活奠定坚实基础。其次，高校可以适当增加人文选修课程，提升学生的人文素质。高校要重视人文学科的发展，在课程设置、资源配置、经费投入、师资培训等方面保证人文学科的教学需要。课程是学生获得系统人文学科知识的主渠道，在增加人文选修课程方面，尤其要注重历史、哲学、艺术等人文课程的开设，使大学生受到较为系统的人文素质教育。最后，要加强校园文化建设，营造良好的人文氛围。一是可以开办一系列的人文社会科学讲座，帮助大学生提高其自身人文素质；二是开展健康向上、格调高雅的校园文化活动，帮助大学生陶冶情操、塑造自我；三是加强校园自然景观和人文景观的建设，突出大学人文精神和理念，使大学生在充满人文气息的校园环境中受到启迪和熏陶。

（五）加强社会实践教育，提升生活实践能力

新时代的大学生生活于"象牙塔"中，大多缺乏现实社会生活的锻炼，往往欠缺独立自主和生存实践的能力。高校在实践育人的过程中发挥着十分重要的作用，要进一步加强社会实践教育，创新实践育人的途径，不断提升大学生的生活实践能力。

要注重培养大学生参与社会实践、参与劳动的意愿，增强其社会责任感。新时代大学生群体中存在着较为普遍的"不想劳动、不会劳动"的现象，他们相对忽视劳动与实践的意义与价值，参与社会实践的意愿较弱，参与社会实践的目的较为功利化。因此，高校要培养大学生参与社会实践的意愿，通过引导大学生参加"三下乡"等志愿服务、勤工俭学、社会问题调查研究等社会实践活动，提升其对劳动和实践的认知水平，锻炼其社会生存能力，培养其公民意识和强烈的社会责任感。同时，要改进大学生社会实践的途径，增强社会实践的实效性。一是将基层服务活动落到实处，扎实深入地开展社会调研活动，避免"走过场"的弊端；二是要端正实践活动的目的，在实践中培养吃苦耐劳的精神，锻炼与他人沟通的能力等，而不仅仅是为了获

取个人私利；三是实行以创新为主题的创新教育模式，强调学生主体地位，使大学生的创新精神和实践能力真正得到锻炼和提高。总之，高校应进一步加强社会实践教育，促使大学生在社会实践中磨炼顽强意志，培养其作为成年人在社会生活中独立生存的能力、人际交往的能力等，最终引导其在实践中养成独立自主的"成人"人格。

三 家教育人：家庭教育应加强精神给养和品德培育

"成人"描述的是"具备某些共同品质，能够为社会所认同和接受的'人'，这样的'人'已经被抽象化为一种'人格'，作为一种价值形式存在于当时的社会中"[①]。精神成人作为一种普遍人格和社会化人格，其养成过程是一个连续动态的发展过程，它需要在教和学的互动中、在内化与外化的结合中不断发展和完善。家庭是个体社会化过程中的重要场所，家庭教育在潜移默化中影响着孩子人格的形成，对孩子一生的成长和发展的意义重大。新时代大学生在人格方面出现的问题与家庭教育不够科学密切相关，因此，必须优化家庭教育的环境，加强对孩子的精神给养和品德培育，帮助孩子养成独立自主、人格健全的精神成人。

（一）平等尊重，培养孩子独立自主的人格品质

每个人都是独立自主的个体，独立是人的根本需求之一。大学生不仅要实现身体上的独立，而且要实现精神上的独立，只有思想独立、不依附于他人和外物，才能追求真正的自由和解放。大学生独立品格的养成离不开科学的家庭教育，家长要在家庭教育中找准其定位，尊重孩子的意愿，与孩子平等对话，努力形成相互尊重、平等相待的良好家庭教育氛围，引导孩子养成独立自主的人格品质。

首先，家长要充分尊重孩子。尊重是家庭中建立和谐关系的基础，要学会听取孩子的意见和观点，尤其要保护孩子的自尊心，避免

---

① 冯晨：《孔子"成人"内涵的双重维度与实践性分析》，《中国石油大学学报》2015年第1期。

使用冷漠或侮辱的语言。"己所不欲，勿施于人。"①家长要学会换位思考，以平等尊重的方式给予孩子意见和建议，建立起对彼此的信任，真正倾听孩子的心声。其次，家长与孩子之间应相互宽容。家长要放下偏见，学会理解和接纳对方的观点和行为，减少冲突和争吵。人都会犯错，"不贵于无过，而贵于能改过"②。孩子犯了错误并不可怕，关键是家长要以宽容的态度引导孩子加以改正。最后，家长与孩子之间的沟通也十分关键。良好的沟通可以帮助人们更好地理解彼此的需求和期望，建立良好的沟通氛围可以鼓励孩子交流和表达他们的想法和感受。家长可以通过家庭聚会、家庭晚餐或其他共同活动来促进与孩子的沟通，及时关注孩子的心理和情感变化，耐心倾听、积极引导，给予孩子足够的鼓励和支持。

（二）以德养人，促使孩子的德行与才识协调发展

新时代的社会竞争更加激烈，家长也越来越重视孩子的智力教育，往往更关注孩子才能的养成，相对忽视了怎样教孩子做人这一基本问题，导致许多孩子虽然学习成绩优秀，但是在为人处世、良好品德养成等方面却存在一定问题。厚德才能载物，一个人的个人品德积累得越厚，才能在社会上站稳脚跟并逐渐发展。因此，家长必须改变重智育、轻德育的教育观念，注重以德养人，促使孩子的德行与才识协调发展。

首先，家长要转变教育观念，提高对家庭德育的认知水平。对孩子的品德培育不只是学校和老师的工作，家长也要在其中发挥重要作用。家长要树立成才先成人的思想，加强家庭教育理论的学习，借鉴其他家庭成功的教育经验，努力让家庭成为孩子品德培育的主阵地。其次，家长要将言传与身教相结合，在潜移默化中引导孩子形成良好的道德品质。苏联教育家马卡连柯告诫家长说，你们在生活的每时每刻，甚至你们不在场的时候，也在教育着孩子。父母是孩子的第一任

---

① 杨润根：《发现论语》，华夏出版社2007年版，第249页。
② 王晓昕、赵平略：《阳明先生集要》，中华书局2008年版，第309页。

老师,在任何时候都应做孩子的榜样和表率,家长要努力成为孩子的"成人"模范。如家长要树立一定的威信,要求孩子做到的,他们自己首先要做到,这样才能让他们的言行有说服力;家长自己要认真对待工作,以强烈的事业心和进取精神鼓舞孩子努力学习。最后,家长在对孩子进行道德教育时应秉持严爱有加、奖赏并济的原则,掌握一定的分寸。家长要为孩子创造充满爱的家庭教育环境,让孩子体验到被关爱、被尊重的愉悦感,同时又不能溺爱孩子,要帮助孩子从小养成良好的道德习惯,提出严格的道德要求并贯彻到底,对于孩子的不良言行必须及时批评教育,决不姑息。总之,在道德教育的过程中,家长既要在真诚关爱中严格要求,又要在严格教育中倾注爱心,严在关键处,爱在细微处,贵在持续性,引导孩子养成良好的德行。

(三) 磨炼本领,引导孩子在生活中践行责任担当

大学生在人格方面不够独立成熟的首要表现,就是其较为缺乏基本的生存和生活技能,在学习和生活过程中过于依赖父母和他人的帮助,这种生活中的不独立导致了他们思想上的依赖性,使得大学生更加欠缺承担责任的勇气和信心,难以肩负起他们自己所应承担的责任。因此,在家庭教育中,家长应加强孩子的生活技能锻炼,帮助孩子掌握基本的生存和生活技能,引导孩子在实践中践行责任与担当。

首先,无论是生活技能的学习还是责任担当精神的践行,家长都应努力成为孩子的榜样。如果父母把生活技能的学习当作一种日常的生活方式,孩子也会认为这是一种正常的事情,自然而然地就会形成习惯,在潜移默化中学会基本的生活技能。父母如果对工作、对生活、对他人有责任心,能够言出必行、有诚信、有担当,那么孩子在耳濡目染的过程中也会渐渐培养起一颗责任之心,在担当其自我责任和家庭责任的基础上,真正肩负起关爱他人、奉献社会的责任担当。其次,家长可以充分利用日常生活中的小事,让孩子循序渐进地参与进来。父母可以引导孩子一起参与力所能及的家务活动,如烹饪做

饭、清洁卫生等，在这个过程中不仅可以培养孩子的劳动意识、锻炼其生活技能，还能增加家长同孩子的交流互动，和孩子一起体验承担家庭责任的愉悦感与成就感。最后，家长对孩子生活技能的习得和责任担当的践行应给予及时鼓励和支持。对孩子进行生活技能教育不同于任何一门课程，它是一个长期的学习过程，家长要教会孩子如何学习各种生活技能，鼓励他们探索和尝试新的事物。当孩子习得新的生活技能或者表现出勇担责任的行为时，家长要及时给予肯定和鼓励，悉心引导孩子去发现他们从中真正学习和感受到的有价值的东西，从而更好地成长进步。

四 成风化人：社会应营造文明健康的精神风尚

在市场经济条件下，不良社会风潮以及网络信息技术的困扰等影响了新时代大学生精神成人的实现，他们在价值取向上有着较为明显的功利化倾向，更注重其自我价值的实现而相对忽视对他人和社会的贡献；虽然他们的物质生活更加丰富多彩，但是其精神文化生活的发展相对缓慢，思想和精神境界仍有待提高。因此，必须进一步优化社会教育的环境，营造文明健康的精神风尚，促使大学生加深对自己社会角色的理解，进一步健全人格品质，努力使他们成为一名合格的社会人，创造并实现他们的社会价值。

（一）加强科学价值观的引领作用

精神成人不仅是一种个体独立人格，而且是社会价值需求的一种体现，因此，精神成人的实现"既需要内在的仁心，也需要成熟的社会规范系统"[1]。虽然社会道德规范在规范人们的行为举止方面发挥着十分重要的作用，但是它以个体内在的道德认知为前提；个体的道德认知影响甚至决定着个体的价值观。当个体面对选择矛盾时，科学的价值观可以指引其作出正确的决策。因此，必须加强科学价值观的引

---

[1] 冯晨：《孔子"成人"的人格特质及其对人格养成的意义》，《理论学刊》2016年第2期。

领作用，引导大学生树立科学的价值观。

新时代加强科学价值观的引领作用就是要培育和践行社会主义核心价值观，培养担当民族复兴大任的时代新人，引导大学生真正走向社会，努力成为合格的社会主义建设者和接班人。加强对大学生的社会主义核心价值观教育，引导大学生将爱国主义为核心的民族精神和以改革创新为核心的时代精神内化为他们自己的强大精神内核，使其成为大学生进行价值判断和价值选择的基本准则。在科学价值观的引领下，大学生由生命"个体"走向价值"主体"，逐渐学会控制人的自然本能，脱离一些低级趣味，在实践中积极进取，不断创造人之为人的生命价值，最终实现价值意义上的"成人"目标。

（二）网络等媒体坚持正确的舆论导向

新时代网络信息技术深入发展，不仅为大学生提供了及时的、海量的信息，而且为大学生提供了一个可用虚拟身份表达自己思想观点的巨大空间，给大学生的成长发展带来了极大的便利。但是，网络信息技术的发展也给大学生精神成人的实现造成了一定的困扰。网络信息良莠不齐，网络舆论环境面临挑战，大学生自我控制能力以及明辨是非的能力仍有待提高，所以极易沉迷网络，忽视现实生活，不利于其身心健康发展；并且由于网络虚拟身份具有多样性、不确定性等特征，大学生在网络空间中缺乏身份认同感，其自身责任意识也在不知不觉地弱化，加之缺乏较强的道德自律性，部分大学生在网络空间中的道德底线进一步降低，甚至作出一些违反法律法规的行为。因此，必须建设风清气正的网络空间，网络等媒体必须坚持正确的舆论导向，营造文明健康的精神风尚。

习近平总书记提出："要创新改进网上宣传，运用网络传播规律，弘扬主旋律，激发正能量，大力培育和践行社会主义核心价值观，把握好网上舆论引导的时、度、效，使网络空间清朗起来。"[①] 网络等媒

---

① 《习近平谈治国理政》第1卷，外文出版社2018年版，第198页。

体要坚持正确的舆论导向,遵循以正面宣传为主的基本原则,注重提高网络信息的质量和水平,增强吸引力和感染力,自觉弘扬正能量。在言论自由的前提下,注重筛选各种网络信息,自觉抵制网络谣言的制造和传播,不断净化网络空间,为大学生的健康成长提供更加积极健康的精神力量。

(三) 增强公共文化资源渗透的隐性教育

新时代大学生精神成人的实现离不开有组织、有计划的、直接的学校教育活动,这是一种显性教育活动,虽然其教育目标明确,但是其内容较为单一,缺乏灵活性,对学生的影响程度也不够深入持久。"精神成人"作为一种成长目标,它的实现更多地需要大学生在生活中感悟和践行,因此,学校和社会要充分发挥隐性思想政治教育的作用,让学生在潜移默化中实现精神成人。所谓隐性思想政治教育就是指"寓于专门的思想政治教育之外的社会实践活动中展开的、不为受教育者焦点关注的一种思想政治教育存在类型"[1]。许多公共文化设施中都蕴含着丰富的隐性思想政治教育资源,例如一个博物馆就是一所大学校。博物馆的育人功能十分强大,它使大学生在回顾历史的过程中以史为鉴,培养爱国主义情感,增强民族凝聚力和自信心;在充满人文和艺术气息的环境熏陶下,促使大学生在潜移默化中提升他们自己的人文素养和道德境界。

除了博物馆之外,像图书馆、纪念馆、美术馆、文化广场等常见的文化场所中都蕴含着丰富的隐性思想政治教育资源,有必要进一步健全这些公共文化基础设施,增强其人文底蕴和感染力,充分发挥公共文化资源的渗透隐性教育功能,优化整个社会的教育环境。公共文化资源要担负起育人的使命,成为全新的育人载体,具体应做到以下几个方面:在内容上,需要进一步推动教育资源的开发,策划适合学生的专题展览和教育活动;在方式上,以促进学生发展为中心,综合

---

[1] 白显良:《隐性思想政治教育基本理论研究》,人民出版社2013年版,第35页。

运用专题讲座、动手实践等方式，增强学习过程的趣味性和体验性；在形成合力方面，应将公共文化资源的育人功能与学校教育有机融合起来，让更多的社会力量加入学生的教育之中，让学生能够上好"社会大课堂"，在实践中丰富学生的精神世界，培育其浓厚的人文精神，促使大学生实现精神成人。

第七章　树立远大理想 成为有追求之人

新时代大学生应该树立远大理想，并成为有追求之人，这有助于他们在未来的学习和生活中取得更好的成绩，实现他们的人生价值。理想和追求可以激励大学生不断进步。有了理想和追求，大学生会更有动力去努力学习和提高他们的能力，以实现他们的理想。理想和追求可以让大学生更好地规划未来。通过追求理想，大学生可以有更清晰的职业规划和人生目标。这可以帮助他们在未来的道路上更加明确他们的方向，更好地实现他们的人生价值。理想和追求可以让大学生成为更好的人才。通过追求理想，大学生可以发现他们的不足之处，并不断改进他们自己，使他们自己更加完善。理想和追求可以让大学生更好地适应社会的发展和变化。通过追求理想，大学生可以更好地了解社会的需求和发展趋势，从而更好地适应社会的变化，更好地发挥他们的作用。

第一节　理想对于大学生的重要作用

理想对于新时代大学生具有不可或缺的重要作用。它既是新时代大学生成长的动力源泉，又是他们品格塑造的关键因素，更是他们人生方向的指引灯塔。因此，大学生应该树立远大的理想，并为之努力奋斗，以实现个人价值和社会价值的双赢。

一 案例分析：理想决定高度

在一些大学生看来，在越来越看重现实的时代，理想还有存在的空间吗？理想的价值和意义何在呢？曾几何时，曾令大学生热血沸腾的理想在当今使一些大学生深感困惑，不知理想的价值何在。那理想的价值何在呢？首先通过一个故事来探讨一下。

一天，一位记者到一个建筑工地去采访，看到很多工人在建房子，他就随机问了三位建筑工人一个相同的问题：师傅，您在做什么呢？却得到了三个不同的答案。当问到第一位建筑工人的时候，第一位建筑工人不耐烦地说：没看到我在砌墙吗？意思是说我正烦着呢，还明知故问。当问到第二位建筑工人的时候，第二位建筑工人微笑着告诉他，我正在建房子呀！当问到第三位建筑工人的时候，第三位建筑工人热情地告诉他，我正在为人们建设美丽的家园啊！一个相同的问题，却得到了三个不同的答案，记者觉得比较有趣，就将之写进了采访报道中。一晃就过了十年，十年之后，记者在整理采访记录的时候，又发现了当年采访三位建筑工人的记录，这激发了他的好奇心——能不能找到当年的三位建筑工人呢，他们现在发展得怎么样了呢？通过一番登报寻找，最终真的找到了当年的那三位建筑工人。找到之后，结果又使他大吃一惊：原来当年的第一位建筑工人，还是一个建筑工人，正在建筑工地上不耐烦地砌墙；第二位建筑工人已经成为一名建筑设计师；第三名建筑工人则成为一家房地产公司的老总。看到这个结果之后，记者陷入了深思，思考了两个问题：当年三个建筑工人对同一个问题的回答为什么不同呢？三位建筑工人为什么走上了不同的发展道路呢？

首先分析第一个问题：三位建筑工人对同一个问题的回答为什么不同呢？有人说，是因为他们的目标和追求不同；有人认为，是因为他们对待工作的心态和态度不同；有人说，是因为他们的眼光和看待问题的视角不同；还有人说，是因为他们的价值观不同。这些说法都有一定的道理。笔者认为，三位建筑工人的回答，从根本上反映出他们心中想的是不一样的：第一位建筑工人想的就是砌墙，这个工作并不能让他挣多少钱，还非常繁重，也没有多大的价值和意义，想换个别的工作干吧，他还不会；为了养家糊口，只能应付，心态消极。第二位建筑工人想的是盖房子，砌墙只不过是盖房子的一部分，房子盖好了，能让人住上房子，还会赚一些钱，因此感觉到工作有些价值，心态积极；第三位建筑工人想着砌墙是为了盖更多的房子，建美丽的家园小区，建成之后，不仅能让更多人住上房子，而且能赚更多的钱，很有意义，因此其心态更积极、更乐观。

值得注意的是，他们心中想得不一样，导致他们眼中看到的东西是不一样的：第一位建筑工人的眼中只有一堵墙，第二位建筑工人的眼中是房子，第三位建筑工人的眼中是美丽的家园。他们眼中看到的东西不一样，导致他们手中做的事情也不一样：第一位建筑工人就是在砌墙，第二位建筑工人是在设计、建造房子，第三位建筑工人是在建设美丽的家园小区。手中做的事情不一样，导致他们最后创造的东西也不一样：第一位建筑工人一直在砌墙，一直是一个建筑工人；第二位建筑工人设计建筑了节能环保的房子，成为设计师；第三位建筑工人建造了很多美丽的家园小区，成为老总。这个分析也能够说明到底是什么因素，致使三位建筑工人走上了不同的发展道路。

这就是我们通过三位建筑工人的故事得出的简单而又深刻的道理：一个人心中想什么，他眼中就会关注什么；一个人的眼光关注什么，他手里才会做什么；他手里做什么，才能够创造出什么。

其实，这个道理是具有普遍性的，它能够说明很多现实问题，比如大学四年之后，有学生以优异的成绩考上了研究生，有学生以出色的能力找到了理想的工作，而有的学生则一无所获，甚至连毕业证也拿不到，为什么呢？这是因为成绩好、能力高的学生，他们心中想的是如何取得好成绩、提高能力，眼睛盯着的是提高成绩、提高能力的机会，手里做的是提高成绩、提高能力的事情，最终收获的是优异的成绩和出色的能力；而一无所获的学生，他们心中想的是怎么玩游戏，眼睛盯着的是游戏，手里打的是游戏，最后的结果是游戏人生。做事是这样，做人亦是。一个心中想着做好人的人，眼睛盯着的是做好事的机会，手里做的是好事，最后成为一个好人。坏人亦是这样。

那一个人心中装着的是什么呢？是理想和追求，眼中盯着的是目标，手代表的是行动，创造的是成就。理想、目标、行动和成就四个因素也是相互促进的，有理想才会有明确的奋斗目标，有目标才会有坚毅的行动，有坚毅的行动才能创造成就，才能创造美好的未来。

同时，在理想、目标、行动和成就四个因素中，理想信念是核心，是其他三个因素的根基和源泉。有理想信念才会有明确的目标，目标是理想信念的具体化和外化；理想又为行动提供动力，因为在追求目标的过程中会遇到艰难险阻，理想可以为人们的行动提供精神动力和支持；理想又影响甚至决定着一个人的成就。林肯说过："喷泉的高度绝不会超过它的源头；一个人的事业也是这样，他的成就不会超过他自己的理想。"

通过以上分析，可以看出理想的作用主要体现为以下几个方面：理想为人们指引奋斗方向和目标，理想为人们的行动提供精神动力，理想提高人的精神境界，理想指引美好未来，影响甚至决定着一个人的成就。

二 理论分析

通过以上案例分析，可以看出理想不仅是个人成长和发展的指南针，而且是激发潜能、塑造品格、指引方向的重要力量。

（一）理想为人生提供奋斗目标、指引奋斗方向

一方面，理想是人的思想和行为的定向器，一旦确立就可以使人目标明确、精神振奋，即使前进的道路曲折、人生的境遇复杂，也能使人看到未来的希望和曙光，永不迷失前进的方向。另一方面，只有理想信念坚定的人，才能始终不渝、百折不挠，不论风吹雨打，不怕

千难万险，坚定不移为实现既定目标而奋斗。

无数的事实证明理想信念对确立目标的重要作用。2016 年 11 月 29 日，习近平总书记在纪念朱德同志诞辰 130 周年座谈会上的讲话中指出，不忘初心，方得始终。对马克思主义的信仰，对社会主义和共产主义的信念，是共产党人的政治灵魂，是共产党人经受住各种考验的精神支柱。只有理想信念坚定的人，才能始终不渝、百折不挠，不论风吹雨打，不怕千难万险，坚定不移为实现既定目标而奋斗。周恩来总理从小学就有"为中华之崛起而读书"的远大理想，并为之矢志不渝。从南开学校毕业时与同学们互赠"愿相会于中华腾飞世界时"的留言，到日本留学又回国参加五四运动，再到欧洲勤工俭学又回国投身革命……他一直为中华之崛起而奋斗。少年定下初心，之后为之奋斗终身，周恩来这种坚定的理想信念和执着的人生追求永远是青年大学生学习的光辉典范。

有了理想，才会根据理想确定目标；没有理想，则难以确定目标。目标对一个人来说，太重要了。在逆境中，它是火把，重新燃起你的希望之火；在顺境中，它是警钟，提醒你继续前进；在常境中，它是鞭子，鞭策你不要懈怠；如果一个人没有一个清晰的目标，平常的生活、工作就会比较盲目，经常无所事事、碌碌无为地过日子，可是如果在生活中有着清晰、明确目标的人，就完全不一样了。

有一年，一群意气风发的天之骄子从美国哈佛大学毕业了，他们即将开始人生的征程。哈佛挑选了在智力、学历、能力都相差不多的毕业生，然后，对他们进行了一次关于人生目标的调查。结果是这样的：3% 的人有清晰而长远的目标，10% 的人有清晰但比较短期的目标；60% 的人目标模糊；27% 的人没有目标。

25 年后，哈佛再次对这群学生进行了跟踪调查。结果是这样的：3% 的人，在 25 年间他们朝着一个方向不懈努力，几乎都成为社会各界的成功之士，其中不乏行业领袖、社会精英。10% 的人，他们的短期目标不断实现，成为各个领域中的专业人士，大都生活在社会的中上层。60%的人，他们安稳地生活与工作，但都没有什么特别的成绩，几乎都生活在社会的中下层。剩下的27%的人，他们的生活没有目标，过得很不如意，并且常常在埋怨他人、抱怨社会、抱怨这个"不肯给他们机会"的世界。其实，他们之间的差别仅仅在于25年前，当他们开始征程的时候，一些人知道他们的方向和目的地，而另外一些人则不清楚或不很清楚。这一调查案例，明确地揭示了人生目标之于一个人发展的重要性。

美国成功学始祖拿破仑·希尔提出决不要低估目标的力量。拿破仑·希尔访问了包括福特、罗福斯、洛克菲勒、爱迪生、贝尔在内的500多名成功人士，并进行深入的研究，完成了具有划时代意义的八卷本《成功规律》。此后，希尔成为美国两位总统威尔逊和罗斯福的顾问，他影响了两位总统的决定，从而影响了美国历史的进程。希尔经过数十年的研究，在他的书中归纳出了最有价值、带有规律性的17条成功定律：第一条是积极的心态（PMA黄金定律），第二条是明确的目标。同时，他还提出了一个被称为"价值连城的个人成功计划"，这个计划包含有助于你养成凡事先谋划的思考习惯的五个方面，而其中的核心还是"目标"，即如何制定目标、实现目标。

正如美国牧师兼演说家罗伯特·H.舒勒所说："目标绝对重要，不但调动我们的积极性而且维持我们的人生。"[①] 大学生应及时根据理想制定目标，规划未来的航向。罗伯特·F.梅杰说："如果你没有明确的目的地，你很可能走到不想去的地方去。"[②] 大学生应尽一切能力追求自己的理想，实现自己的目标，不要走到不想去的地方。

（二）理想为人生提供前进动力

理想是创造奇迹的动力。人生理想是激励人们向着既定目标奋斗

[①] 张辉、田野编译：《拿破仑·希尔给年轻商人的忠告》，中国言实出版社2009年版，第24页。

[②] 张辉、田野编译：《拿破仑·希尔给年轻商人的忠告》，中国言实出版社2009年版，第25页。

进取的动力,是生命力量的源泉。实践告诉我们,一个树立了远大人生理想的人,在人生艰苦的拼搏中,会具有顽强的斗志;在平凡的岗位上,会创造出不平凡的业绩。没有理想,人便没有动力、没有意志,便浑浑噩噩、庸庸碌碌。

理想就是一支火把,它能最大限度地燃烧一个人的潜能,指引他飞向梦想的天际。多年前,一位贫苦的牧羊人领着他的两个年幼的儿子以替别人放羊来维持生活。一天,他们赶着羊来到一个山坡。这时,一群大雁鸣叫着从他们的头顶飞过,并很快消失在远处。牧羊人的小儿子问父亲:"大雁要往哪里飞?"牧羊人说:"它们要去一个温暖的地方,在那里安家,度过寒冷的冬天。"他的大儿子眨着眼睛羡慕地说:"要是我们也能像大雁一样飞起来就好了。那我就要飞得比大雁还要高,去天堂看妈妈。"小儿子也对父亲说:"做个会飞的大雁多好啊!那样就不用放羊了,可以飞到自己想去的地方。"牧羊人沉默了一下,然后对两个儿子说:"只要你们想,你们也能飞起来。"两个儿子试了试,没有飞起来。他们用怀疑的眼神瞅着父亲。牧羊人说,让我飞给你们看,于是他飞了两下,也没飞起来。牧羊人肯定地说:"我是因为年纪大了才飞不起来,你们还小,只要不断努力,就一定能飞起来,去想去的地方。"儿子们牢牢记住了父亲的话,并一直不断地努力,他们长大以后果然飞起来了。他们发明了飞机,他们就是美国的莱特兄弟。是什么让莱特兄弟最终飞向了天空?是理想!是什么让人在没有翅膀的情况下有了飞翔的能力和力量呢?还是理想。

《钢铁是怎样炼成的》一书作者奥斯特洛夫斯基,曾形象地把理想比作一个人心灵上的"发动机"。有了这个"发动机",人们就有了奋起进取的巨大动力。美国盲人女学者海伦·凯勒曾说,当一个人感到有一种力量推动他去翱翔时,他是决不会去爬行的。这种推动她在广阔的天空中翱翔的巨大精神力量就是远大的人生理想。习近平总书记曾说,心中有阳光,脚下有力量,为了理想能坚持、不懈怠,才能创造无愧于时代的人生。因此,理想能够激发大学生内在的动机和热情,让他们对未来充满期待和渴望。大学生有了自己的理想,就会为了实现这些理想而不断地努力学习和成长,从而在人生的道路上不断前进。理想也能够让大学生更加自信地面对人生的挑战和困难。当大学生有了自己的理想时,他们会更有信心和勇气去追求自己的理想,并且能够在遇到挫折时积极面对困难,不断克服困难,不断前进。大学生只有树立远大理想,坚定崇高信念,才能不甘平庸,创造无愧于时代的人生。

(三)理想提升人们的精神境界

理想作为人的精神生活的核心内容,一方面使人的心灵充实和安宁,避免内心世界的空虚和迷茫。另一方面还引导人们追求更高的人生目标,提升精神境界,塑造高尚人格。

雷锋说,人的生命是有限的,可是为人民服务是无限的;我要把有限的生命,投入无限的为人民服务之中去。为了这个崇高理想,他克己奉公,助人为乐,为集体、为人民做了大量的好事:把平时积存的200元钱无私奉献给抚顺人民公社建设和辽阳灾区人民,用他自己的津贴费给丢了火车票的大嫂补票,主动帮助外出老人,利用闲暇时间担任校外辅导员……雷锋始终把别人的困难当成他自己的困难;把同志的愉快看成他自己的愉快。对自己他一向勤俭节约,艰苦奋斗,生活上从不乱花一分钱。他认为,每一分钱、每一滴油都是人民的血汗,要像爱护人的眼睛一样爱护。

袁隆平院士一直有两个梦想:一是禾下乘凉梦,一是让杂交水稻覆盖全球梦。梦想着水稻长得像高粱那么高,稻穗像扫把那样长,稻粒像花生米那么大,梦想着全世界都在种他的杂交水稻、造福全世界。袁隆平一辈子都在为这个梦想奋斗着、奔跑着。奔跑在田间地头、奔跑在培训讲坛上、奔跑在世界各地,将他自己的梦想、他自己的知识、他自己的技术,毫无保留地分享给全人类、奉献给全世界。

可见,理想对于提升大学生的精神境界具有重要的作用。理想能够激发大学生对未来的梦想和追求。在理想的引导下，大学生能够明确自己的目标和愿景，从而激发他们为追求梦想而努力奋斗的精神。这种追求不仅有助于提高大学生的动力和积极性，还能够培养他们的自主性和创造力。同时，理想能够培养大学生积极的心态和思维方式。在追求理想的过程中，大学生需要面对各种挑战和困难，这促使他们学会积极面对问题，采取乐观的态度面对困难。这种积极心态能够帮助大学生更好地应对生活中的挫折和困难，提高适应能力。理想能够塑造大学生良好的品德和道德。在追求理想的过程中，大学生需要具备坚定的信念、诚信、正直等品德和道德要求。这种追求不仅有助于培养他们的品德修养，还能够让他们形成正确的价值观和道德观。总之，理想能够让大学生明确自己的责任和使命，意识到自己对社会的贡献和价值。通过追求理想，大学生能够培养出对社会、对人民的责任感和使命感，这种责任感和使命感能够激发他们的担当和奉献精神。

（四）理想是支撑人生的精神支柱

人的精神世界犹如一座大厦，缺少支柱就会倒塌，而理想信念就是人生的精神支柱。理想信念的支撑作用往往是在困难的时候，在严酷的考验中得到体现的。在现实人生中，当人们遭遇特别困难或重大打击，甚至陷入绝望境地的时候，理想信念起着精神支柱的作用，支撑着人们的精神和意志，不为巨大的困难所压倒，而且使人在困难和逆境中振作起来，战胜艰难险阻。

一个人失去一只眼睛和一条腿，是不可怕的，可怕的是失去了人生的理想和追求目标。在一次追捕行动中，有一位年轻的美国警察被歹徒用冲锋枪射中左眼和右腿膝盖。三个月后，当他从医院里出来时，完全变了样：一个曾经高大魁梧、双目炯炯有神的英俊小伙子，成为一个又瘸又瞎的残疾人。鉴于他的功绩，纽约市政府和其他一些社会组织授予他许多勋章和锦旗。一位记者采访他，问道："你以后将如何面对所遭受到的厄运呢？"这位警察说："我只知道歹徒现在还没有被抓获,我要亲手抓住他!"从那以后,他不顾别人的劝阻,参与了抓捕那个歹徒的行动。他几乎跑遍了整个美国,甚至有一次为了一个微不足道的线索,独自一人乘飞机去了欧洲。许多年后,那个歹徒终于被抓获了,那个年轻的警察在抓捕中起了非常关键的作用。在庆功会上,他再次成为英雄,许多媒体报道了他的事迹,称赞他是最勇敢、最坚强的人。然而,令人意想不到的是,在这之后不久,他却在卧室里割腕自杀了。在他的遗书中,人们读到了关于他自杀的原因:"这些年来,让我活下来的信念就是抓住凶手……现在,伤害我的凶手被判刑了,我的仇恨被化解,生存的信念也随之消失了。面对自己的伤残,我从来没有这样绝望过……"

"理想信念是人生的精神支柱"这一命题在这位残疾警察的所作所为中体现得极为明显——"抓住凶手"这一信念使他克服难以想象的困难,成为"最勇敢、最坚强的人";同时,随着这一信念的消失,他却成了"最懦弱的人",走上自杀之路。

通过这一事例,可以得出几点启示:一是人生之路必须有理想信念的支撑,否则人在挫折面前是很脆弱的;二是要确立一个远大的理想,时刻感受到理想信念激发出的力量;三是一个理想实现或破灭后,要有勇气及时确立新的理想。"这个世界上,没有人能够使你倒下。如果你自己的信念还站立着的话。"① 这是著名的黑人领袖马丁·路德金的名言。人生的道路艰难曲折,人生环境复杂多变。在人成长的道路上,有了理想这根精神支柱,就能做到艰难时不沉沦,曲折时不迷途,顺利时不虚度。相反,一个人如果没有高远的理想,就往往会鼠目寸光,得过且过,糊里糊涂过日子,甚至在人生道路上误入歧途。因此,理想对于大学生来说是非常重要的,它能够为大学生提供精神上的支持和动力,让他们在追求其梦想的过程中不断成长和进步。

---

① 转引自朱晏编著《一念一身心》,华夏出版社2014年版,第200页。

（五）理想指引着人生的未来

菲律宾前总统格洛丽亚·马卡帕加尔曾说，世界上一切的成功、一切的成就都始于一个信念！始于我们心中的梦想！这说明，一方面，理想指引着人们的所思所想、所作所为；另一方面，今天为理想而不懈奋斗，才会成就更美好的未来。

从前，一个小男孩生长在一个贫困的农村家庭，从小就跟着父亲下地种田。在田间休息的时候，他望着远处出神。父亲问他想什么呢？他说在想将来长大了，不要种田，也不要上班，每天待在家里，等人给他寄钱。父亲听了，笑着说："傻孩子，别做梦了！我保证不会有人给你寄。"后来他上学了。有一天，他从课本上知道了埃及金字塔的故事，回家就对父亲说："长大了我要去埃及看金字塔。"父亲生气地说："真荒唐！你别总做梦了。我保证你一辈子也去不了那么远的地方。"后来，小男孩努力学习，考上了大学；毕业后做了记者、编辑，有时间就写文章、写书。出版社、报社就给他往家里寄钱，他用寄来的钱去埃及旅行。站在金字塔下，他想起小时候爸爸说的话，心里默默地对父亲说："爸爸，人生没有什么能被保证，只要你坚持自己内心的想法！"他，就是台湾著名的作家林清玄。他把那些在他父亲看来十分荒唐不可能实现的想法，都变成了现实。为了实现这些想法，他用心读书，勤奋写作。十几年如一日，每天早晨天不亮就起床看书写作，每天坚持写3000字，一年就是100多万字。通过努力，他最终把自己的想法变成了现实。从林清玄的成长历程可以看出理想所具有的指引人生的重要作用。一个人的未来有什么成就，关键是看今天他对未来的梦想，以及为实现梦想所付出的努力。大学生想要有一个美好的未来，就需要及时确立一个美好的梦想，并为之不懈努力和拼搏。

总之，古今中外，无数事实证明了理想之于个人、社会乃至国家民族的重要性。从个人的发展来说，理想信念具有重要的促进、激励和引导作用。从文天祥的"人生自古谁无死，留取丹心照汗青"，到顾炎武的"天下兴亡、匹夫有责",再到林则徐的"苟利国家生死以,岂因祸福避趋之";从马克思的"为全人类的解放而努力",到毛泽东的"为民族的独立和解放而奋斗",无不说明理想之于个人发展的重要性。正是在理想的激励和指引之下,他们成就了伟大的事业。一个民族和国家的发展同样离不开理想。正是因为我们党和国家树立了共同理想和最高理想,才有"三步走"战略目标的确立,指引着全国各族人民共同奋斗,创造出了辉煌的成就。党的十九大更是庄严宣告:不忘初心,方得始终。初心即为理想和使命。共产党人的理想,就是为人民谋幸福,为民族谋复兴。这个理想激励着共产党人不断前进,成就了伟大的事业。可见,理想信念无论对于个人的发展还是国家、民族的发展都具有重要的作用。

第二节 大学生应树立的远大理想

新时代大学生应该树立中国特色社会主义的共同理想,坚定对中国共产党的信任,坚定走中国特色社会主义道路的信念,坚定实现中华民族伟大复兴的信心。同时,大学生也应该确立个人理想,包括追求崇高的社会理想、追求高尚的道德理想、追求适应社会需要的职业理想、追求文明健康的生活理想。在个人理想确立时,应该将个人追求与祖国和人民的需要结合起来,做到既有远大抱负,又有脚踏实地的实际行动。

一 健康文明的生活理想

列夫·托尔斯泰说:"理想是指路明灯。没有理想,就没有坚定的方向;没有方向,就没有生活。"[①] 生活不等于生存。生存是指生命的维持,是基本的生理需求和物质条件的满足,是生物体最基本的生

[①] 柔冰:《名人名言》,时代文艺出版社2010年版,第55页。

命活动。而生活则包含了更多的意义和内容，包括以下几个方面：一是精神生活。生活不仅仅是指物质方面的需求，更重要的是指人的精神生活，包括情感、价值观、信仰等方面的追求和体验。二是社交生活。生活还包括了人的社交生活，即与他人之间的交往、互动和交流。通过社交生活，人们能够建立人际关系、拓展社交圈子、增强社会交往能力等。三是智力与文化生活。生活也包括了智力与文化方面的需求和追求，如学习、思考、创新等。通过这些活动，人们能够增长知识、提高文化素养，发展智力。四是身体健康。生活还包括身体健康的需求和追求。人们需要保持健康的身体状态，通过锻炼、休息、饮食等方式来维护身体健康。因此，生活不仅仅是指基本的生存需求，更是指包含了精神、社交、智力、身体健康等方面需求的综合体验。生活是一个更加丰富和广泛的范畴，它反映了人类对于生命的全面追求和体验。

生活理想是指人们对于物质生活、精神生活、文化生活和社交生活等方面的追求和向往，它包括人们对于衣食住行、娱乐、恋爱、婚姻等生活内容的选择和向往。人们在社会实践中，首先形成并直接影响日常生活的是生活理想。虽然每个人都期望他自己的生活幸福美满，但是由于理想层次的差异，对生活意义的理解也会有很大的不同。生活理想的境界，不仅仅取决于人们对生活条件要求得多寡，更主要地取决于他们的精神境界和生活情趣的高低。高层次的生活理想要求丰富的物质生活、充实的精神生活和建立幸福美满的家庭，把创造美好生活视作其自身发展和为社会进步做贡献的条件。低层次的生活理想则偏重于个人生活的安逸，注重物质生活和物质享受，轻视精神生活和文化生活。作为知识青年的大学生应追求高层次的生活理想。就像爱因斯坦所说：

我每天上百次地提醒自己：我的精神生活和物质生活都依靠别人（包括活着的人和死去的人）的劳动，我必须尽力以同样的分量来报偿我所领受了的和至今还在领受的东西。我强烈地向往着简朴的生活，我认为阶级的区分是不合理的，它最后所凭借的是暴力。我也相信，简单淳朴的生活，无论在身体上还是在精神上，对每个人都是有益的。①

　　大学生应该追求健康文明的生活理想。在确立生活理想时，大学生应该考虑以下几个方面：一是追求健康的生活。大学生应该注重健康生活，保持身体健康和心理健康，追求平衡的饮食、充足的睡眠、适当的运动和良好的心理健康状态。二是注重文明行为。大学生应该注重文明行为，遵守社会公德、职业道德、家庭道德，做到诚实守信、尊重他人、关心家庭、爱护环境等。三是注重精神追求。大学生应该注重精神追求，追求高尚的道德情操和艺术品位，阅读优秀的文学作品、欣赏高雅的艺术作品、关注社会热点问题，以丰富他们自己的人文素养和精神世界。四是注重社交关系。大学生应该注重社交关系，建立良好的人际关系，培养沟通能力、合作能力和领导能力，与同学、老师、家人和社会上的人建立友好的关系。五是不要盲目攀比。大学生应该注重其自我发展和成长，不要盲目攀比。他们应该根据自己的经济能力、个人兴趣和目标来合理安排生活，尊重自己的独特性和个性。同时，他们也应该理解和欣赏他人的不同之处，通过多元化和包容性的视角来看待他人及其生活。这样的态度有助于大学生更好地适应社会，实现自我价值。六是注重自我实现。大学生应该注重自我实现，发掘自己的潜力和才能，通过学习、实践、创新等方式实现其自我价值，并为社会作出贡献。总之，大学生应该确立健康文明的生活理想，不仅要注重个人利益的追求，还要将个人利益与祖国和人民的需要结合起来，在实现个人价值的同时也为社会进步作出贡献。

---

　　① ［美］爱因斯坦：《我的信仰》，载宗佩佩、靳一娜主编《大学语文》，北京理工大学出版社 2018 年版，第 167 页。

二 勤奋求实的职业理想

大学生的职业理想是指大学生根据自己的兴趣、特长、价值观和职业目标所作出的预想和设计，是个人对于未来职业的向往和追求。大学生的职业理想主要包括以下几个方面的内容：一是职业目标的设定。大学生应该根据自己的兴趣、能力和市场需求来设定职业目标。这可以是具体的职业岗位、行业领域或组织类型，也可以是更为宏观的职业发展方向和职业理想。二是职业发展的规划。大学生应该制定职业发展的规划，包括学习和实践计划、技能提升路径、经验和成果积累等方面。通过规划，大学生能够明确自己在职业发展中的学习重点和实践方向，逐步实现职业目标。三是职业价值观的确立。大学生应该树立正确的职业价值观，包括职业道德、职业操守、职业态度等方面。通过了解和遵守职业价值观，大学生能够塑造良好的职业形象，提高职业素养和职业道德水平。四是职业实践的参与。大学生应该积极参与职业实践，如实习、兼职、社团活动等，将课堂学习和实践经验相结合，增强自己的职业能力和实际操作能力。五是职业竞争力的提升。大学生应该注重提升自己的职业竞争力，包括专业技能、创新能力、团队合作等方面。通过学习和实践，不断提高自己在所从事领域的专业水平和竞争力，为未来的职业发展做好准备。总之，大学生的职业理想对于他们的职业发展具有重要的指导作用。通过设定明确的职业目标、制定职业发展规划、树立正确的职业价值观、积极参与职业实践并不断提升他们自己的职业竞争力，大学生能够更好地实现他们自己的职业理想，并为未来的职业生涯打下坚实的基础。

大学生的职业理想对于他们的个人成长成才、职业发展和社会进步都具有重要的作用。大学生职业理想的作用主要体现在以下几个方面：一是引导职业选择。职业理想是大学生进行职业选择的重要指南。通过树立明确的职业理想，大学生能够明确自己的职业发展方向，选择符合他们自己兴趣、能力和价值观的职业，从而更好地实现个人职业发展和价值。二是激发学习动力和热情。职业理想能够激发大学生在职业发展中的动力和热情。有了明确的职业目标，大学生就会更加有目的地学习、提高自己的技能和能力，同时也会更加努力地工作，为实现他们自己的职业理想而奋斗。三是推动职业发展。职业理想是大学生在职业发展中不断进步和成长的推动力。通过不断努力、学习和创新，大学生能够不断提高其职业素养和能力，实现其职业发展目标。四是增强自信和信心。有了明确的职业理想，大学生会更加自信和坚定地在职业发展中追求自己的梦想。这有助于他们在职场中发挥其潜力和优势，克服困难和挑战，取得更好的职业成果。五是引导个人价值观与社会价值观的统一。职业理想能够促使大学生将其个人价值观与社会价值观结合起来，在实现其自我价值的同时也为社会作出贡献。通过选择符合社会需求的职业，努力工作并为社会作出贡献，大学生能够实现个人价值与社会价值的统一。总之，大学生职业理想对于他们的职业发展具有重要的作用。通过树立明确的职业理想，大学生能够更好地进行职业选择、激发动力和热情、推动职业发展、增强自信和信心，同时也有助于引导个人价值观与社会价值观的统一。

实践表明，大学生应该确立勤奋求实的职业理想。勤奋求实是指对他们自己的工作认真负责、勤奋努力、追求卓越的态度和品质。以下是大学生在确立勤奋求实的职业理想时应该考虑的几个方面：一是明确职业目标。大学生应该首先明确自己的职业目标，即自己想要从事哪个行业、哪个职业或哪个领域的工作。在确立职业目标时，应该考虑到自己的兴趣、特长和优势，以及市场需求和社会发展的趋势。二是培养他们专业技能。大学生应该注重培养自己的专业技能，即在他们自己所从事的行业中所具备的核心技能和能力。通过学习和实践，不断提高他们在该领域的专业水平和竞争力，为未来的职业发展打下坚实的基础。三是注重实践能力。大学生应该注重实践能力，即在实际工作中解决问题的能力。通过实习、参加项目、积累实践经验等方式，提高自己的实际操作能力和解决问题的能力，为未来的职业发展做好准备。四是强调职业道德。大学生应该强调职业道德，即在工作中遵守道德规范和职业操守的态度和品质。通过遵守职业道德规范，如诚实守信、尊重他人、保密等，树立良好的职业形象和信誉。五是追求卓越和创新。大学生应该追求卓越和创新，即在自己的工作中不断追求进步和创新的精神和品质。通过不断学习、思考和创新，不断提高自己的工作效率和质量，为未来的职业发展创造更多的机会和更大的可能性。总之，大学生应该确立勤奋求实的职业理想，不仅要注重个人的职业发展和成长，还要将个人的追求与社会的需要和发展结合起来，在实现其个人价值的同时也为社会作出贡献。

大学生要实现勤奋求实的职业理想，应当重点从以下几个方面入手：一是明确职业目标。首先，大学生需要明确自己的职业目标。这包括确定自己想要从事哪个行业、哪个职业或哪个领域的工作，以及在所选领域中的具体职业目标。可以通过了解行业和职业的发展趋势、自己的兴趣和优势，以及与相关人士交流和咨询来确立明确的职业目标。二是制定职业发展规划。为了实现职业理想，大学生需要制定详细的职业发展规划。这个规划应该包括学习和实践计划、技能提升路径、经验和成果积累等方面的具体步骤和时间安排。通过制定明确的规划和目标，大学生可以更好地掌控自己的学习和职业发展进程。三是学习和提升技能。为了实现职业目标，大学生需要不断学习和提升自己的技能和知识。这包括在大学期间认真学习专业知识、参加相关课程和培训、阅读与行业相关的书籍和资料等。同时，也要注重实践和技能的提升，通过实习、参与项目等方式积累实际操作经验。四是认真努力培养实践能力。实践能力是实现职业理想的重要因素之一。大学生应该积极参加实践活动，如实习、兼职、做志愿者等，通过实际工作不断培养解决问题的能力、积累实践经验，并将实践经验与理论知识相结合，不断提高自己的实践能力。五是保持积极心态和持续学习。在实现职业理想的过程中，大学生需要保持积极的心态和持续学习的态度。在遇到困难和挑战时，要勇于面对并从中学习，不断提升自己的能力和素质。同时，也要关注行业和社会的变化，不断更新自己的知识和技能，保持适应性和创新性。总之，实现勤奋求实的职业理想需要大学生在各个方面付出努力。通过明确职业目标、制定职业发展规划、不断学习和提升技能、培养实践能力和保持积极心态和持续学习，大学生可以在职场上取得成功并实现他们自己的职业理想。

三 富有责任感的道德理想

道德理想是指人们对道德标准和价值观的追求和向往，是做人的楷模和标准，是人们在道德生活中所希望达到的目标，是引导人们行为的重要准则。简单地说，道德理想就是使自己发展成为什么样的人，具备怎样的道德品质的问题。

当代大学生应当确立什么样的道德理想呢？周国平在《对理想的思索》一文中说，有两种理想。一种是社会理想，旨在救世和社会改造。另一种是人生理想，旨在自救和个人完善。如果说前者还有一个是否切合社会实际的问题，那么，对于后者来说，这个问题根本不存在。人生理想仅仅关涉个人的灵魂，在任何社会条件下，个人总是可以追求智慧和美德的。如果你不追求，那只是因为你不想，决不能以不切实际为由来替你自己辩解。周国平在这里讲的人生理想主要是指道德理想，道德理想仅仅关涉个人的灵魂，一个人只要想追求智慧和美德，无论在什么条件和环境下都能够实现。有学者认为，道德就是个人和社会的单方面的不成文的契约；契约的内容是我愿意为别人提供道德服务。如果社会上每一个人都作出同样的承诺，此种契约所隐含的一个结果是我可以享受别人为我提供的道德服务。这种契约不可能以明确的文字规定下来，一个人甘愿冒险救助一个落水的人，一旦他自己落水他也可以得到别人的救助。反之，如果一个人在社会中不履行契约，不遵守承诺，那他就享受不到别人为他提供的服务。因此，从长远来看，在道德问题上从来没有输家，帮助别人在一定程度上也是帮助他自己，只有个人努力承担起帮助其他困难者的社会责任，在他自己遇到困难时才会有人主动承担起帮助他的责任。笔者认为，不要把道德理想的要求提到看似无比崇高的境界，让人望而却步，而应当从责任的层面界定道德理想，要求大学生从诚实、正直、守信、有爱心、有责任心做起。

作为新时代青年的大学生应当树立富有责任感的道德理想。大学生富有责任感的道德理想主要表现为以下几个重要方面：一是建立正确的价值观。大学生应该树立正确的价值观，包括尊重他人、诚实守信、公平正义、勤劳节俭等方面。通过建立正确的价值观，大学生能够明确他们自己的行为准则，作出正确的道德选择和决策。二是增强社会责任感。大学生应该放眼社会，关注社会发展和公共利益，积极参与公益活动和社会实践。通过关注社会问题、参与社会公益活动，大学生能够增强他们自己的社会责任感，为社会作出贡献。三是培养良好的道德品质。大学生应该具备良好的道德品质，包括正直、善良、宽容、自律等方面。通过培养良好的道德品质，大学生能够塑造他们自己的道德形象，赢得他人的信任和尊重。四是推崇高尚的道德典范。大学生应该推崇高尚的道德典范，如历史上的英雄、道德模范等。通过了解和学习道德典范的事迹和精神，大学生能够受到启发和鼓舞，提升他们的道德境界和素质。五是积极参与道德实践。大学生应该积极主动参与道德实践，如志愿服务、帮助他人等。通过参与道德实践，大学生能够将道德理念转化为实际行动，锻炼他们的道德品质和能力。总之，大学生应该树立崇高的道德理想，将道德作为自己行为的重要准则。通过建立正确的价值观、追求社会责任感、培养良好的道德品质、推崇高尚的道德典范和参与道德实践，大学生能够不断提升自己的道德素养和品质，成为社会的栋梁之材。

四　科学的社会理想

人们为了最大限度地满足其需要，就必须为完善现有的社会制度，建立新的更合理、更科学、更公平的社会制度而努力。社会理想就是人们对未来的社会制度的向往、追求和设想。社会理想在人们的理想中是最根本的，它对人们的职业理想、生活理想起着主要的决定和制约作用，是一个人全部理想的归宿和基础。社会理想是时代的产物，它总是这样或那样地反映着一定时代的特征，随着社会关系的变革而发生变化，没有也不可能有一切时代都适用的永恒的社会理想。社会理想是人们对未来社会制度和社会面貌的预见和期望，也可以理解为全体社会占主导地位的共同奋斗目标。我国人民的社会理想从总体上看可分为两个层次：一是现阶段我国各族人民的共同理想；二是建立各尽所能、按需分配的共产主义社会，是我们的最高理想。

现阶段我国各族人民的共同理想是把我国建设成为富强、民主、文明的社会主义现代化国家，实现中华民族伟大复兴的中国梦。所谓富强，就是要在21世纪中叶，使人均国内生产总值达到中等发达国家水平，基本实现现代化；所谓民主，就是要建立起人民当家作主的具有中国特色的社会主义民主政治，创造出比资本主义国家更丰富更实际的民主，从而实现政治生活、经济生活和整个社会生活的民主化；所谓文明，就是要使我国人民成为有理想、有道德、有文化、有纪律的社会主义"四有"新人，使整个中华民族的思想道德素质和科学文化素质获得极大提高，创造出以马克思主义为指导的，批判继承历史传统而又充分体现时代精神，立足本国而又面向世界的社会主义精神文明。实现中华民族伟大复兴的中国梦，必须坚持中国道路，必须弘扬中国精神，必须凝聚中国力量。

作为当代大学生，树立科学的社会理想对于个人和社会都具有重要意义。以下是帮助大学生树立科学社会理想的一些建议。一是关注社会问题。大学生应该关注当前社会面临的重大问题，如环境保护、人口老龄化、教育不平等、贫困问题等等。通过了解这些问题，可以更好地理解社会的需求和期望，从而建立科学的社会理想。二是坚持以人为本。在树立社会理想时，大学生应该坚持以人为本的原则。无论是在思考问题还是制定解决方案时，都要以人民的利益为出发点，尊重人权、关注民生，推动社会的整体发展和繁荣。三是具备创新思维。科学的社会理想需要具备创新思维。大学生应该敢于突破传统思维模式，积极探索新的思路和方法，以适应时代的发展和变化。通过创新，可以使理想更具有可行性和现实性。四是倡导社会责任。科学的社会理想需要倡导社会责任。大学生应该明白他们自己在社会中的角色和责任，积极参与社会公益活动，履行他们的社会责任。通过承担社会责任，可以增强他们的社会责任感和使命感。五是持续学习和提升。树立科学的社会理想需要持续学习和提升自己的能力。大学生应该积极参与各种学习和实践机会，不断提高自己的综合素质和能力，以便更好地适应社会的需求和挑战。通过以上几个方面的努力，大学生可以树立科学的社会理想，为个人和社会的发展提供有力的支持和指导。同时，也需要学校、家庭和社会的支持和引导，共同推动大学生实现科学社会理想的进程。

在现阶段实现我国各族人民的共同理想中，大学生应当积极投身实践，为实现共同理想贡献他们的力量。首先，大学生应当树立正确的理想信念，坚定对马克思主义的信仰和对中国特色社会主义的信心。这包括对马克思主义理论的学习和运用，以及对中国特色社会主义道路、理论体系、制度体系的认同和践行。其次，大学生应当积极投身实践，为实现共同理想贡献他们的力量。这包括参与各种实践活动，如志愿服务、社会实践、科技创新等，以及在实践中不断锻炼他们自己，提高他们的综合素质和能力水平。此外，大学生还应当积极关注国家和民族的未来发展，为实现共同理想贡献他们的力量。这包括关注国家政策、法律法规的制定和实施，以及关注社会热点问题、参与公共事务等。总之，大学生应当积极投身实践，为实现共同理想贡献他们的力量，同时积极关注国家和民族的未来发展，为实现共同理想作出贡献。

第三节　大学生实现理想的途径

2007年，时任团中央第一书记的胡春华在参加中国青年政治学院毕业典礼时，对即将毕业的大学生提出了三点希望：一是坚持理想。心有多宽，天地才能有多大，谁能在平凡中追求卓越，谁能把理想坚持到最后，谁就最有成功的希望。希望学生在校园里，有更多的机会去认识社会；在走入社会后，始终保持学生时代的书生意气。二是脚踏实地。要以一种敬畏之心对待工作，从身边做起，从小事做起，认真做好每一件事情，一点一滴去积累，一步一步去奋斗，不断创造出一流的工作业绩。理想是美好的，实现理想的路是艰辛的，需要付出辛勤的汗水和百折不挠的努力。三是不断学习。在当今时代，科技进步日新月异，知识更新大大加快，不学习，就会落后于时代。希望大学生在走出校门后，不要放下书本，不要停止学习。既要向实践学习，也要继续向书本学习。胡春华提出的希望，对大学生更好地实现他们的理想具有借鉴意义。

一　坚定信念

信念是指一个人对他自己的人生目标、追求和价值观的坚定信心和信仰。信念在理想实现过程中非常重要。当我们追求一个目标时，所遇到的挫折和困难可能会让我们感到沮丧和失望，这时候信念就可以传递给我们坚定的力量和勇气。有一个强大的信念可以帮助我们克服困难，走出挫折，坚定不移地朝着目标前进。同时，一个强大的信念也可以帮助我们保持专注，让我们更容易抵御外界的干扰和诱惑，避免心神不定、易受干扰的状况出现，更容易实现自己的理想。此外，信念也可以使我们更有耐性和毅力。在实现理想的过程中，通常需要经历长期的努力和不断的尝试；这时，一个强大的信念可以帮助我们坚持不懈地前进，即使遇到阻碍也能保持自己的动力，坚持到最后。

伤残军人朱彦夫靠信念创造的生命传奇的经历，证明了信念在理想实现过程中的重要作用。朱彦夫出生于1933年7月，14岁入伍，16岁入党，先后在解放战争、抗美援朝战争中参加战役战斗上百次，3次荣立战功。1950年12月，在异常惨烈的长津湖战役中，朱彦夫所在连打退了敌人多次进攻后，全连仅剩下一个弹伤遍体的朱彦夫。在历经47次手术、93天昏迷后，朱彦夫虽然醒了过来，但膝盖以下、肘部以下和左眼珠全没了，成了一个名副其实的"肉轱辘"。

重度伤残，信念依旧。1956年初，刚学会穿戴假肢行走的朱彦夫，毅然回到家乡山东省沂源县西里镇张家泉村。第二年，朱彦夫被推举担任村党支部书记，一干就是25年。其间，他带领群众在石山中打出3眼深水井和3个大口井，修建引水渠，彻底解决了祖祖辈辈吃水难问题；带领乡亲填平3条大沟，平整出近200亩旱涝保收的小平原，年增产粮食数万公斤；带领群众种树、种果，绿化荒山800余亩，经济效益持续释放。现任党支部书记刘文合对记者说："老支书是个大能人，在他带领下，俺们村在全县第一个有了拖拉机、第一个实现平均亩产300公斤、第一个通了电……"

1982年，身患多种疾病的朱彦夫辞去村支书，乡亲们以为他要颐养天年了，不料他又开辟了另一个战场：传播我党我军光荣传统。14年间，他到军营、企业、学校，作报告1000多场，听众超过百万人次。其间，没有上过一天学的朱彦夫，翻烂4本字典，阅读大量经典名著，用嘴含笔、用残臂夹笔，撰写出版了33万字的自传体小说《极限人生》。1996年，他在作报告时突发脑梗，从此半身瘫痪。出院后，他又口述了24万字的传记文学《男儿无悔》。

81岁高龄的朱彦夫曾有多个身份：战士、支书、作家，而他最看重的是"战士"这个身份。他说："战士就意味着冲锋，生命不息冲锋不止。""只要理想信念不倒，精神不垮，终会有胜利的一天"是朱彦夫一直坚守的誓言。

大学生实现理想的第一步就是坚定信念。对于大学生来说，信念是他们在实现其理想时最重要的支撑和动力。大学生期望实现自己的理想，需要有一个明确的目标，并为此制定可行的计划和策略。但是，即使你有一个明确的目标和可行的计划，如果没有坚定的信念，你也很难走到底，因为没有决心和毅力。所以，坚定信念是实现理想的关键，它让你有力量和信心去克服挑战和困难，保持前行的动力和勇气。

坚定信念可以帮助大学生在面对困难时保持勇气和毅力。首先，在实现理想的过程中，大学生可能会遇到各种困难和挑战，如学习压力、人际关系问题、经济困难等。如果他们有坚定的信念，就可以在这些挑战中保持镇定和坚韧，不轻易放弃其理想。其次，坚定信念可以帮助大学生找到人生的意义和价值。大学生在大学期间不仅要学习知识和技能，还要思考自己的人生意义和价值。如果他们有坚定的信念，就可以更好地理解自己的人生目标，找到自己的使命和价值，从而更好地实现自己的理想。同时，坚定信念可以帮助大学生建立正确的人生观和价值观。大学生正处于人生观和价值观形成的关键时期，如果他们有坚定的信念，就可以更好地理解他们的价值观和人生观，避免被错误的价值观所影响。此外，坚定信念可以帮助大学生更好地适应社会变化。随着时间的推移，社会的价值观和职业需求也在不断地变化。如果大学生有坚定的信念，就可以更好地适应这些变化，并更好地实现他们自己的理想。因此，对于大学生来说，坚定信念是实现理想的重要前提。他们需要明确自己的人生目标，理解自己的价值观和信仰，并在实现理想的过程中保持坚定的信念和毅力。

二　始于足下

要实现远大的理想，就需要在信念的支撑下，脚踏实地地从小事做起、从细节做起、从现在做起。老子说："合抱之木，生于毫末；

九层之台，起于累土；千里之行，始于足下。"① 荀子亦云："故不积跬步，无以至千里；不积小流，无以成江海。"② 不积累一步步的行程，就没有办法达到千里之远；千里之遥的目的地要由一步步行走才能到达；远大理想的实现需要一个个小目标的积累。

实现理想的过程需要从小事做起。大学生通常都抱有远大的理想和宏伟的愿望，但是实现这些目标需要耐心和毅力，需要一步一步地行动。所以，从小事做起是非常必要的。首先，大学生可以从规划好自己的时间表和每天的任务开始，逐步养成时间管理的习惯，这有助于他们更有条理地安排自己的生活，并把时间和精力投入更有意义的事情里。其次，大学生可以利用在大学期间的机会学习新的技能和知识，这些技能和知识可以帮助他们更好地实现他们自己的理想，例如参加实习、社团、竞赛等活动。最后，大学生要保持积极乐观的态度，遇到挑战也不要放弃，要学会从失败中吸取经验教训，不断完善和改进自己的计划和行动。

大学生实现理想需要从细节做起。从细节做起，可以帮助他们更好地掌握整个计划和目标，保证实现的顺利性和有效性。以下是一些从细节做起的建议：一是明确目标。目标的明确性非常重要，大学生需要详细描述他们自己想要实现的目标，包括时间、地点、实现方式等，这样可以帮助他们更好地理解自己的目标，也可以帮助他们更好地规划和执行。二是制定详细的计划。制定详细的计划可以帮助大学生更好地实现目标，比如可以将目标分解成若干个小目标，并为每个小目标制定详细的计划和时间表。三是关注细节。关注细节可以帮助大学生更好地掌握整个计划，包括计划中的每个步骤，时间表和细节。他们需要注意每个步骤的实现方式，时间表的执行情况以及是否遗漏了某些细节。四是把握每一个提高的机会。大学生应该把握每一个机会，无论是课程学习、参加社团还是实习，都要认真对待，从中

---

① 杨润根：《发现老子》，华夏出版社 2006 年版，第 291 页。
② （唐）杨倞注：《荀子》，上海古籍出版社 2010 年版，第 3 页。

获取知识和经验。总的来说，从细节做起可以帮助他们更好地规划和实现他们的计划和目标，从而提高实现目标的成功率。

　　大学生实现理想需要把大目标分解成小目标。日本著名马拉松运动员山田本一的故事能够很好地说明把大目标分解成小目标的重要性。他曾在1984年和1987年的国际马拉松比赛中，两次夺得世界冠军。当记者几次问他凭什么取得如此出色的成绩时，山田本一总是斩钉截铁地回答道：凭智慧战胜对手，取得胜利。人们都知道，马拉松比赛主要是运动员体力和耐力的较量，爆发力、速度和技巧都还在其次，因而对山田本一"凭智慧取胜"的回答，许多人疑而不信，总觉得他是在招摇夸张，故弄玄虚。然而十年后，人们终于从山田本一的自传中，验证了"凭智慧取胜"确实是他获得成功的经验所在。他在自传中写道：每次比赛之前，他都要乘车将比赛的路线仔细地勘察一遍，并把沿途比较醒目的标志画下来，比如第一个标志是一家银行，第二个标志是一棵大树，第三个标志是一座公寓……这样一直到赛程的终点。比赛开始后，他以百米冲刺的劲头向第一个目标冲去；到达第一个目标后，又以同样的速度向第二个目标冲去……四十多公里的路程就这样被他分解成若干个小目标而轻松地跑完。起初，他并不是这样做的，而是把目标一下子定在终点线的那面旗帜上，结果跑到十几公里就觉得疲惫不堪了，因为他被前面那段遥远的路程吓倒了。

　　漫长的征途需要一步一步地走，远大理想的实现需要一点一滴地奋斗。通往理想的路是遥远的，但起点就在脚下，在一切平凡的岗位上，在扎扎实实的学习和工作中。大学生要实现远大的理想，要从我做起，从现在做起，从平凡的工作做起。著名数学家华罗庚曾语重心长地对青年学子们说，踏踏实实、循序渐进，与雄心壮志、力争上游并不矛盾，不踏踏实实打好基础，就无法攻尖端、攀高峰，有时表面上看好像是爬上去了，但实际底子是空的。华罗庚认为，雄心壮志只能建立在踏实的基础上，否则就不叫雄心壮志；雄心壮志需要有步骤，一步步地，踏踏实实地去实现，一步一个脚印，不让它有一步落空。

三 锲而不舍

荀子曰:"骐骥一跃,不能十步;驽马十驾,功在不舍。锲而舍之,朽木不折;锲而不舍,金石可镂。"① 这是说,聪明的人虽然有能力、有智慧,但如果缺乏坚持不懈的努力和毅力,也不会成功。愚笨的人只要不断努力,不断进步,也能取得成功。如果一个人只努力一会儿就放弃了,即使是朽木也不能折断;如果一个人一直坚持下去,即使是坚硬的金石也可以被雕刻成器。这句话寓意着成功需要坚持不懈的努力和毅力,只有不断地努力和坚持,才能取得最终的成功。苏轼亦云:"古之立大事者,不惟有超世之才,亦必有坚韧不拔之志。"② 大学生要实现远大理想,也需要在始于足下的过程中锲而不舍。

首先,要败不馁,具有坚韧不拔的意志。成功的道路上往往充满了挑战和困难,要想实现理想,大学生必须具备坚韧不拔、持之以恒的意志品质。无数的事实证明败不馁对于实现理想的重要性。爱迪生发明成功的经验在于坦然面对失败。对于一个发明家来说,有一次成功,就意味着有无数次的失败。爱迪生发明了白炽灯,有人问他:"您失败了那么多次,有何感受?"爱迪生回答说:"我没有失败,我证明了好多种物质不能做灯丝。"一是分类试验1600多种不同耐热的材料;二是改进抽空设备,使灯泡有高真空度。这就是成功人士的成功秘诀:坦然面对失败,他们眼里没有失败,失败只是暂时的不成功。英国前首相丘吉尔也强调永不放弃的重要性。1948年,丘吉尔应邀在牛津大学演讲,主题为"成功秘诀"。演讲那天,会场上人山人海,全世界各大新闻机构的记者都到了。丘吉尔用手势止住大家雷鸣

---

① (唐)杨倞注:《荀子》,上海古籍出版社2010年版,第3页。
② (宋)苏轼:《晁错论》,载(清)吴楚材、吴调侯编《古文观止》,吉林文史出版社2017年版,第424页。

般的掌声，说："我的成功秘诀有三个：第一是，决不放弃；第二是，决不、决不放弃；第三是，决不、决不、决不能放弃！我的演讲结束了。"说完他走下了讲台。会场上沉默了一分钟，随后爆发出经久不息的热烈掌声。

张海迪在轮椅上唱出的激越"生命之歌"，向人们证明了锲而不舍、坚韧不拔的意义和价值。20世纪80年代，张海迪的名字在神州大地上引起了强烈的反响。张海迪5岁的时候，胸部以下完全失去了知觉，生活不能自理。医生们一致认为，像这种高位截瘫病人，一般很难活过27岁。在死神的威胁下，张海迪意识到自己的生命也许不会长久了，她为没有更多的时间工作而难过，更加珍惜自己的分分秒秒，用勤奋的学习和工作去延长生命。她在日记中写道："我不能碌碌无为地活着，活着就要学习，就要多为群众做些事情。既然是颗流星，就要把光留给人间，把一切奉献给人民。"1970年，她随带领知识青年下乡的父母到莘县尚楼大队插队落户，看到当地群众缺医少药带来的痛苦，便萌生了学习医术解除群众病痛的念头。她用她自己的零用钱买来了医学书籍、体温计、听诊器、人体模型和药物，努力研读了《针灸学》《人体解剖学》《内科学》《实用儿科学》等书。功夫不负有心人，她终于掌握了一定的医术，能够治疗一些常见病和多发病，在十几年中，为群众治病达1万多人次。

认准了目标，不管面前横亘着多少艰难险阻，都要跨越过去，到达成功的彼岸，这便是张海迪的性格。有一次，一位老同志拿来一瓶进口药，请她帮助翻译文字说明，看着这位同志失望地走了，张海迪便决心学习英语，掌握更多的知识。从此，她的墙上、桌上、灯上、镜子上乃至手上、胳膊上都写上了英语单词，还给她自己规定每天晚上不记10个单词就不睡觉。家里来了客人，只要会点英语的，都成了她的老师。经过七八年的努力，她不仅能够阅读英文版的报刊和文学作品，还翻译了英国长篇小说《海边诊所》，当她把这部书的译稿交给某出版社的总编时，这位年过半百的老同志感动得流下了热泪，并热情地为该书写了序言:《路,在一个瘫痪姑娘的脚下延伸》。以后,张海迪又不断进取,学习了日语、德语和世界语。海迪还尽力帮助周围的青年,鼓励他们热爱生活、珍惜青春,不少青少年在她的辅导下考取了中学、中专和大学,不少迷惘者在与她的接触中受到启发和教育变得充实和高尚起来。

大学生应该学习张海迪坚韧不拔的意志。张海迪的故事表明,无论遇到多大的困难和挑战,只要有坚定的信念和不懈的努力,就可以保持积极的心态。这种心态可以帮助大学生更好地适应环境,提高学习效率和生活质量。同时,张海迪的故事还表明,坚韧不拔的意志是一种重要的品德和道德素质,可以帮助人们更好地履行自己的责任和义务。学习张海迪坚韧不拔的意志可以帮助大学生培养良好的品德和道德素质,成为一个有价值的人。

其次,要坚持不懈,持之以恒。实现理想是一个长期而漫长的过程,需要经历不断的挑战和考验。在这个过程中,可能会遇到各种困难和挫折,可能会遇到各种犹豫和动摇。只有坚持不懈、持之以恒,才能保持前进的动力,才能最终实现自己的理想。无数事实证明,理想的实现需要坚持不懈、持之以恒。司马迁为了写《史记》花了近20年时间,司马光编撰《资治通鉴》共费时19年,李时珍用了27年时间写完《本草纲目》,达尔文写《物种起源》用了27年,马克思写《资本论》用了40年,等等,都是很好的例证。

宋代的伟大史学家司马光,立志完成绝代之作《资治通鉴》。为了能抓紧时间多读些书,他为自己设计了一套特制木板床和圆木枕头。这个枕头又圆又硬,只要一翻身,枕头就会撞到硬床板上,他就会惊醒。司马光称它为"警枕"。虽然吃了苦头,但不至于贪睡,赢得了读书时间。即使是在蒙冤入狱,受到了极大的污辱和打击时,他也挥笔不辍,终于在有生之年完成了这一巨著。

大学生实现理想需要坚持不懈、持之以恒的努力,这是因为:一是坚持不懈可以帮助大学生克服各种困难和挫折。在实现理想的过程中，遇到各种困难和阻碍是难以避免的。但是，只要我们坚持不懈，就能够克服这些困难和挫折，并最终实现自己的目标。二是持之以恒可以让大学生不断进步和改善他们自己。实现理想是一个漫长的过程，在这个过程中我们需要不断努力、学习和提高自己，才能逐步接近自己的目标。只有持之以恒，才能不断地进步和改善自己。三是坚持不懈可以培养毅力和耐力。在实现理想的过程中，会遇到各种困难和挑战，需要大学生具备一定的毅力和耐力来克服困难。通过坚持不懈的努力，大学生可以逐步培养自己的毅力和耐力，从而更好地应对各种挑战和困难。四是持之以恒可以提高能力。通过持之以恒的努力，大学生可以在学习、实践和探索等方面不断提高他们的能力和素质。这包括专业知识、技能、人际交往能力、团队协作能力等，只有通过长期的积累和坚持，才能逐步提升自己的能力水平。因此，作为大学生，我们应该抱有坚持不懈、持之以恒的精神，不断努力实现自己的理想和目标。在这个过程中，大学生要保持信心，在遇到挫折和困难时，要坚定不移，持之以恒，最终实现他们的目标。

大学生可以通过以下途径和方式锻炼并提高他们的坚持不懈、持之以恒的良好习惯和能力。一是制订长期的学习和发展计划。大学生应该制订长期的学习和发展计划，明确自己的理想和目标，并制定具体的实施方案和步骤。这样可以更好地指导他们自己的行动，更加清晰地了解他们的方向和目标，并逐步实现他们的理想。二是培养其自律和坚持的习惯。大学生应该培养其自律和坚持的习惯，如定期学习、定期锻炼、定期反思等。这些习惯可以帮助大学生保持学习的动力和坚持的毅力，从而更好地实现他们的理想。三是寻找激励和鼓励的来源。大学生应该寻找激励和鼓励的来源，如阅读励志书籍、听激励音乐、参加激励性的活动等。这些来源可以帮助大学生保持积极的心态和动力，从而更好地坚持实现他们自己的理想。四是寻求合作和支持。大学生在实现其理想过程中，可以寻求与他人合作和支持。这可以是与同学一起学习、共同进步，也可以是寻求老师或导师的指导和支持。通过与他人合作和支持，可以更好地坚持实现他们的理想。总之，大学生要做到坚持不懈、持之以恒地努力，需要制订长期的学习和发展计划、培养自律和坚持的习惯、寻找激励和鼓励的来源、寻求合作和支持等。只有通过长期的努力和坚持，才能最终实现他们的理想。

四 艰苦奋斗

艰苦奋斗不仅是一种民族精神，而且是一种品质、修养和良好习惯。艰苦奋斗也是大学生实现理想的重要方面之一。大学生正处于一个充满机遇和挑战的阶段，实现理想需要付出艰苦的努力和奋斗。首先，艰苦奋斗意味着要有坚定的意志和决心。实现理想不仅需要明确的目标，还需要有强大的内心动力来驱使我们付出努力。在追求理想的过程中，难免会遇到各种困难和挫折，但是只有坚定的意志和决心，大学生才能克服困难，继续前行。其次，艰苦奋斗需要具备勤奋和毅力。大学生要克服懒散和拖延的习惯，努力学习和积累知识，不断提升他们的能力和素质。同时，要保持对理想的热情和追求，要有足够的毅力坚持下去，即使在面对困难和挑战时也不退缩。最后，艰苦奋斗也需要有正确的方法和策略。大学生需要明确的目标，并制订可行的计划和步骤，以有序地推进实现理想的过程。同时，要不断总结经验，调整方法，适应环境的变化和挑战，提高自己的执行能力和解决问题的能力。总之，作为大学生，艰苦奋斗是实现理想不可或缺的一部分。只有通过艰苦的努力和不懈的奋斗，大学生才能够逐步接近并最终实现自己的理想。在这个过程中，他们要保持积极的态度，坚持不懈地努力，相信自己的能力和潜力，相信只要付出努力，就一定能够实现自己的理想。

大学生艰苦奋斗的内涵主要包括以下几个方面：一是学业上的努力上进。大学生要在学业上付出艰苦努力，不断追求知识的深度和广度。他们需要严谨地学习各门课程，提高他们的学术能力和专业技能。二是努力提高自身能力。大学生应积极参与各种学生组织、社团和社会实践活动,提升自己的领导能力、组织能力和团队协作能力。他们还应不断开阔视野,丰富自己的知识和经验。三是树立远大目标。大学生需要有一个明确的、远大的目标,并为此而奋斗。他们应该具备坚定的意志和毅力,通过不断努力和学习,逐渐实现他们的理想。四是努力克服困难和挫折。大学生在追求理想的过程中,难免会遇到各种困难和挫折。艰苦奋斗的内涵也包括克服这些困难和挫折,勇敢面对挑战,不言放弃。五是积极全面发展。艰苦奋斗的内涵还包括在身心健康、品德修养、人际交往等方面的全面发展。大学生要注重培养健康的生活方式,注重人格修养和价值观的培养,积极参与社会公益活动。六是努力自我超越。大学生艰苦奋斗的内涵还包括不断超越自我,不满足于过去的成就,要追求更高的目标和更大的成就。总的来说,大学生的艰苦奋斗是全面发展的过程,涵盖学业、个人发展、困难克服、追求理想等各个方面。通过艰苦奋斗,大学生可以实现他们的梦想,并为社会与国家的发展作出贡献。

大学生要做到艰苦奋斗,需要从以下几个方面进行努力:一是保持坚定的信念和决心。大学生要明确自己的目标和信念,并且要有不屈不挠的决心和毅力,不断克服困难和挑战,坚定地走向自己的目标。二是勇于承担责任和挑战。大学生要勇于承担责任和挑战,不畏惧困难和失败,不推卸责任和逃避困难,以积极的态度面对挑战和压力,努力实现自己的理想。三是学会自我管理和控制。大学生要学会自我管理和控制,合理规划自己的时间、学习和生活,避免浪费和挥霍,同时要控制自己的情绪和行为,保持积极向上的心态。四是坚持学习和探索。大学生要不断学习和探索,不断更新自己的知识和技能,拓宽自己的视野和思路,不断提高自己的综合素质和竞争力,以更好地适应社会的发展和变化。五是保持积极的心态和态度。大学生要保持积极的心态和态度,乐观向上、坚定自信,遇到挫折和失败不轻易放弃,而是以积极的态度面对困难和挑战,努力寻找解决问题的方法和途径。总之，大学生要实现理想，就需要付出不懈的努力和奋斗，同时要保持坚定的信念和决心，勇于承担责任和挑战，坚持学习和探索，保持积极的心态和态度，这样才能走向成功的道路。

综上所述，大学生应该努力追求并实现自己的理想。理想是一个人内心的愿望和追求，是人生的目标和方向。大学生正处在人生的关键阶段，应该有自己的理想和追求，并为实现自己的理想而不断努力。一是实现理想是提高个人素质的途径。在追求并实现理想的过程中，大学生需要不断学习和成长，这将有助于提高他们的个人素质和能力，为未来的发展打下坚实的基础。二是实现理想是实现自我价值的途径。每个人都有他自己的价值观和人生追求，实现理想是其实现自我价值的途径。大学生应该追求并实现他们自己的理想，来实现其人生价值。三是实现理想是推动社会进步的途径。每个人的理想和追求都是社会进步的一部分。大学生应该追求并实现他们自己的理想，为社会的发展和进步作出贡献。总之，大学生应该努力追求并实现其理想，这不仅有助于实现他们的人生价值，也有助于推动社会的发展和进步。同时，通过实现理想，他们可以提高自信心、提高个人素质和能力，为未来的发展打下坚实的基础。就像花了十几年时间建造美国水晶大教堂的罗伯特·舒勒牧师所说，不是每个人都应该像他这样去建造一座水晶大教堂，但是每个人都应该拥有自己的梦想，设计自己的梦想，追求自己的梦想，实现自己的梦想。梦想是生命的灵魂，是心灵的灯塔，是引导人走向成功的信仰。有了崇高的梦想，只要矢志不渝地追求，梦想就会成为现实，奋斗就会变成壮举，生命就会创造奇迹。

参考文献

一 著作

《马克思恩格斯选集》第1—4卷，人民出版社2012年版。

《毛泽东选集》第1—4卷，人民出版社1991年版。

《习近平谈治国理政》第3卷，外文出版社2020年版。

(汉) 司马迁:《史记》，中华书局2020年版。

(汉) 郑玄:《礼记注》，中华书局2021年版。

(汉) 许慎撰，段玉裁注:《说文解字》，浙江古籍出版社2006年版。

(唐) 杨倞注:《荀子》，上海古籍出版社2010年版。

(宋) 朱熹:《四书章句集注》，中华书局1983年版。

(明) 王阳明:《传习录》，花城出版社1998年版。

白显良:《隐性思想政治教育基本理论研究》，人民出版社2013年版。

蔡元培:《蔡元培散文》，上海科学技术文献出版社2013年版。

陈戍国点校:《四书五经》(下)，岳麓书社2014年版。

《范仲淹全集》，凤凰出版社2004年版。

高平叔:《蔡元培教育论著选》，人民教育出版社1991年版。

韩立平:《周易译注》，生活·读书·新知三联书店2014年版。

黄寿祺、张善文译注:《周易》，上海古籍出版社2007年版。

金良年译注:《孟子》，上海古籍出版社2016年版。

李长征:《学会做人做事读本》，中国海洋大学出版社2018年版。

梁伯枢:《跨文化与跨国引才》，中国社会出版社2016年版。

刘大钧、林忠军：《易传全译》，巴蜀书社 2006 年版。

时蓉华：《社会心理学》，浙江教育出版社 2004 年版。

唐凯麟、陈仁仁：《成人之道》，山东教育出版社 2011 年版。

王文锦：《礼记译解》，中华书局 2001 年版。

王文科：《大学生生命与心理健康教育》，北京理工大学出版社 2020 年版。

王晓昕、赵平略：《阳明先生集要》，中华书局 2008 年版。

《王阳明全集》，上海古籍出版社 2011 年版。

王章豹：《大工程时代的卓越工程师培养》，上海科技教育出版社 2017 年版。

吴楚材、吴调侯：《古文观止》，江西教育出版社 2020 年版。

吴玉贵、华飞主编：《四库全书精品文存》，团结出版社 1997 年版。

夏中义：《大学人文读本·人与自我》，广西师范大学出版社 2002 年版。

许敏：《道德教育的人文本性》，中国社会科学出版社 2008 年版。

杨国荣：《善的历程：儒家价值体系研究》，北京师范大学出版社 2018 年版。

杨国荣：《杨国荣讲王阳明》，北京大学出版社 2005 年版。

杨润根：《发现大学》，华夏出版社 2008 年版。

杨润根：《发现老子》，华夏出版社 2003 年版。

杨润根：《发现论语》，华夏出版社 2007 年版。

杨润根：《发现中庸》，华夏出版社 2008 年版。

叶嘉莹：《迦陵文集》第 10 卷，河北教育出版社 1997 年版。

张辉、田野编译：《拿破仑·希尔给年轻商人的忠告》，中国言实出版社 2009 年版。

张觉：《荀子译注》，上海古籍出版社 2012 年版。

张文台：《张文台文丛（诗词卷）》，中央文献出版社 2014 年版。

中共中央文献研究室编：《习近平关于社会主义文化建设论述摘编》，

中央文献出版社 2017 年版。

中共中央宣传部：《习近平新时代中国特色社会主义思想三十讲》，学习出版社 2018 年版。

中共中央宣传部：《习近平新时代中国特色社会主义思想学习纲要》，学习出版社、人民出版社 2019 年版。

中共中央宣传部：《习近平总书记系列重要讲话读本》，学习出版社 2014 年版。

周振甫：《诗经译注》，中华书局 2010 年版。

邹进：《现代德国文化教育学》，山西教育出版社 1992 年版。

［德］荷尔德林：《荷尔德林诗集》，王佐良译，人民文学出版社 2016 年版。

［德］康德：《实践理性批判》，韩水法译，商务印书馆 1999 年版。

二　期刊

董卫国：《学以成人——孔门之"学"的基本精神》，《当代中国价值观研究》2019 年第 5 期。

冯晨：《孔子"成人"的人格特质及其对人格养成的意义》，《理论学刊》2016 年第 2 期。

冯晨：《孔子"成人"内涵的双重维度与实践性分析》，《中国石油大学学报》2015 年第 1 期。

黄聘：《大学生精神成人的现实图景与实现方式》，《学校党建与思想教育》2020 年第 8 期。

黄聘、李辉：《大学生精神成人的现代特征与教育指向》，《江苏高教》2012 年第 6 期。

李成福：《论大学生精神成人的内涵》，《长江丛刊》2019 年第 12 期。

李文英：《论思想政治教育与大学生精神成人》，《思想政治教育研究》2011 年第 6 期。

娄高、田雪梅：《新时代中国共产党政党自信的内涵、意义与提升路径》,《理论导刊》2021年第6期。

魏锡坤、林君敏:《"微时代"大学生"精神成人"教育旨向研究》,《顺德职业技术学院学报》2019年第2期。

吴新颖、严培:《成人的三个维度——王夫之成人思想新探》,《湘潭大学学报》2022年第4期。

张笑涛:《大学生精神成人:为何与何为》,《现代教育管理》2011年第9期。

赵琨:《注重提升质量,改进方法措施,扎实推进大学生心理健康教育工作创新发展》,《科教导刊》2018年第14期。

后　记

新时代大学生素质修养是一个多维度的概念，涵盖了思想道德、专业素养、文化素养、身心素养以及社会责任感和公民意识等多个方面。新时代大学生素质修养的必要性和重要性不容忽视。在当今社会，随着科技的快速发展和全球化的深入推进，对人才的需求日益多样化和高标准化。大学生作为国家的未来和希望，其素质修养不仅直接关系到个人的成长和发展，也关系到社会的进步和国家的发展。

首先，新时代大学生素质修养的重要性不仅体现在提升个人综合素质上，还体现在提升个人竞争力上。在激烈的就业市场中，具备高素质的大学生往往更具竞争力，更容易获得理想的就业机会。同时，高素质的大学生也更容易在工作中脱颖而出，成为行业的佼佼者。因此，提升个人素质修养对于大学生来说至关重要，它不仅能够增强个人的自信心和自尊心，还能够为未来的职业发展奠定坚实的基础。

其次，新时代大学生素质修养的必要性还体现在适应社会发展需求上。当今社会是一个充满变革和挑战的时代，需要具备高素质、全面发展的人才来推动社会的进步。大学生作为新时代的生力军，必须具备全面的素质修养，包括扎实的专业知识、良好的道德品质、较高的文化素养和身心健康等。只有这样，他们才能更好地适应社会发展的需求，为国家的繁荣和进步贡献自己的力量。

最后，新时代大学生素质修养还对于国家的发展具有深远的影响。大学生是国家未来的建设者和接班人，他们的素质修养直接关系到国家的未来走向和发展水平。具备高素质的大学生能够更好地理解和践行社会主义核心价值观，为国家的发展提供强大的精神动力和智力支持。同时，他们还能够通过自己的努力和创新，推动国家的科技进步和文化繁荣，为中华民族的伟大复兴贡献智慧和力量。

可见，新时代大学生素质修养的必要性和重要性体现在多个方面。它不仅是提升个人综合素质和竞争力的必要条件，也是适应社会发展需求的必然要求，更是推动国家发展、实现民族复兴的重要保障。因此，社会各界应该高度重视大学生素质修养的培养和提升，努力通过加强思想道德教育、提升专业素养、培养文化素养、注重身心健康以及增强社会责任感和公民意识等方面的措施，培养出更多卓越优秀高素质的人才。

如何更好地提升新时代大学生的综合素质是我在教学和研究工作中一直关注的问题。本书既是我多年教学实践经验的总结，也是持续思考不断理论研究的结晶。提升新时代大学生的综合素质任重而道远，而研究这一时代主题也不是一项轻松的工作。在本书的写作过程中，得到了我的研究生张振蕊、程伟秀、亓顺玲、葛平萍、高慧君、高璇、梅钰涵等同学的大力支持和帮助，他们在文献资料收集和整理、研究数据统计和分析等方面做了大量的工作。特别是葛平萍、高慧君两位同学的学位论文分别为本书第六章和第五章的写作提供了直接参考和借鉴，在此一并表示感谢！对于文中引用的相关研究报告、参考文献的作者也一并表示感谢！

最后，感谢山东师范大学马克思主义学部对本书出版的大力支持！

韩云忠
2024 年 6 月